A. Frick
1981

W0227175

Gustav Mensching
Buddha und Christus –
ein Vergleich

Gustav Mensching

BUDDHA UND CHRISTUS – ein Vergleich

Deutsche Verlags-Anstalt

CIP-Kurztitelaufnahme der Deutschen Bibliothek

MENSCHING, GUSTAV:
Buddha und Christus: e. Vergl. –
Stuttgart: Deutsche Verlags-Anstalt, 1978.

ISBN 3 421 01870 7

Inhalt

Einleitung: Vorfragen

Die Persönlichkeiten, die hier verglichen werden sollen, sind von nachhaltigster Wirkung gewesen; denn sie haben eine nach vielen Millionen zählende Anhängerschaft. Der Buddhismus hat Gemeinden mit etwa 400–500 Millionen Anhängern. An sich ist die Zahl der Buddhisten schwer zu ermitteln, da hier keine klare Abgrenzung der konfessionellen Zugehörigkeit möglich ist, und es daher vielfach geschieht, daß jemand mehreren Religionen gleichzeitig angehört. Der Osten kennt nicht das konfessionelle Entweder–Oder, sondern das Sowohl–Als auch ist dort üblich. Der Einfluß Buddhas geht daher erheblich weiter als die statistische Zahl seiner Bekenner zu sagen scheint.

Was das Christentum betrifft, so beträgt nach letzten statistischen Erhebungen die Zahl seiner Gläubigen etwa 700 Millionen. Buddhismus und Christentum sind also die beiden mächtigsten religiösen Gemeinschaften neben dem Islam mit etwa 440 Millionen Anhängern.

Das Anliegen der Vergleichung beider Weltreligionen miteinander ist deshalb von besonderer Aktualität, weil alle Weltreligionen einander begegnen, wie ich in meinem im gleichen Verlag erschienenen Buche »Der offene Tempel. Die Weltreligionen im Gespräch miteinander« (1974) dargestellt habe. Das Christentum drang in den Bereich des Buddhismus ein und der Buddhismus macht neuerdings erfolgreiche Vorstöße in den Westen, wo er, besonders auch in Deutschland, eine sehr aktive Propaganda entfaltet. So ist also eine echte Auseinandersetzung nötig. Ignorieren kann man christlicherseits diese religiöse Weltmacht nicht mehr. Aber auch die Eigenart der eigenen Religion und ihres Stifters ist nur erkennbar durch den Vergleich; denn a priori vom eigenen Glaubensstandpunkt aus erfolgende Be- und Verurteilungen von Fremdreligionen sollten heute nicht mehr möglich sein. Ehe wir den Vergleich durchführen, haben wir eine Reihe von Vorfragen zu erledigen, um das Unternehmen zu rechtfertigen und die Betrachtungsweise festzustellen und ihre Probleme zu klären.

Die Weisen der Betrachtung

Zunächst muß klargestellt werden, in welcher Weise die beiden Persönlichkeiten erfaßt werden sollen. Zwei Möglichkeiten bestehen, die für beide gleichmäßig gültig sind: einerseits eine glaubensmäßige Erfassung, d.h. die Befragung der Glaubenszeugnisse und der Glaubensbekenntnisse und die naive d.h. unkritische Übernahme und Anerkennung dieser Aussagen als objektive Wahrheit. Nehmen wir dafür ein Beispiel: Buddha ist nach dem Selbstverständnis des Buddhismus einer von vielen früheren Buddhas, seine Lehre ist ewige Wahrheit aller Buddhas in Vergangenheit, Gegenwart und Zukunft. Im späteren Mahayana-Buddhismus heißt es, daß der historische Buddha ein himmlisches Urbild, den Buddha Amitabha, hat. Das wird dem christlichen Glaubensanspruch gegenübergestellt, wo bekenntnismäßig verkündet wird: »Gott war in Christo« (2. Kor. 5,19) und offenbarte sich in ihm, seinem »Sohne«. Das ist eine Glaubensaussage. Das Leben, Leiden und Sterben Jesu geschah nach Gottes Heilswillen, aber Gott ließ Jesus nicht im Tode, sondern erweckte ihn, auf daß er zurückkehrte, woher er gekommen war, in die Himmelswelt. Das ist wiederum eine Glaubensaussage.

Es gibt daneben noch eine zweite Betrachtungsweise, die wir hier befolgen werden, die historisch-kritische. Buddha und Christus sind Persönlichkeiten der Geschichte dieser Welt. Was von ihnen und mit ihnen geschah, waren historische Fakten und damit Objekt der Forschung. Der Glaube deutet die Geschichte. Das ist wiederum des Glaubens gutes Recht.

Wie verhalten sich nun beide Betrachtungsweisen zueinander? Sie brauchen kein Gegensatz zu sein. Die Forschung ist an sich nicht gegen den Glauben gerichtet, sofern Glaube nicht mit dogmatisch fixierten Glaubensbekenntnissen gleichgesetzt wird, sondern als lebendige religiöse Erfahrung verstanden wird. Die Forschung hat es nur mit Gegebenheiten der Geschichte zu tun, d.h. mit Erscheinungen dieser Welt. Sie hat sich gewissenhaft zu bemühen um die vorurteilsfreie Erfassung des geschichtlich Gegebenen, d.h. dessen, was Buddha und Christus in dieser geschichtlichen Welt waren, was sie wollten, und was sie taten. Eine Begründung des Glaubens durch die Forschung gibt es nicht. Es kann keine objektiven Beweise dessen geben, was Objekt des Glaubens ist, der selber ein Wagnis ist, ohne Garantie, das darin besteht, sein Leben zu bauen auf eine Botschaft, die man glaubensmäßig als Offenbarung bzw. als Wahrheit versteht. Diese Botschaft buddhistischer oder christlicher Art wird durch den Glauben herausgehoben aus dem geschichtlichen Zusammenhang. Die geschichtliche Forschung kann das nie tun, ein Absolutheitsanspruch ist durch die Wissenschaft nicht beweisbar.

Beide Betrachtungsweisen sind im einzelnen Menschen durchaus vereinbar, allerdings unter gewissen Voraussetzungen. Religiöse Gewißheiten dürfen nicht als wissenschaftliche Erkenntnisse erscheinen. Die im Rahmen menschlicher Möglichkeiten *objektive* Forschung ist ohne Glaubensvoraussetzungen. Gänzlich voraussetzungslos ist freilich keine Forschung. Sie muß sich um Objektivität bemühen und nicht von vornherein subjektive Tendenzen mitbringen. Gelingt aber die tendenzfreie Darstellung des erforschten Bestandes, dann wird diese historische Wirklichkeit, da aus ihr so mächtige Gebilde wie die Weltreligionen entstanden sind, eindruckskräftig genug sein, dem Glauben Ausgangsbasis zu bleiben.

Andererseits dürfen gesicherte Forschungsergebnisse nicht als Heilswahrheiten ausgegeben werden; denn Heilswahrheiten stellt nur der religiöse Glaube fest. Wissenschaftliche Wahrheit ist von anderer Art als die religiöse. Aber andererseits darf Glaubenswahrheit nicht im Widerspruch zu wissenschaftlicher Wahrheit stehen, was häufig geschieht.

Das Problem der Vergleichbarkeit von Buddha und Christus

Es leuchtet ein, daß jede Orthodoxie die schlechthinnige Einmaligkeit der eigenen Stifterpersönlichkeit behauptet und darum jede Vergleichsmöglichkeit ausschließt; denn sinnvoll vergleichbar ist nur, was Gemeinsamkeiten hat. Einen Baum mit einem Haus zu vergleichen ist sinnlos. Eine erste Voraussetzung für eine sinnvolle Vergleichung von Buddha und Christus ist natürlich die, daß beide Persönlichkeiten historisch sind, d. h. daß sie wirklich gelebt haben, was durchaus nicht selbstverständlich ist; denn die Historizität Buddhas wie die Christi ist zeitweilig bestritten worden: Der Franzose E. Senart (in seiner Schrift »Essai sur la légende du Bouddha«, Paris 1882) und J.H. Kern (in seinem Buch »Der Buddhismus und seine Geschichte in Indien, 1884) sahen in Buddha und in den Berichten über ihn einen Sonnenmythos. Die Geschichtlichkeit Christi wurde unter anderem von Arthur Drews in seinem Buch »Die Christusmythe« (1909, 1911) gleichfalls bestritten und als Mythos erklärt. Diese Behauptungen sind längst widerlegt. An der Historizität beider Persönlichkeiten kann heute nicht mehr gezweifelt werden.

Aber nicht nur die Geschichtlichkeit Buddhas und Christi bildet eine Voraussetzung möglichen Vergleiches, sondern auch dieselbe Art geschichtlichen Seins ist für eine sinnvolle Vergleichung vorauszusetzen. Hier pflegt die orthodoxe christliche Theologie zu protestieren; denn sie behauptet die Einmaligkeit und daher Unvergleichlichkeit Christi. Buddha dagegen sei nur ein Mensch gewesen, der einen von Menschen ersonnenen Heilsweg verkündete. Dazu ist religionswissenschaftlich zu sagen: sowohl die Bezeichnung »Buddha« wie die Bezeichnung »Christus« sind Würdenamen, die beide von einem Glauben aus verliehen werden. Buddha bedeutet »der Erleuchtete«, der in einem Text folgenden Anspruch erhebt: »König fürwahr bin ich ohne gleichen, der Wahrheitsfürst« und »Christos« bedeutet bekanntlich »der Gesalbte«, der von Gott Erwählte, von dem Matthäus 16,16 das Jüngerbekenntnis des Petrus lautet: »Du bist Christus, des lebendigen Gottes Sohn.« So stehen sich hier also zwei Ansprüche in diesen beiden Würdebezeichnungen gegenüber oder nebeneinander. Das ist das Letzte, auf das wir forschend stoßen: die geschichtlich vertretenen Ansprüche, für deren Glaubwürdigkeit historisch-wissenschaftlich kein Argument nachweisbar ist, weder für den Anspruch Buddhas noch für den der Jünger Christi.

Diese Frage führt auf ein Grundproblem: Geschichte und Theologie. Die Theologie betont die Geschichtlichkeit der Heilsereignisse, aber sie verwehrt vielfach der Geschichtsforschung die historische Untersuchung und Kritik mit den Mitteln der profanen Wissenschaft. Hier muß eine klare Trennung vollzogen und die Abgrenzung der Kompetenzen durchgeführt werden. Die Geschichte als Ereignis ist Objekt profaner Geschichtsforschung auch im Bereiche der Religion. Deren Berichte sind weitgehend bereits gedeutete Geschichte durch die Gemeinde und ihre Vertreter. Die Deutung der geschehenen Geschichte ist der Theologie unbenommen. Diese Deutungen sind Glaubensaussagen. Angewandt auf unser Problem heißt das: Buddha und Jesus sind Persönlichkeiten der Geschichte und damit Objekt der mit profanen Mitteln arbeitenden Forschung. Was sie dem Glauben über das geschichtlich und wissenschaftlich Erfaßbare hinaus noch sind, vermag Religionswissenschaft zwar zur Kenntnis zu nehmen und muß das auch, aber es kann nicht auf seine Berechtigung geprüft werden, also auf seine Wahrheit. Religionswissenschaft stellt nicht die Wahrheitsfrage hinsichtlich der Richtigkeit der religiösen Aussagen, sondern nur die Wesensfrage.

Wechselseitige Beeinflussung?

Auch das Problem etwaiger wechselseitiger Beeinflussung der buddhistischen und christlichen Tradition gehört zu den Vorfragen, die wir kurz behandeln müssen. Zu Anfang unseres Jahrhunderts entstand bereits eine umfangreiche Literatur zu dem genannten Problem: z. B. schrieb van den

Berg van Eysinga 1909 über »Indische Einflüsse auf evangelische Erzäh-
lungen«. R. Seydel behandelte »Das Evangelium Jesu in seinem Verhält-
nis zu Buddha-Sage und Buddha-Lehre« bereits 1882. In dem von Hans
Haas 1923 veröffentlichten Buch »Das Scherflein der Witwe und seine
Entsprechung im Tripitaka« findet sich eine Bibliographie zum Thema
der Beeinflussung christlicher Tradition durch indisch-buddhistische
Überlieferungen. Vor wenigen Jahrzehnten hat Ernst Benz das alte
Thema wieder aufgegriffen in einer Mainzer Akademie-Schrift 1951:
»Indische Einflüsse auf die frühchristliche Theologie«.

Wir beschränken uns auf die kurze Behandlung der wesentlichen Resultate der Forschung auf diesem Problemgebiet. Schwer ist Gültiges zu sagen. In Betracht kommt lediglich der Buddhismus; denn andere indische
Religionen wie etwa der Krishna-Glaube und -Kult fanden außerhalb Indiens keine Verbreitung. Nur die Gestaltung des Lebensbildes Jesu
könnte allenfalls buddhistisch beeinflußt sein; denn die Lehren selbst sind
zu verschieden, um Einfluß vom Buddhismus erfahren zu können. Selbstverständlich kann nur vom Buddhismus die christliche Tradition beeinflußt worden sein, nicht umgekehrt.

Die ernst zu nehmenden Untersuchungen haben, wie gesagt, wenig Über-
zeugendes hinsichtlich buddhistischer Beeinflussung evangelischer Erzählungen erbracht. Da ist z.B. die übernatürliche Geburt Buddhas, von
der wir hören werden, und die Christi auf Abhängigkeit der letzteren von
der buddhistischen Erzählung zurückgeführt worden. Zwar ist die buddhistische Erzählung schon im 3. oder 4. vorchristlichen Jahrhundert vorhanden, aber auch sonst ist die Idee übernatürlicher Geburt im Orient zu
beobachten und religiöse Motive für eine Spontanbildung gleicher Vorstellungen in verschiedenen Religionen sind, wie später zu zeigen sein
wird, durchaus erkennbar. Lukas 11,27 wird von der Seligpreisung der
Mutter Jesu durch eine Frau aus dem Volke berichtet: »Selig ist der Leib,
der dich (Jesus) getragen hat, und die Brüste, die du gesogen hast.« Ganz
analog preist eine edle Jungfrau die Familienmitglieder Buddhas: »Selig
fürwahr die Mutter, selig fürwahr der Vater, selig fürwahr die Frau, die einen so herrlichen Gatten hat.« Auch hier ist das Original nicht erkennbar,
auch liegen hier ganz andere Motive vor; denn in der buddhistischen Erzählung nimmt Buddha sein Perlenhalsband ab und sendet es der Jungfrau, weshalb diese glaubt, der Buddha habe sich in sie verliebt.

Hans Haas hat in der oben genannten Schrift über das Scherflein der
Witwe (Mark. 12,41 ff.; Luk. 21,1 ff.) nachzuweisen gesucht, daß hier
eine wirkliche Abhängigkeit von einer buddhistischen Erzählung vorlie-

ge, in der ein armes Mädchen zwei Kupferstücke, die es gefunden hat, in die Opferschale wirft. Ein Oberpriester preist diese Gabe als wertvoller gegenüber der der Reichen.

Zweifelhaft ist das Abhängigkeitsverhältnis einer buddhistischen Erzählung zu der Geschichte (Joh. 4,6 ff.) der Begegnung Jesu am Jakobsbrunnen mit einer Samaritanerin. Es wird berichtet, daß der Lieblingsjünger Buddhas müde und durstig an einen Brunnen kommt und ein Mädchen aus einer verachteten Kaste um einen Trunk Wasser bittet. Das Mädchen weicht zurück und macht auf ihre durch ihre Kastenzugehörigkeit begründete Unnahbarkeit aufmerksam, worauf Ananda antwortet: »Meine Schwester, ich frage nicht nach der Kaste noch nach der Familie, ich bitte dich nur um Wasser.« Das Mädchen, das sich daraufhin hoffnungslos in Ananda verliebt, wird von Buddha bekehrt. Da die buddhistische Erzählung jünger ist als die biblische, könnte hier eine Abhängigkeit von der christlichen Überlieferung vorliegen.

Eine interessante Parallele zum Gleichnis vom verlorenen Sohn (Luk. 15) findet sich in der buddhistischen Literatur: Ein junger Mann wird verführt und verläßt das väterliche Haus. Der Vater wird reich und läßt den Sohn suchen. Dieser aber kommt zufällig in die Stadt seines Vaters, der den Sohn sogleich erkennt, ihm aber nicht sagt, wer er ist. Der Vater läßt den Sohn zwanzig Jahre bei sich arbeiten und gibt erst bei seinem Tode dem Sohn sein Vermögen. Offenbar haben die evangelische und diese buddhistische Erzählung eine völlig verschiedene Achse: Der Vater in der buddhistischen Erzählung wird durch pädagogische Weisheit bestimmt, seinen Sohn sich bewähren zu lassen. Der Vater in Jesu Gleichnis dagegen handelt aus verzeihender Liebe zu dem Sohn, der sich freiwillig umgewendet hat zu seinem Vater.

Richard Garbe hat in seinem Buche »Indien und das Christentum« (1914) etliche biblische Erzählungen für unzweifelhaft auf buddhistischem Einfluß beruhend erklärt; die Verherrlichung des Buddha-Kindes durch den Seher Asita enthält folgende Weissagung:

> »Der Knabe wird einst, höchster Erleuchtung teilhaft,
> Der Wahrheit Reich, allkundig jeglicher Reinheit,
> Begründen voll Erbarmen mit vielem Volke,
> Daß weit und breit man in Heiligkeit mag wandeln.
> Doch ich muß hingehen, ehe sich das vollendet;
> Nur kurzer Rest ist übrig von meinem Leben.
> Des höchsten Meisters Lehre werd' ich nicht hören.«

Der fromme Simeon, der in Jerusalem auf den »Trost Israels« wartete,
sah im Tempel das Kind Jesu, lobte Gott und sprach:

> »Herr, nun lässest du deinen Diener im Frieden fahren, wie du
> gesagt hast;
> Denn meine Augen haben deinen Heiland gesehen,
> Welchen du bereitet hast vor allen Völkern,
> Ein Licht zu erleuchten die Heiden,
> Und zum Preise deines Volkes Israel.« (Luk. 2,29 ff.)

Während der Indologe R. Garbe hier eine Abhängigkeit der evangelischen Erzählung von der buddhistischen annahm, bestritt sie Hermann
Oldenberg.

Abgesehen von der Versuchungsgeschichte Jesu (Matth. 4; Luk. 4), zu
der es buddhistische Parallelen gibt, sah R. Garbe in der Geschichte vom
Wandeln Jesu auf dem Meere (Matth. 14,25 ff.) eine Abhängigkeit von
einer Erzählung der buddhistischen Jataka-Texte, in der folgendes be-
richtet wird: Ein Jünger Buddhas kommt am Abend an einen Fluß und
findet kein Fährboot. In gläubigem Vertrauen zu Buddha betritt er das
Wasser und wandelt auf dem Wasser. Plötzlich aber erschrickt er vor den
Wellen und beginnt zu sinken, da sein Vertrauen sinkt. Aber mit erneuter
Versenkung erreicht er das Ufer. Während im israelitischen Bereich das
Motiv des Wandelns auf dem Wasser nicht vorkommt, wird von Buddha
Dighanikaya XI unter den magischen Wundern, die er dort aufzählt, auch
das Gehen auf dem Wasser genannt. Eine Abhängigkeit ist hier also wahr-
scheinlich.

I
Die Quellen und ihre historische Glaubwürdigkeit

Der Charakter der buddhistischen Literatur

Wir unterscheiden zwei Zweige des Buddhismus, den Hinayana- oder Theravada- und den Mahayana-Buddhismus. Der erstere steht der Lehre des historischen Buddha am nächsten. Die Bezeichnung Hinayana bedeutet »kleines Fahrzeug« und wird heute vermieden, weil man darin eine Herabsetzung sieht von dem »großen Fahrzeug«, dem Mahayana, aus. Man verwendet deshalb lieber die Bezeichnung Theravada, was »Lehre der Ältesten« bedeutet. Man braucht indessen in dem Wort »Hinayana« kein abwertendes Urteil zu sehen, weil dieser frühe Buddhismus tatsächlich ein kleines Fahrzeug zum Heil für den Einzelnen anbietet, während der später um den Beginn der christlichen Zeitrechnung entstandene Mahayana-Buddhismus lehrt, in einem großen Fahrzeug möglichst viele Mitmenschen aus dem Ozean der Existenz zu retten. Dieses Mahayana wurde die eigentliche Weltreligion, die vor allem in Ostasien sich ausbreitete.

Die ältere Buddha-Forschung kannte als Quelle ihrer Kenntnis nur eine legendarische Buddha-Biographie Lalita vistara (»Entfaltung des [göttlichen] Spiels«). Dieser Text enthält wenig historisch-biographische Elemente, ist phantastisch und mit vielen Wunderberichten ausgeschmückt hinsichtlich des Buddha-Lebens.

In neuerer Zeit entdeckte man in Ceylon, dem heutigen Shri Langka, umfangreiche Texte, den Pali-Kanon, in dem die Lehrreden Buddhas weitgehend wohl in historischer Treue niedergelegt sind. Der Sohn des indischen Königs Ashoka (um 250 v. Chr.), Mahinda, kam mit der Buddha-Botschaft nach Ceylon und fand Aufnahme. Noch heute ist diese Urform des Buddhismus in Ceylon und Hinterindien vertreten. Auf verschiedenen Konzilien wurden diese Texte festgelegt: Rajagaha war das erste, das bald nach Buddhas Tode stattgefunden haben soll, Vessali hundert Jahre später und Pataliputta 253 v. Chr. Diese Texte enthalten, wie gesagt, nicht eine Lebensbeschreibung Buddhas, sondern nur die Lehrverkündigung des Meisters. In den Klöstern Ceylons wurde der mündlich überlieferte Kanon der Schriften im ersten Jahrhundert vor Christus auf Befehl eines ceylonesischen Königs in der Pali-Sprache niedergeschrieben. Es ist dies der einzige vollständig erhaltene Text der zahlreichen zum Kanon, dem Tripitaka (=Dreikorb), gehörenden Schriften. Diese Texte enthalten weitgehend echte Buddha-Worte. Die Pali-Sprache ist ein indischer Dialekt, der jedoch nicht die Sprache Buddhas war, wie man vielfach angenommen hat. Buddha sprach den Maghadi-Dialekt. Die drei »Körbe« dieses Kanons enthalten im Vinaya-pitaka die Ordensdisziplin, im Sutta-pitaka die Lehrreden Buddhas in 5 Unterabteilungen und im Abhidhamma-pitaka die buddhistische Scholastik.

Die religiöse Einstellung, wie sie sich in den Pali-Texten ausspricht, wandelte sich in späteren Texten in charakteristischer Weise. Wie schon bemerkt, war der Buddhismus dieses Pali-Kanons eine rein geistige Mönchsreligion, und Buddha selbst verstand sich ausschließlich als »Wegweiser« zum Heil, der hohe Anforderungen an eine Jünger-Elite stellte, an den »vornehmen Jünger«, wie es oft in den Texten heißt. Die wenigen Einzelnen, die ihr Leben ganz auf die Heilssuche einstellen konnten und dieser hochreligiösen Haltung fähig waren, konnten nur als Mönche diesen Heilsweg beschreiten. So sind denn diese Texte von großer Einfachheit, ohne phantastische Ausschmückungen, wenngleich oft mit ermüdenden Wiederholungen, die wohl der leichteren gedächtnismäßigen Aneignung dienen sollten. Wunder kommen nur am Rande und ohne wesentliche Bedeutung in den Texten vor.

Demgegenüber entstand später eine Wandlung zum Mahayana vor allem dadurch, daß das religiöse Bedürfnis der Masse durch jene Asketen-Religion nicht befriedigt wurde. Nicht jeder wollte Mönch werden, aber jeder strebte das Heil an, das im Hinayana nur als Mönch gewonnen werden konnte. Auch wurde im Hinayana dem kultischen Bedürfnis nicht entsprochen; denn Buddha war keine verehrungswürdige Gottheit seinem eigenen Anspruch nach. Der allmählich entstehende Mahayana-Buddhismus erhob Buddha neben zahlreichen anderen Buddhas zu himmlischer Glorie und in den nun entstehenden Mahayana-Texten wurde das Leben Buddhas wunderhaft verklärt. Hier entstanden jene Texte, in denen das Wunder im Leben Buddhas dominiert, von denen oben die Rede war. Dieser Buddhismus wurde eine Religion der Masse und nur er konnte sich über die östliche Welt, vor allem in China und Japan, ausbreiten. Er wurde die Weltreligion des Fernen Ostens. Die Voraussetzung dafür war die Popularisierung des Buddhismus, der abstrakten hochgeistigen Lehre Buddhas. Jetzt entsteht ein Kultus der zahlreichen Buddhas und Bodhisattvas. Die Basis wird also verbreitet unter Voraussetzung einer notwendigen Vergröberung und Vermassung der religiösen Anschauungen und Praktiken. Es ist also nicht so, daß man geschichtlich vom phantastisch Wunderhaften zum abstrakt Geistigen vorgedrungen sei in der Geschichte der buddhistischen Literatur, sondern umgekehrt: Von schlichter Geistigkeit entwickelte sich der Buddhismus auf der Basis der Verbreiterung der Anhängerschaft zu bunter, farbiger und anschaulicher Vielgestaltigkeit der Lebensberichte des Buddha. Die ceylonesischen Pali-Texte, in denen man sich immer wieder auf Buddha beruft, sind das früheste Zeugnis für die Historizität Buddhas und für das Bewußtsein seiner Gemeinde, daß Buddha so gesprochen hat, so daß also eine persönliche Autorisierung der Lehre durch Buddha hier bezeugt ist. Die Texte verraten Kenntnis der Lebenssituation Buddhas, was ihre Glaubwürdigkeit erhöht.

Diese Texte aber sind, wie gesagt, keine Biographien, was darauf hinweist, daß die Urgemeinde an dem konkreten Leben des Buddha kein sonderliches Interesse hatte; denn Buddha war ja im ursprünglichen Buddhismus keine Heilandgottheit. Die Lebensmitte dieses Theravada- oder Hinayana-Buddhismus bildet nicht Buddha, sondern die Lehre (dhamma). Es gibt umfangreiche Reden und Spruchsammlungen ohne zeitliche Fixierung, was wieder für die angenommene Zeitlosigkeit der Lehre spricht, die ja ewige Wahrheit enthalten soll.

Erst später erwachte ein gewisses historisches Interesse. Dann füllte man mit legendarischen Elementen die Lücken im historischen Bilde des Meisters aus. Dabei sind dann auch zahlreiche wunderhafte Taten des künftigen Buddha in der Textsammlung der »Jatakas« (Geburtsgeschichten) berichtet. Es handelt sich in diesem auch zum Pali-Kanon gehörenden Text um Berichte über die angeblichen früheren Geburten des künftigen historischen Buddha und seine Lebensumstände. In diesen Texten waltet natürlich der Geist des Wunderglaubens.

Legendenbildung
Wie bei allen Meistern der Religionsgeschichte bildeten sich um ihre Gestalt und ihr Leben Legenden. Wir gehen hier auf die Inhalte dieser Legenden um Buddha nicht ein, sondern stellen nur fest, welche Themen sie behandeln. Da ist von der übernatürlichen Empfängnis Buddhas und von seiner wiederum wunderhaften Geburt die Rede. Der Buddha selbst wird verherrlicht durch Erzählungen wunderhafter Taten in seiner Jugend und

in seinem späteren Leben. Die Versuchungen, denen der werdende und der gewordene Buddha ausgesetzt waren, werden berichtet, auch sie tragen Wundercharakter, wenn Mara, der buddhistische Teufel, und seine ihm zur Verfügung stehenden dämonischen Töchter Buddha von seinem Lebensziel abzubringen suchen. Auch die Todesstunde des im Alter von achtzig Jahren sterbenden Buddha wird durch wunderhafte Begebenheiten ausgeschmückt.

Die christliche Überlieferung

Wir fragen nach den Quellen unserer Kenntnis des ursprünglichen Christentums und des historischen Jesus, des Stifters des Christentums. Außer den natürlich in erster Linie in Betracht kommenden neutestamentlichen Quellen, von denen wir später sprechen werden, gibt es auch außerchristliche Zeugnisse für die Ursprünge des Christentums, die indessen nur wenig für unsere Kenntnis beitragen. Da sind zunächst die Annalen des Tacitus (15,44), die um 110 n. Chr. entstanden. In der angegebenen Stelle ist berichtet, daß Kaiser Nero Schuldige am Brande Roms suchte und sie in den Christen fand bzw. lenkte er den Verdacht auf sie: »Es waren die beim gemeinen Volk ohnehin wegen allerlei Schändlichkeiten verhaßten Leute, die beim gemeinen Volk Chrestianer hießen. Der Name hängt zusammen mit einem Christus, den der Prokurator Pontius Pilatus unter der Herrschaft des Tiberius hatte hinrichten lassen. Trotz solcher augenblicklichen Schwächung kam der verderbliche Aberglaube wieder auf, und nicht nur in Judäa, wo die Plage entstanden war, sondern auch in Rom, wo alles, was schimpflich und schändlich ist, aus der ganzen Welt zusammenströmt und gern gepflegt wird.« Interessant ist hier der Hinweis auf die Tatsache, daß Jesu Tod die Bewegung, die durch ihn entfacht war, nur vorübergehend schwächte. Die Ausbreitung fand also trotz der Katastrophe des Todes Jesu statt, ja, der verhängnisvolle Tod wurde durch den Auferstehungsglauben geradezu zu einem Siegesfaktor. Wir beachten dabei zugleich, welche geringe Bedeutung aus römischer Sicht diesem Todesereignis im fernen Palästina beigemessen wird.

Eine zweite Quelle finden wir bei Suetonius, der etwas nach Tacitus »Über das Leben der Kaiser« schrieb. In dieser Schrift (V, 24,4) sagt Suetonius, daß Claudius die Juden, die »auf Veranlassung des Chrestus beständig Unruhen erregten« aus Rom auswies. Es ist nicht sicher, ob diese Unruhen mit Christus und dem Christentum in Verbindung standen. Christus wird hier als Eigenname und vielfach als Chrestus, ein verbreiteter Name in Rom, verstanden und nicht als Würdebezeichnung aufgefaßt.

Außer diesen römischen Quellen gibt es auch jüdische, die jedoch auch nur wenig aussagen. Es handelt sich um den jüdischen Historiker Josephus (37 – kurz nach 100 n. Chr.), der um 90 n. Chr. seine »Altertümer« (Antiquitates) schrieb, in denen (XX, 9,1) die Steinigung des Bruders Jesu, »des sogenannten Christus, Jakobus war sein Name« erwähnt wird. Wie aus der Bezeichnung »sogenannter Christus« hervorgeht, nimmt Josephus eine vorsichtige Haltung ein; denn er verstand natürlich die Bezeichnung »Christus« als griechische Übersetzung des hebräischen Messias und verwendete sie nicht als Eigenname, wie die römischen Schriftsteller, sondern als Würdebezeichnung, die er indessen in Frage stellte. Eine andere Stelle bei Josephus (XVIII,3,3) in den »Altertümern« ist sicher unecht, d. h. wohl ein christlicher Einschub: »Dieser (Jesus) war der Messias... Und am dritten Tage erschien er ihnen wieder lebend, was ja samt vielem anderen Wunderbarem die göttlichen Propheten von ihm gesagt hatten.« Diese Worte können nicht von Josephus stammen, der dem christlichen Verständnis der Person Jesu skeptisch gegenüberstand. Es handelt sich also entweder um einen christlichen Einschub oder um eine christliche Überarbeitung.

Der Talmud, in dem sich die ganze schriftgelehrte Tradition niedergeschlagen hat, enthält christenfeindliche Äußerungen, aber nur wenig über Leben und Person Jesu, der am Rüsttage des Passah gehängt sei. Das sind die einzigen außerbiblischen Zeugnisse, die wir haben, und die, wie man sieht, wenig aussagen. Nur die Historizität Jesu selbst läßt sich aus diesen Texten entnehmen.

Die christlichen Quellen des Neuen Testaments

Auch von den allein für unsere Kenntnis des ursprünglichen Christentums und der Persönlichkeit Jesu in Betracht kommenden Schriften des Neuen Testaments muß gesagt werden, daß sie von geringem Quellenwert für das Leben Jesu sind. Der Ablauf des Lebens Jesu ist aus den Texten der Evangelien, die ja allein in Betracht zu ziehen sind, nicht erkennbar, abgesehen von den letzten Tagen, also der Passionsgeschichte, die zusammenhängend überliefert wurde. Diese Evangelien sind keine Biographien, wie die kritische Forschung längst festgestellt hat. Die Evangelisten hatten kein historisches Interesse am Leben Jesu. Auch Paulus, dessen Briefe früher verfaßt wurden als die Evangelien und also die ältesten Zeugnisse des Neuen Testaments sind, bekundet, an dem irdisch historischen Jesus kein Interesse zu haben: »Haben wir auch Christus nach dem Fleisch (also als irdischen Menschen) gekannt, davon wissen wir jetzt nichts mehr.«

(2. Kor. 5,16) Die Evangelisten haben auch keine psychologischen Entwicklungen in der Persönlichkeit Jesu festzustellen gesucht. Das zentrale Interesse ist in der These ausgesprochen: Jesus ist der Christus, also der Messias, der von Gott gesandt ist. Das heißt also, daß diese Evangelien selbst Glaubenszeugnisse sind.

Die Art der Quellen

Zehn bis fünfzehn Jahre nach Jesu Tode erhielten Paulus und andere Apostel mündliche und schriftliche Traditionen und vierzig Jahre nach Jesu Tode existierten bereits Bücher mit solchen Überlieferungen. Das späteste der im Neuen Testament zusammengeschlossenen kanonischen Evangelien ist das des Johannes, etwa um 90 n. Chr. verfaßt. Um 100 n. Chr. sind alle unsere Evangelien vorhanden. Zitate christlicher Schriftsteller im 2. Jahrhundert n. Chr. zeigen, daß es außer den vier Evangelien noch mehr solcher Bücher gegeben hat, zu denen die apokryphen Ägypter-, Hebräer-, Petrus- und Kindheitsevangelien gehören. In diesen nichtkanonischen Evangelien wird erkennbar, daß die Berichte über das Leben Jesu allmählich durch fremde Gedanken und Geschichten erweitert und zum Teil entstellt wurden. Wieder haben wir denselben Vorgang wie in der buddhistischen Tradition: Die mythischen und wunderhaften Darstellungen sind später, die schlichten unmythischen sind früher, weil erst das Interesse der sich in den Gemeinden sammelnden Masse sich auf ein wunderhaftes Meisterleben richtete.

Der Charakter der christlichen Überlieferung und ihre Schichten

Wir geben hier wieder, was die historisch-kritische Forschung vieler Jahrzehnte aus den Quellen erarbeitet hat. Vor der Abfassung der Evangelien gab es einen sowohl mündlich als auch schriftlich tradierten Überlieferungsstoff. Das waren Geschichten, Sprüche, Redestücke (Gleichnisse) und die Leidensgeschichte. Diese Überlieferungselemente waren, abgesehen von der Leidensgeschichte, ohne Zusammenhang. Die Evangelisten erst schufen den Rahmen und den Zusammenhang. Ursprünglich ist also immer die Einzelgeschichte und der einzelne Spruch, nicht aber der verbindende Text. Die kritische Forschung suchte daher die älteste Schicht aus der Überlieferungsmasse herauszulösen und damit die authentische Jesus-Verkündigung zu gewinnen, befreit von den Elementen, die aus dem Gemeindeglauben stammen. Martin Dibelius hat das getan in seiner Schrift »Die Botschaft von Jesus Christus« (1935).

Eine jüngere Schicht in den Evangelien ist die Umbildung der Geschichten durch weltlichen Stil und weltliche Motive, sowie die Anpassung der Worte Jesu an die inzwischen gegebenen Verhältnisse.

Die älteste Schicht, 30−40 n. Chr. entstanden, ist relativ frei von außerchristlichen Einflüssen. Die Sprüche sind weder gnostisch noch gesetzlich. Die Gleichnisse lassen den ursprünglichen Sinn trotz späterer Umdeutungen erkennen. Sie zeichnen sich durch kurze Prägnanz aus, was ihre Beziehung zur Predigt verrät. Es redet der Glaube, nicht wissenschaftliche Forschung. Daher sind diese Berichte in ihrer Geschichtlichkeit eingeschränkt.

Was nun das Verhältnis der Evangelien des Neuen Testaments zueinander betrifft, so hat die Forschung beider christlicher Konfessionen mit ziemlicher Einmütigkeit folgende These erarbeitet: die sogenannte Zwei-Quellen-Hypothese. Danach werden die drei ersten Evangelien nach Matthäus, Markus und Lukas als Synoptiker bezeichnet. Sie enthalten Geschichten aus Jesu Leben, Gleichnisse, Sprüche und Spruchgruppen und am Ende die Passions- und Ostergeschichte. Die Texte sind nahe verwandt als Abwandlungen desselben Typus und deshalb eben als Synoptiker bezeichnet. Worauf beruht diese Verwandtschaft? Alle drei Evangelisten sammelten dieselben in den Gemeinden umlaufenden schriftlichen oder mündlichen Traditionen von Jesu Leben und Sterben. Die Synoptiker ordneten das Material und redigierten es. Darüber hinaus beruht die Ähnlichkeit dieser drei Evangelien auf noch näherer Verwandtschaft: Das Ergebnis der Evangelienforschung seit mehr als hundert Jahren ist, wie gesagt, die Zwei-Quellen-Hypothese. Die Kritik stellte durch Vergleichung fest, daß Markus die Quelle der beiden späteren Evangelien nach Matthäus und Lukas sei. Matthäus und Lukas aber hatten außer Markus noch eine gemeinsame Quelle, die Spruchquelle Q, deren Texte sie in vielen bei Markus nicht vorkommenden, wörtlich übereinstimmenden Stücken übernahmen. Diese Logienquelle hat die Forschung aus den Texten rekonstruiert und als ehemals vorhanden postuliert. Daß es solche Spruchquellen gegeben hat, wurde in unseren Tagen (1945) bestätigt durch den in der ägyptischen Wüste gemachten Fund eines Thomasevangeliums, das eine unter den Namen des Thomas gestellte Sammlung von Sprüchen Jesu enthält. Markus bot Geschichten, die Quelle Q Sprüche und Reden.

Von den drei Synoptikern verschieden ist das Johannesevangelium, das etwa um 90 n. Chr. verfaßt wurde und von besonderer Art ist. Es ist noch weniger geschichtlich orientiert als die Synoptiker. Hier finden sich Erzählungen, die um große religiöse Ideen wie Licht, Leben und Wahrheit gruppiert sind. Als Geschichtsquelle ist daher das Johannesevangelium von noch geringerem Wert als die synoptischen Evangelien. Der eigentliche Schluß des Johannesevangeliums (das 21. Kapitel ist eine spätere Hinzufügung) 20,30 lautet: »Auch viele andere Zeichen tat Jesus vor seinen Jüngern, die nicht geschrieben sind in diesem Buche. Diese aber sind geschrieben, damit ihr glaubet, Jesus sei Christus, der Sohn Gottes.« In diesen Worten ist die Tendenz ausgesprochen, die hinter dem Johannesevangelium und hinter allen Evangelien steht: Leben und Taten Jesu als Offenbarung seiner göttlichen Herrlichkeit (Joh. 2,11) darzutun.

Gemeinsamkeit und Verschiedenheit

Wir besinnen uns zunächst auf die *Gemeinsamkeiten* der beiderseitigen Quellen, von denen die Rede war. Allgemein ist zu sagen, daß diese Quellen insofern zuverlässig sind, als sie die Historizität beider Stifter und ihres zentralen Anliegens bezeugen. Es zeigte sich weiter ein Zurücktreten der mythischen Stoffe in den älteren Schichten der Überlieferung. Die mythischen Elemente, die ja weithin als Gemeindebildungen anzusehen sind, bezeugen den tiefen Eindruck, den die beiden Stifterpersönlichkeiten gemacht haben. Gemeinsam ist weiterhin der Schichtencharakter der Überlieferung. Die heiligen Schriften bilden keine Einheit; denn sie verraten den Einfluß menschlicher Gestaltung und der geistigen Umwelt. Auch finden sich nur geringe Kenntnisse des wirklichen historischen Ablaufs des Lebens der Meister, abgesehen natürlich von den religiös wichtigen Ereignissen wie Geburt, Berufung oder Erleuchtung und Tod. Obwohl Buddha ein langes Leben von achtzig Jahren beschieden war, wird uns aus diesem Leben nur ganz wenig an Ereignissen mitgeteilt. Demgegenüber hatte Jesus ein überaus kurzes Leben von etwa dreißig Jahren. Aber was uns daraus berichtet wird, kann sich den Evangelien zufolge nur in ein oder drei Jahren ereignet haben. Die übrigen Lebensjahre bleiben, was ihre Begebenheiten betrifft, dunkel. Später sind, wie gesagt, diese Berichte legendär aufgefüllt worden. Endlich gilt für beide Überlieferungen, daß in ihnen der religiöse Glaube spricht. Sie sind also keine historischen Dokumente.

Eine charakteristische äußere *Verschiedenheit* besteht darin, daß die buddhistischen heiligen Schriften gegenüber dem Neuen Testament unvergleichlich viel umfangreicher sind. Der Tripitaka, von den späteren Mahayana-Schriften abgesehen, umfaßt zahlreiche Bände, von denen jeder von erheblichem Umfang ist. Natürlich wiederholt sich in diesen Schriften manches. Demgegenüber ist das Neue Testament und in ihm vor allem die hier in erster Linie in Betracht kommenden vier Evangelien, von einem bescheidenen Umfang, wobei zu beachten ist, daß auch hier sich vieles wiederholt.

Verschieden ist auch das Verhältnis des Wunderhaften zum Historischen. Wir sahen, daß beide Meister auf das Wunder als Glaubensbasis keinen Wert legten. In den buddhistischen Texten finden sich wenige mythische Wundergeschichten d. h.: passive Wunder, die an Buddha geschahen, nur im Zusammenhang mit Geburt und Tod. Aktive Wunder, also solche, die der Meister selbst tat, gibt es kaum, denn der Buddha legte, wie er selbst (Dighanikaya XI) sagt, auf »magische Wunder« keinen Wert, da durch sie doch kein echter Glaube begründet werde. Auch in den Evangelien finden sich wenige passive Wunder, nur jene, die mit Geburt und Tod zusammenhängen. Aber es gibt in den Evangelien viele aktive »Wunder« Jesu, d. h. »Krafttaten« (dynameis) und »Zeichen« (semeia), verstanden als Auswirkungen des in Jesus anbrechenden Reiches Gottes. Jesus zog umher im Lande, »verkündete das Evangelium vom Reich und heilte alle Krankheit und alle Gebrechen unter dem Volk« (Matth. 4,23). Diese Divergenz bezüglich der Einstellung zum Wunderhaften liegt begründet in dem tiefen Unterschied beider Meister, von dem zu sprechen sein wird. Zwar sind alle Überlieferungen Glaubenszeugnisse, aber in der buddhistischen Tradition handelt es sich weniger um den Glauben an Buddha als an die Lehre. Mittelpunkt ist ja nicht Buddha, sondern die Lehre. Während Buddha den Wunsch, ihn zu sehen, auf die Lehre ablenkte, indem er sagte: »Wer mich sieht, der sieht die Lehre« sagte der johanneische Jesus auf den gleichen Wunsch von Besuchern, ihn zu sehen, das charakteristische Wort: »Wer mich sieht, der sieht den, der mich gesandt hat« – also Gott. (Joh. 12,44) In der christlichen Tradition steht eindeutig der Glaube an Jesus als den Christus im Mittelpunkt.

II
Die religiöse Umwelt
beider Meister

Religionsstifter sind nur verständlich aus ihrer Umwelt und Tradition. Das soll keineswegs bedeuten, daß sie Produkt ihrer religiösen Umwelt sind. Dann wären sie keine echten Religionsstifter. Richtig aber ist, daß die Bedingung des Verstehens der Religionsstifter die Kenntnis der Tradition voraussetzt, aus der sie kamen, und die sie teilweise, wie zu untersuchen ist, auch fortsetzen. Gestiftete Religionen sind ja nie absolut neu in allen ihren Elementen. Von hier aus ist also die Frage nach den traditionellen Momenten in der Lehre der Religionsstifter verständlich und berechtigt. Dominierend aber ist fraglos das Neue, das keine bloße Konsequenz aus dem Vorhergegangenen ist, im Gegenteil: Es steht ja oft in schroffem Gegensatz zur Tradition. Aber das Neue zu würdigen, setzt die Kenntnis des Alten, also der Tradition, voraus. Damit ist unser Weg klar gezeichnet: Es gilt, die religiöse Tradition der Religionsstifter nach der Seite des spezifischen Charakters der Lebensmitte der überlieferten Religion zu betrachten. Religionen haben alle eine »Lebensmitte«; denn sie sind lebendige Ganzheiten und wir versuchen, den Geist dieser Ganzheit, und das ist die Lebensmitte, zu erfassen. Dann aber müssen diese Traditionen und ihre Entwicklungen verglichen werden bis zum Auftreten des jeweiligen Meisters. Auch wird zu untersuchen sein, wie die Meister selbst sich bewußt zu ihrer eigenen Tradition gestellt haben.

1 DIE RELIGIÖSE TRADITION INDIENS VOR BUDDHA

Die älteste Traditionsschicht in Indien bilden die vier Veden, von denen vor allem der älteste Text, der Rigveda, zu nennen ist. In ihm sind die verschiedenen Götterkreise in Hymnen bezeugt, die Kreise um Agni, Mithra, Varuna, Rudra, Indra und zahlreiche andere. Der Grundcharakter dieser altindischen vedischen Religion, ihre Lebensmitte also, ist der einer Opferreligion: »Durch Agni möge man Reichtum erlangen, Gedeihen fürwahr Tag für Tag, glänzendes, an Helden höchst reiches.« In einem Gebet an alle Götter spricht sich der Geist dieser frühen Volksreligion in eindeutiger Weise aus, wenn es da im Rigveda heißt: »Der Götter Wohlwollen bringt den Rechtwandelnden Glück, der Götter Gunst soll bei uns einkehren. Um der Götter Freundschaft haben wir geworben, die Götter sollen unsre Lebensfrist verlängern.« Typisch ist hier die welt- und lebenbejahende Haltung der naiven Volksreligion. Daseinsfreudig und polytheistisch ist diese Grundschicht, die indessen erhalten bleibt in der indischen Religionsgeschichte bis über den Buddhismus hinaus und in die Gegenwart hinein als Volksglaube.

Vedische Gottesanschauungen

Im jüngeren Rigveda aber dämmert die Idee numinoser Einheit in doppelter Gestalt auf. Wir beobachten nämlich, daß schon früh im Rigveda ein religiöser Einheitsblick bezeugt ist, nämlich die Ahnung, daß hinter den vielen Gottheiten eine Einheit steht, wenn es z.B. heißt: »Man sagt zwar Indra, Mithra, Varuna, Agni ...Was nur Eines ist, das belegen die Dichter mit vielfachen Namen.« Im numinosen Erlebnis liegt das Moment der Absolutheit und zwar in doppelter Form: als *der Eine* und als *das Eine*. Zwei Textzeugnisse mögen das belegen. Im 10. Buch des Rigveda heißt es: »Im Anfang (aller Dinge) wandelte er, der Eine, sich zu einem Goldkeim um. So (durch sich selbst) zustand gekommen, ward er dann der Herr des Gewordenen.« Hier ist also von dem personal Einen als dem absoluten Schöpfer der Welt die Rede. Im Atharvaveda (2,1,1) heißt es: »Vena erschaute das, was in geheimnisvoller Weise das Höchste ist, in welchem alles eingestaltig (ekarupam) wird.« Und Rigveda 10,129 lesen wir die bekannten Worte: »Nicht war Nichtseiendes, nicht Seiendes war damals...nicht Tod, nicht Leben war da, nicht unterscheidendes Merkmal zwischen Nacht und Tag. Das atmete, jedoch in eigener Weise, ohne Hauch, das Eine. Von ihm verschieden war sonst nichts vorhanden.« Das ist der Weg der frühindischen Gotteserfahrung, der zur Einheitserkenntnis in doppelter Gestalt führte: es sind zwei Linien die theistisch-personale und die theiomonistisch-impersonale, die durch die ganze weitere indische Religionsgeschichte bis in die Gegenwart hinein verlaufen. Abgesehen natürlich von der breiten Schicht des aus der Frühzeit bis heute erhaltenen Volksglaubens wird in der Schicht der indischen Hochfrömmigkeit die personal-theistische Frömmigkeitsform zunächst verdunkelt und zurückgedrängt durch die impersonale Mystik. Sie taucht dann etwa im 2. Jahrhundert v. Chr. wieder stärker auf in der Bhakti-Frömmigkeit des nachbuddhistischen Hinduismus. Die theiomonistisch-impersonale Frömmigkeit dominiert fraglos in Indien. Schon in den Brahmana-Texten, die Opferspekulationen enthalten, werden Grundthemen der späteren Upanishadentheologie behandelt. So taucht z.B. das Begriffspaar nama-rupa, Name und Gestalt, auf als Bezeichnung der Vielheit, die eine geahnte Einheit verdeckt. Es handelt sich dabei um das Verhältnis des numinos Einen zum profan Vielen in der Erscheinungswelt, also um das Problem der Individuation. Die profane Erfahrung zeigt Vieles und Individuelles, die religiöse Intuition wittert das Eine hinter der individuellen Vielheit, die unter dem Begriff »Name und Gestalt« begriffen wird. So wird nama-rupa zur Bezeichnung der unheilvollen, weil von der Einheit abgespaltenen Vielheit weltlicher Existenz.

Das andere Begriffspaar, das sich hier in den Brahmana-Texten bereits bemerkbar macht, ist das von atman-brahman. Unter atman (mit dem deutschen Atem etymologisch verwandt) ist das Eine, Ewige in der Tiefe der menschlichen Persönlichkeit, brahman das Eine in der Weite der Welt und beides ist identisch.

Die Upanishaden

In der etwa seit 800 v. Chr. entstehenden Upanishaden-Religion und -Literatur handelt es sich um folgende Grundmotive, in denen die zuvor angedeuteten Ansätze weiter entwickelt werden. Zunächst wird die vielheitliche Welt verstanden als die Entfaltung des einen Seienden, eben des brahman: »Diese Welt war damals nicht entfaltet, sie entfaltete sich in Namen und Gestalten.« So heißt es in der Brihadaranyaka-Upanishad. Die Vielheitswelt ist eine mehr oder weniger als real angesehene Wirklichkeit mit sich wandelnden Wesen, darin der Mensch, in dem die Individuation ihren Höhepunkt hat im Bewußtsein der Zweiheit: »Wo gleichsam eine Zweiheit ist, da sieht einer den anderen...Wo aber einem alles zum eigenen Selbst (atman) geworden ist, womit sollte er da sehen...?« Das Ziel aber, das hier angestrebt wird, ist die wiederzufindende Einheit von atman und brahman, von ewigem Selbst und dem göttlichen Selbst der Welt. Diese Heilsidee drückt sich in dem Worte aus: »Nach dem Tode gibt es kein Bewußtsein.« Der Mensch, der zu seinem Heil die unio mystica von atman und brahman gefunden hat, ist ohne individuelles Bewußtsein.

Auch die *Karma-Lehre* wird hier bereits entfaltet: die Tat (karma) bedingt die immer neuen Geburten und Wiedergeburten und der ganze Kreislauf der stets erneuten Individuationen (samsara) wird als das eigentliche Unheil angesehen, von dem man erlöst zu werden wünscht. So hat sich hier also das Lebensgefühl gegenüber der vedischen Frömmigkeit grundlegend gewandelt: von der Weltfreudigkeit zum Pessimismus der Upanishaden: »Was außerhalb des atman ist, ist leidvoll« lesen wir hier, und damit ist bereits die Leidensidee wenigstens vereinzelt aufgetaucht, die dann im Buddhismus eine so entscheidende Rolle spielt.

Hier geht es also bereits um Erlösung; denn die Situation, in der sich der Mensch vorfindet, ist die des Gebanntseins in den Kreislauf der Wiedergeburten und der Weg zur Erlösung, der hier in den Upanishaden gewiesen wird, ist z. B. in der Brihadaranyaka-Upanishad in folgender Weise ausgesprochen: »Woran des Menschen Sinnesart und Herz hängt, dem hängt er an und folgt mit seiner Tat ihm. Wenn er die Tat dann ausgekostet, die Summe dessen, was er hier getan, dann kommt aus jener Welt er wieder in diese Welt zu neuem Tun.« Was also als Weg aufgezeigt wird, ist das Freiwerden vom Begehren: »Soviel über den begehrenden Menschen, nun zu dem, der vom Begehren frei ist. Wer vom Begehren frei, des Begehrens ledig ist, wes Begehren gestillt ist, wer nur nach dem Atman begehrt, ist Brahman und geht in das Brahman ein.« Und an anderer Stelle heißt es: »Wenn er von allen Wünschen sich befreit, die sich im Herzen ihm zusammenfanden, dann wird dem Sterblichen Unsterblichkeit, indem er hier das Brahman schon erreicht.« Alle Affektivität, alle Begierde muß ertötet werden. Alle die Individuation bedingenden Kräfte müssen entwurzelt werden. Das geschieht durch Askese. Die Yoga-Praxis hat hier bereits ihre Wurzeln, die später systematisch weitergebildet wird.

2 Die religiöse Tradition Israels vor Jesu Auftreten

Vormosaische Religion

Jahve, der Gott Israels, wurde bereits vor Mose verehrt, in Partikularkulten neben anderen Gottheiten und ohne historische Grundlage. Die vormosaische Religion war eine Nomaden- und Stammesreligion, die keineswegs monotheistisch war, wie man durch Rückprojizierung späterer Stufen in die Vergangenheit behauptet hat. Naturkult und Polydämonismus kennzeichnen die Urreligion jener semitischen Stämme, die später zum Volke Israel zusammenwuchsen. Das ist aus den Texten des Alten Testamentes erkennbar; denn dieses Buch hat eine Geschichte von tausend Jahren und spiegelt daher die Epochen der Religionsentwicklung Israels wider. Die These vom Urmonotheismus, die sowohl im Alten Testament vorausgesetzt wird, da Adam und Eva Monotheisten waren, als auch später christlicherseits bisweilen behauptet wurde (Pater W. Schmidt), ist wissenschaftlich unhaltbar.

Wir nennen einige der charakteristischen Elemente der vormosaischen Religion, die sich aus dem Alten Testament erkennen lassen. Zunächst ist der Fetisch-Kult zu erwähnen. Die Lade Jahves war wahrscheinlich ein Steinfetisch. Jedenfalls verkörperte sich in ihm numinose Kraft, wie die Erzählung von Usa, der die Lade anfaßte und tot umsank, beweist. (2. Sam. 6,6 f.) Die alten hebräisch-arabischen Heiligtümer waren vielfach heilige Steine, wie z.B. der später von Jakob als Massebe aufgerichtete Kultstein von Beth-El (1. Mose 28,19), der hier nach dem Traum Jakobs von der Himmelsleiter eine neue Interpretation erhielt. Diese Masseben waren heilige Steine, die als Behausung einer Gottheit galten, wie denn Beth-El »Haus eines El«, also einer Gottheit, bedeutet.

Auch Totemismus gab es in dieser frühen Zeit: Tiere galten als göttliche Ahnen des Stammes. Die Scheu vor dem Genuß des Fleisches des Totemtieres hält sich bis in die Gegenwart; denn Schwein, Kamel, Hase usw. dürfen nicht verzehrt werden, was fraglos auf altem Totemismus beruht. Auch von Tierdämonen ist im Alten Testament noch die Rede, z.B. 3. Mose 17,7 und sonst. Quellgeister werden Nehemia 2,13 erwähnt.

Aus dämonischer Scheu entwickelte sich die Polarität der Begriffe »rein« und »unrein«, also eine Spaltung des Dämonischen in ein negativ und positiv Dämonisches. Lustrationszeremonien wurden zur Gegenwirkung vollzogen. Auch gab es magische Kraftübertragung, wie Jesaia 6,6 oder 3. Mose 14,7 und sonst.

Opfer gab es in der Nomadenzeit wenig. Wichtig war beim Opfer weniger die Gabe als vielmehr, daß magisch bedeutsame Dinge geopfert wurden wie Blut, Niere, Haar. Eine besondere Rolle spielte das Blut, das am Altar ausgeschüttet wurde. (1. Mose 4,4; 1. Sam. 2,15 usw.) Auch gab es Opfer als Mittel der Kommunion; denn das blutige Opfer wurde gegessen und die Opfernden wurden mit Blut besprengt. (2. Mose 24,6) Blut stellt die engste Gemeinschaft her, z.B. durch Bluttrinken.

Allmählich traten an die Stelle der Tierahnen Menschen z.B. Häuptlinge, die machtbegabte Personen waren und auch nach ihrem Tode noch befragt werden konnten. Der Geisterglaube blühte wie in der Geschichte der Beschwörung Samuels durch die Hexe von Endor (1. Sam. 28,4) erkennbar ist. Totenopfer wurden dargebracht (5. Mose 26,14), wie denn der Ahnenkult das Interesse des Hebräers an der Bestattung im Grabe der Väter erklärt. Die häufig vorkommende Wendung »bei den Vätern versammelt werden« (1. Kön. 11,36 usw.) ist dafür der Ausdruck; denn man wünschte im Sippengrab beigesetzt zu werden.

Endlich ist an Dämonenkulte zu denken; denn ein buntes Vielerlei an Dämonen nahm man an: die Geister jüngst Verstorbener, die keine Ruhe finden konnten; Krankheitsdämonen, wie z. B. der Pestengel. (2. Mose 12,23) Zauber und Beschwörung waren die Gegenmittel.

Gottesvorstellungen vor Moses

Wie schon bemerkt, war Jahve der Name des Gottes vom Sinai und damit eine Gottheit einzelner semitischer Nomadenstämme. Was aber war dieser Jahve? Er war offenbar ein Gott des Gewitters und vulkanischer Ausbrüche. Deshalb war das Gewitter auch seine vorzüglichste Offenbarungsform, wie sie etwa in der Theophanie (2. Mose 19) am Berge Sinai sich ereignet. Das ist eine typisch numinose Geschichte. Der Grundcharakter Jahves ist hier deutlich: es ist das Mysterium tremendum im Erlebnis des Numinosen, das hier bezeugt ist. Blitze und Donner kündigen die Gegenwart Jahves auf dem Berge Sinai an: »Das ganze Volk erbebte heftig« heißt es in dem Bericht. Geheimnisvoll irrationale, dämonische Macht ist es, der sich Moses gegenübersieht. Jahve ist indessen im Glauben dieser Zeit ein Gott neben den Göttern anderer Völker. Diese Glaubensform heißt Henotheismus, nämlich der Glaube an *einen* Gott für die eigene Religionsgemeinschaft bei Anerkennung der Existenz der Götter anderer Völker.

Religionsstiftung durch Moses

Im 2. Jahrtausend v. Chr. begegnet uns die wenigstens in Umrissen faßbare Gestalt des Moses. Die Frage nach der Historizität des Moses ist von manchen Fachgelehrten, z. B. von G. Hölscher, negativ beantwortet worden. Die moderne alttestamentliche Forschung ist dagegen aus vielen Gründen zu der festen Überzeugung gekommen, daß Moses eine geschichtliche Persönlichkeit ist, deren Bild zwar viele sagenhafte und legendarische Züge aufweist, aber trotzdem oder gerade dadurch die imponierende Größe des geschichtlichen Urbildes ahnen läßt. Die Volksreligion Israels wurde insofern durch Moses gestiftet, als er eine Anzahl semitischer Stämme unter dem Glauben an Jahve vereinigte, die dadurch zu einem Volke zusammenwuchsen. Man darf Moses durchaus einen Religionsstifter nennen, weil er den vorhandenen Jahvedienst einer Reihe von Stämmen zur Religion eines werdenden Volkes machte. Moses war in erster Linie ein von Jahve berufener, charismatischer Volksführer, der das

Leben und das Schicksal dieses Volkes dadurch zu leiten suchte, daß er das Volk in jeder seiner Lebensäußerungen in den Dienst des ihm fortan zugehörigen Volksgottes Jahve stellte, dessen Willen er in verbindlichen Gesetzen offenbarte, die Moses angeblich auf dem Sinai von Jahve in jener Theophanie erhielt.

Den Texten zufolge kam das geeinte Volk auf seinen nomadischen Wanderzügen zum Berge Sinai, dem Berge Jahves. Hier soll sich die Schließung eines Bundes zwischen Jahve und dem Volke Israel ereignet haben, das dadurch aus einem profanen Volke zu einem Gottesvolke »erwählt« wurde. Die Grundlage dieses Bundes ist das Gesetz, das die Bundesverfassung bildet. Dieses Gesetz enthält nicht nur die zehn Gebote, sondern eine Vielzahl von kultischen und rechtlichen Ge- und Verboten. Nach rabbinischer Zählung finden sich im Alten Testament 248 Gebote und 365 Verbote. Ohne Frage ist die große Mehrzahl der Gesetze nicht von Moses geschaffen und verkündet worden. Das ergibt sich daraus, daß die meisten Gebote nicht die nomadischen Wüstenverhältnisse voraussetzen, sondern den erst viel später erreichten Zustand der Seßhaftigkeit in Kanaan. Die kritische Geschichtsforschung sieht die Ereignisse des Wüstenzuges und der späteren Eroberung Kanaans nüchtern als Vorgänge an, die sich vielfach sonst in der Geschichte der Völker zugetragen haben: ein Nomadenvolk, das – wie auch Israel in der Wüste unter Moses Führung – nicht an Seßhaftwerdung denkt, erobert ein fremdes Land und übernimmt Wirtschafts- und Lebensformen der unterworfenen Einwohner. So ist es in Israel gewesen. Man erkennt an vielen Stellen, daß Moses nicht daran dachte, sein Volk einer anderen Zivilisationsstufe zuzuführen. Das nomadische Lebensideal erschien dem alten Israel und auch vielfach später noch in der prophetischen Kritik der seßhaften Lebensform, z. B. Amos 6,4 und Jesaia 22,13, als gottgesetzt. Vom Standpunkt des religiösen Glaubens der seßhaft gewordenen Israeliten erscheinen die geschichtlichen Vorgänge der Wanderungen in der Wüste nicht als das, was sie waren, sondern von dem Glaubensstandpunkt aus, daß Kanaan und die Seßhaftigkeit das von Anfang an verfolgte, weil von Jahve den Stammesvätern verheißene Ziel seien, entweder als Strafzeit wegen des Ungehorsams des Volkes gegenüber Jahves Geboten, oder, bei den Propheten Amos und Jeremia, gerade als Beweis göttlicher Liebe gegenüber dem gehorsamen Volk, das gerade in der Wüste die Zeit idealer Verbindung mit Jahve durchlebte. Beide Betrachtungsweisen haben ihr Recht, die historische und die glaubensmäßige.

Mit der Einwanderung in Kanaan begann eine neue Epoche der israelitischen Religionsentwicklung. Das Volk wandelt sich vom Nomadenvolk zum Bauernvolk. Dabei stießen die Israeliten auf die polydämonistische und polytheistische Religion der Eingeborenen, der Kanaaniter. Jene Stein- und Vegetationskulte, die Baale, die »Besitzer« jener Kultstätten waren, wurden ihnen nun bekannt. Das Ergebnis ist die Vermischung des eigenen Kultes mit einheimischen Verehrungsformen und -inhalten, die Übernahme der Acker-, Wein- und Gartenbaukultur sowie zahlreicher Riten, die mit den Vegetationskulten verbunden waren. In den ersten Zeiten bestanden noch der Jahvekult und die Kulte der Ureinwohner nebeneinander. Allmählich geschah die Aufsaugung der Lokalkulte durch den nunmehr zum Landesgott gewordenen Jahve, der nun an den verschiedenen Kultstätten wohnte, wo zuvor die Baalim verehrt wurden. Das läßt sich daran erkennen, daß in charakteristisch volksreligiöser Differenzierung fortan auch lokal verschiedene, an bestimmte Kultorte gebundene Jahvegestalten unterschieden wurden: 1. Mose 31,13 lesen wir »ich bin der Jahve von Bethel«, 2. Buch Samuelis 15,8 will Absalom dem »Jahve von Hebron« ein Gelübde erfüllen und Amos 8,14 ist von dem »Gott von Dan und Beerseba« die Rede.

Jahves Eigenschaften

Wir kommen noch einmal auf Jahves charakteristische Eigenschaften zurück, von denen bereits zuvor hinsichtlich des vormosaischen Jahve die Rede war. Die Bezeichnung »Jahve Zebaoth« bedeutet gewiß zunächst, daß Jahve ein Kriegsgott war; denn Jahve Zebaoth bedeutet »Jahve der Heerscharen«. Später jedoch in vergeistigter Form wird der Begriff zum Ausdruck der Erhabenheit, Überweltlichkeit und Macht wie z. B. bei Jesaia (5,16): »Jahve der Heerscharen wird durch Gericht erhaben sein und der erhabene Gott sich als erhaben erweisen durch Gerechtigkeit.« Allmächtig ist Jahve noch nicht, weil er noch nicht zum Weltgott im Glauben geworden ist, aber im Erlebnis wird er doch zum Urheber aller Krafttaten im Lande. Wenn Jesaia 31,3 davon gesprochen wird, daß Jahve Geist und nicht Fleisch ist, dann soll damit das übernatürliche Lebensprinzip in Jahve bezeichnet werden und zugleich das Unbegreifliche. Der hebräische Ausdruck für Geist ist ruah = Hauch entsprechend dem griechischen pneuma, das ebenfalls Hauch und dann Geist bedeutet.
Eine oft mißverstandene Eigenschaft Jahves ist sein Zorn. 2. Mose 22,23 heißt es: »Mein Zorn würde entbrennen und würde euch mit dem Schwerte töten lassen.« Dieser aus der menschlichen Gemütssphäre genommene Analogiebegriff bezeichnet das tremendum in der Gottheit,

wie schon Rudolf Otto nachgewiesen hat. Dieser Zorn ist primär nicht sittlich motiviert. Er entbrennt wie eine verborgene Naturkraft. Erst später wird dieser Zorn sittlich motiviert als Zorn über menschliche Sünde. Eine weitere Eigenschaft Jahves ist das Dämonische. P. Volz hat darüber 1924 eine aufschlußreiche Monographie geschrieben: »Das Dämonische in Jahve«. Regellosigkeit, Spontaneität und Grausamkeit sind die bezeichnenden Wesensmomente des Dämonischen. Das völlig Irrationale, ja Widerrationale in Jahves Verhalten kommt (z. B. 2. Mose 4,24) zum Ausdruck, als Jahve den Moses in der Nacht überfällt und ihm nach dem Leben trachtet. Das ist der ungebändigte Ausdruck göttlicher Leidenschaft und elementarer Lebendigkeit. Dämonische Züge finden sich bei Jahve vielfach; in Psalm 18,8 heißt es: »Es wankte und schwankte die Erde, die Grundfesten der Berge zitterten, sie wankten, weil er ergrimmt war, Rauch stieg auf von seiner Nase, Feuer fraß aus seinem Munde, glühende Kohlen brannten aus ihm.« Jahve wirkt sich auch aus in den Katastrophen der Natur, im Orkan, in der unheimlichen Einsamkeit der Wüste, wenn der Glutwind alles Leben tötet und blühende Gegenden in Asche zerfallen. Jahve ist ein dämonischer Gott, von dem es (2. Mose 24,17) heißt: »Und die Herrlichkeit Jahves stellte sich wie ein verzehrendes Feuer auf den Gipfel des Berges.« Auch wenn Seuchen, wie die Pest, im Lande wüteten, sagte man »Jahve schreitet durch das Land«. Aussätzige sah man als von Jahve Berührte an. (2. Mose 12,23; Am. 5,17) Dasselbe gilt von dem menschlichen Seelenleben. Auch hier glaubte man an das Wirken von Jahves dämonischer Macht; denn alle Störungen im Seelenleben wurden auf Jahve zurückgeführt: Verstocktheit, Besessenheit, Streitigkeiten entstanden durch einen »bösen Geist Jahves«. (Ri. 9,23; 1. Sam. 26,19) Sauls Schwermut wurde ebenfalls auf einen »bösen Geist von Jahve« zurückgeführt. (1. Sam. 16,14; 18,10) So ist hier das dämonisch Böse noch nicht vom dämonisch Guten unterschieden; denn Jahve gilt in dieser Epoche noch als Urheber sowohl des Guten wie des Bösen. Auch die Propheten kennen noch den dämonischen Gott im 8. und 7. Jahrhundert v. Chr., denn in dämonischen Bildern zeichnen sie die Wildheit ihres Gottes, wenn es Amos 1,2 heißt: »Jahve brüllt wie ein Löwe, sein Odem glüht wie der Wind der Wüste.«

Später im Zuge der Versittlichung der Gottesidee spaltet sich das Dämonische in Jahve, indem dem guten Jahve der böse Satan als Person gegenübertritt.

Der prophetische Protest

Das Gesetz ist der manifestierte Wille Jahves. Allmählich tritt Jahve hinter seiner Funktion, dem Gesetz, zurück. Opferwesen und Kultmechanik wuchern selbständig weiter und lösen die lebendige Frömmigkeit des Umgangs mit Jahve ab. Kasuistik und leblose Form treten an die Stelle. Prophetischer Protest im 8. und 7. Jahrhundert bezeugt das erneute Erwachen religiöser Unmittelbarkeit im Umgang mit Jahve, als dessen Herolde die Propheten auftreten. Sie erschüttern alle Selbstsicherheit kultischer und nationaler Art, die sich auf den Bund mit Jahve gründete. Jahve aber kann, so verkünden die Propheten, den auf dem Berge Sinai geschlossenen Bund lösen, wenn das Volk abgefallen ist von ihm. Dieser Abfall kann zweierlei Formen haben: zunächst einmal den häufig in der israelitischen Geschichte zu beobachtenden Abfall zu fremden Göttern im Kultbereich und dann den inneren Abfall in religiöser Betriebsamkeit. Hosea 11,1 ist die Rede davon, daß Israel sich von Jahve entfernt und den Baalim geopfert habe und den Götterbildern. Und Jeremia 2,11 f. heißt es:»Mich, Jahve, haben sie verlassen, den Quell lebendigen Wassers, und haben sich rissige Brunnen ausgehauen, die das Wasser nicht halten.« Doch auch im Jahve-Kult selbst entdecken die Propheten inneren Abfall: »Was soll mir die Menge eurer Schlachtopfer, spricht Jahve, satt bin ich der Brandopfer von Widdern und des Fettes von Mastkälbern.« (Jes. 1,11) Jesaia drückt das (29,13) folgendermaßen aus:»Weil das Volk sich mit seinem Munde mir naht und mit seinen Lippen mich ehrt, während es sein Herz von mir ferne hält und ihre Furcht vor mir angelerntes Menschengebot ist...« Die Propheten sind zugleich aber auch Kritiker und Interpreten der politischen Geschichte Israels. Sie werfen dem Volk politische Sünden vor. Hosea 8,4 heißt es:»Sie haben Könige gemacht ohne meinen Willen, Fürsten erhoben ohne mein Wissen.« Auch die Bündnispolitik wird z. B. von Jesaia (30) kritisiert, da sie ohne Jahves Willen geschehen sei.

Den materiellen Wohlstand und Lebensgenuß bekämpften die Propheten gleichfalls, insbesondere Amos (6,4 f.):»Sie liegen auf Elfenbeinlagern und räkeln sich auf ihren Polstern. Sie essen Lämmer von der Herde weg und Kälber mitten aus dem Stalle; sie faseln zum Klang der Harfen, ... sie trinken den Wein aus Schalen und versalben das beste Öl.« Der innere Abfall hat auch vor den geistlichen Ständen nicht haltgemacht. Hosea 4,4 wirft der Prophet dem Priester vor, er habe die Thora seines Gottes vergessen.

Das prophetische Ideal wird von Amos (5,14) in folgender Weise ausge-

sprochen: »Fragt nach dem Guten und nicht nach dem Bösen, damit ihr
am Leben bleibt und es wahr werde, daß Jahve, der Gott der Heerscharen,
mit euch sei, wie ihr behauptet. Hasset das Böse und liebt das Gute und
bringt das Recht am Tor (an der Gerichtsstätte) zur Geltung.«
Jahve wird in der prophetischen Verkündigung zum Weltgott, wie denn
die Deutung der Geschichte durch die Propheten den Blick weitet und auf
die Weltgeschichte richtet.
So läuft denn die Verkündigung der Heilspropheten im Unterschied zu
den Unheilspropheten, die das Verderben Israels als Gericht Jahves an-
kündigen, darauf hinaus, Bekehrung Israels zu fordern, auf daß Jahve
dem Volke verzeiht. Hosea 14,2 heißt es: »Kehre um, Israel, zu Jahve,
deinem Gott; denn durch seine Schuld bist du gestrauchelt... Ganz wol-
lest du die Schuld verzeihen, daß wir Gutes empfangen.« Und an anderer
Stelle sagt derselbe Prophet: »Auf, laßt uns zurückkehren zu Jahve, denn
er hat uns zerrissen, er wird uns heilen.« (6,1)
In der jüngeren Prophetie zeigt sich als Zukunftserwartung die Hoffnung
auf einen messianischen König aus Davids Geschlecht. Sacharja 9,9 ff. lesen wir: »Frohlocke sehr, Tochter Zion, jauchze, Tochter Jerusalem,
siehe dein König kommt zu dir, hilfreich und ein Erretter ist er dir, demü-
tig, auf einem Esel reitend, einem Füllen von der Eselin geboren.« Micha
5 findet sich die bekannte messianische Weissagung, die folgenden Wort-
laut hat: »Und du (Bethlehem) Ephrata, kleinster unter den Gauen Judas,
aus dir wird hervorgehen, der Herrscher werden soll über Israel, dessen
Ursprung aus ferner Vergangenheit, aus Tagen der Vorzeit... Auftreten
wird er und wird weiden in Gottes Kraft in der Hoheit des Namens Jahves,
seines Gottes.« Die Erwartung eines irdischen Königs aus Davids, des
Idealkönigs der Vergangenheit, Geschlecht wird bei Jeremia (23,5 ff.) mit
folgenden Worten ausgesprochen: »Siehe, es kommt die Zeit, da lasse ich
David einen gerechten Sproß erstehen. Der wird als König herrschen und
Recht und Gerechtigkeit im Lande üben.«
Es ist kein Zweifel, daß diese messianischen Weissagungen der Propheten
von ihnen nicht auf die künftige Gestalt Jesu bezogen sind. Erst sekundär
wurden sie von der christlichen Urgemeinde als durch die geschichtliche
Erscheinung Jesu erfüllt betrachtet, was natürlich seitens des Judentums
bis heute abgelehnt wird, wie es dem geschichtlichen Sachverhalt auch
entspricht; denn hier wurde ein irdischer König eines befreiten und be-
friedeten Volkes Israel erwartet. Gerade das aber war Jesus nicht und
wollte er auch nicht sein. Noch die Emmaus-Jünger sprechen (Luk.
24,21) von dieser fehlgeschlagenen Messiashoffnung nach Jesu Tode.

Aber Jesus steht in dieser Linie israelitischen Prophetentums und deshalb wiederholt sich auch in seinem Leben die Spannung gegenüber den Hütern der Tradition, die das Leben der Propheten weitgehend erfüllt hatte. Inhaltlich aber sind es neue Momente, die im Prophetentum Jesu auftreten; denn vor allem gilt seine Verkündigung nicht mehr, wie bei den alttestamentlichen Propheten, dem Volke Israel als Ganzem, sondern dem Einzelnen.

587 begann das babylonische Exil und damit eine neue Epoche in der israelitischen Religionsentwicklung. Die Königszeit endete, neue Formen der Gottesverehrung waren nötig, da ja der Tempel fehlte in der Verbannung. So entwickelte sich, ohne daß wir das hier im einzelnen schildern können, allmählich die Religion Israels dahin, daß sie im wesentlichen in der Erfüllung religiöser Pflichten bestand.

Religion im nachexilischen Judentum

Im Jahre 538 v. Chr. gab Kyros den Befehl, den Tempel in Jerusalem wieder aufzubauen, damit der Dienst Jahves erneut aufgenommen werden könne. Es begann die schubweise Rückführung der nach Babylonien verschleppten Juden nach Palästina. Wieder wurde nach vielfachen politischen und religiösen Schwierigkeiten und Abirrungen eine klare gesetzliche Festlegung aller zur jüdischen Religion gehörigen Bestimmungen und Forderungen vollzogen und in einem angeblich alten, tatsächlich aber neuen Gesetzbuch festgelegt, auf das die ganze Gemeinde feierlich verpflichtet wurde. (Nehemia 8–10) Es handelte sich hier um den sogenannten Priesterkodex, der wesentlich wohl von Esra um 450 v. Chr. verfaßt wurde. In diesem Buche haben wir das Dokument einer kultischen Organisierung der israelitischen Religion vor uns. Dieser Priesterkodex ist eine der Quellenschriften, die in die fünf Bücher Mose, den Pentateuch, eingearbeitet sind. Der Grundbestand dieser Quellenschrift verbindet Gesetzliches und Erzählendes miteinander.

Nach dem Priesterkodex schreibt das Gesetz neben dem sittlichen Tun die genaue Befolgung der Einzelbestimmungen kultischer Verehrung vor. Die jüdische Theokratie war damit begründet. Das göttliche Gesetz ordnet das Leben der jüdischen Gemeinde in allen seinen Bereichen. Zwar sollte das neue Gesetz das alte ablösen, was jedoch nie erreicht wurde. Es kam vielmehr zu einem Zusammenschluß des Alten und Neuen, wenngleich der Geist des ganzen entscheidend bestimmt wurde durch den auf das Kultische ausgerichteten Priesterkodex. So wurde der Pentateuch, hebräisch Thora, um 400 v. Chr. in seiner letzten Bearbeitung fertiggestellt. Die Beschäftigung mit dem Gesetz stand hinfort im Mittelpunkt des geistig-religiösen Lebens des Judentums.

Die religiösen Anschauungen und Bewegungen zu Jesu Zeit

Über den Gottesglauben im Spätjudentum braucht nur gesagt zu werden, daß der prophetische Monotheismus endgültig siegte. Jahve war, wie schon bemerkt wurde, durch die prophetische Verkündigung zum universalen Weltgott geworden. Götter neben Jahve gibt es nicht. Das bedeutet die Überwindung des bis dahin üblichen Henotheismus. Dennoch sind Reste aus der Tradition erhalten geblieben im späteren Glauben Israels. Jahve war Volksgott aufgrund des Sinai-Bundes und bleibt das auch als Gott der ganzen Welt. Seine Offenbarungsform ist und bleibt das jüdische Gesetz, das eine typisch nationale Lebensform begründet. Es erhält sich hier also Volksreligion mit universaler Lebensmitte. Zwar ist die Gottesidee universalisiert, aber es bleibt dabei, daß die Bedingung der Teilhabe an Jahves Fürsorge die Aufnahme in die jüdische Volksgemeinschaft ist. Die nationalen Katastrophen wie Tempelzerstörung, Exil usw. haben den als jederzeit hilfsbereit angesehenen Volksgott in die Ferne gerückt. Jahves Wille und die Ziele seiner Führung sind unerforschlich. Diese Ferne des einen, unerforschlichen Gottes wurde überbrückt durch den im Spätjudentum auftretenden Glauben an Engel, d. h. an typische Zwischenwesen, die die Nähe der Gottheit zum Menschen wiederherstellen sollten. Die Engel erfüllen den Raum zwischen Himmel und Erde. Damit wird gewissermaßen der alte Polytheismus, von dem zuvor die Rede war, wieder belebt; denn alles Naturgeschehen wird jetzt als durch Engel geregelt angesehen. Auch die Gestirne sind Engelwesen oder werden von Engeln geführt. An der Spitze der Engel aber stehen sieben Erzengel. Der Ursprung dieses Engelglaubens ist wahrscheinlich in Persien zu suchen.

Gegenspieler Jahves: Satan und die Dämonen

Tief im Volksglauben zu Jesu Zeit lebte die Vorstellung von einem Dämonenstaat, an dessen Spitze der Satan steht. Alles in der Welt geschehende Böse und Negative wird als vom Satan und seinen Dämonen bewirkt angesehen. So ist z. B. das Imperium Romanum satanischen Ursprungs, auch der Kult der Heiden, Naturkatastrophen und seelische Erkrankungen werden auf dämonische Wirksamkeit zurückgeführt. Besessenheit galt als von Dämonen in Besitz-genommen-sein eines Menschen. Das ist die vorstellungsmäßige Voraussetzung vieler neutestamentlicher Berichte über die heilende Tätigkeit Jesu.

Wir begegnen hier dem Dualismus von Satansreich und Gottesreich, der wohl aus dem Parsismus stammt, wo sich ebenfalls das Reich Ahura Mazdas, des »Weisen Herren«, den Zarathustra verkündete, und das Ahrimans, des bösen Geistes, einander gegenüberstehen.

Das Gesetz

Jahve ist nach israelitischem Glauben im Offenbarungsbuche nahe. Wie schon bemerkt, nimmt das Gesetz im Spätjudentum eine dominierende Stellung ein. Pharisäer und Schriftgelehrte bemühten sich darum, Israel zum Volke des Gesetzes zu machen. Das Gesetz wird als ein Besitz angesehen, der Israel vor allen anderen Völkern eine besondere Stellung verschafft: »Wo gäbe es ein großes Volk, das so gerechte Satzungen und Rechte besäße wie dies ganze Gesetz, das ich euch heute vorlege.« (5. Mose 4,8) Im Psalm 1 ist die Rede von dem Manne, »der Lust hat am Gesetz des Herrn und redet von seinem Gesetz Tag und Nacht«. Hier spricht sich der rechtliche Charakter der israelitischen Religiosität eindeutig aus. In der Interpretation des Gesetzes durch Paulus bestand im Judentum des Alten Testaments der Gedanke, daß Jahves Wohltaten durch einzelne gesetzgemäße Taten wie Almosen, Beten und Fasten erreicht werden können. Das ist Werkgerechtigkeit. Was der Fromme von Jahve erwarte, sei seine Rechtfertigung. Paulus deutete also den Begriff der Gerechtigkeit als Gerechterklärung durch Jahve und durch Werke begründet. Im modernen Judentum, wie z. B. durch H.-J. Schoeps, wird behauptet, daß hier ein fundamentales Mißverständnis des Paulus vorliege; denn Paulus verstehe das Gesetz als ein Mittel, vor Jahve Gerechtigkeit zu erlangen. Das jüdische Gesetzesverständnis dagegen besage, daß das Gesetz nicht dazu gegeben sei, die Juden vor ihrem Vater im Himmel gerecht und angenehm zu machen, sondern, weil es den Willen dieses Vaters im Himmel kundtut. Das Gesetz des Bundes solle nicht mit Gott versöhnen – denn Gott selbst sei der Versöhner –, sondern mit Gott verbinden, indem es Israel heilige. Nach der Thora seien die Gesetze Gottes erfüllbar. Aber, wie gesagt, Paulus hat es anders gesehen und darauf gründet sich späterhin die christliche Theologie.

Volkserwartung und Apokalyptik

Die nationale Hoffnung des nachexilischen Judentums richtete sich einerseits natürlich auf den Sturz Roms und die Beseitigung der Fremdherrschaft im Lande und andererseits auf das Kommen eines Messias als eines nationalen Erlösers. Daß Jerusalem die Stelle des weltbeherrschenden

Rom einnehme als heilige Stadt, in der der Friedenskönig regieren würde, war die Erwartung Israels, die sich also auf einen populären irdischen Messias und ein irdisches Reich richtet. Ähnlich der Volkserwartung, aber auf höherer Ebene, entwickelten sich die Vorstellungen der jüdischen Apokalyptik. Es handelt sich hier um eine Offenbarungsliteratur, die den Weltlauf deuten und das Weltende enthüllen wollte. Diese jüdische Apokalyptik entstand nachdem die israelitische Prophetie beendet war und nach der Berührung mit dem vorderorientalischen Weltbild, insbesondere mit dem Parsismus. Diese Apokalyptik vertrat die Anschauung, daß rückblickend Jahve in der Vergangenheit sich offenbart habe in bestimmten Perioden der israelitischen Geschichte: in der Wüstenwanderung, in der Königszeit, in der Zeit der Patriarchen und der Propheten. Am Ende der Tage aber sei eine neue Offenbarung zu erwarten, die von den Apokalyptikern enthüllt werde. So knüpft sich Anfang an Ende.

Thema der jüdischen Apokalyptik ist der Gegensatz des gegenwärtigen und des kommenden Äons und der Übergang vom gegenwärtigen Äon in den zukünftigen, der durch sogenannte »messianische Wehen« eingeleitet werden solle. Diese Vorstellungen klingen in folgenden Worten Jesu bei Markus (13,8) nach: »Es wird sich ein Volk wider das andere empören und ein Königreich wider das andere, und es werden Erdbeben geschehen hin und wieder, und es wird teure Zeit und Schrecken sein. Das ist der Not Anfang.«

Die Situation, die hier erwartet wird, ist die, daß der Antichrist auftritt und die Dämonen in der Welt unbehindert wirken bis auf den Wolken des Himmels der gottgesandte Messias erscheint, um Gericht über die Menschen dieser Erde zu halten. Bücher dieser Art, die pseudonym sind und sich als Bücher der Urzeit geben, sind u. a. das Danielbuch, die zwei Henoch-Bücher, die Abraham-Apokalypse, die Elias-Apokalypse, die Himmelfahrt des Moses, die Baruch-Schriften usw.

Hier tauchte, besonders bei Daniel (Kap. 7) und im äthiopischen Henoch (um 160 v. Chr.) der »Menschensohn« als Begriff für den Messias auf. Dieser Menschensohn ist der Urmensch, ein präexistentes Wesen, das als Begründer der neuen Menschheit wiederkehrt. Er vernichtet die Dämonen auf der Erde und begründet eine Herrschaft zunächst von tausend Jahren, das »tausendjährige Reich«. Aber noch einmal wird nach diesen apokalyptischen Vorstellungen der gebundene Satan frei. Neuer Krieg entsteht und neuer Sieg. Der neue Äon beginnt, das Gottesreich bricht an mit einer allgemeinen Totenauferweckung, Weltgericht und mit neuerschaffenen Himmel und Erde.

Weit verbreitet in dieser Zeit war der Wunderglaube, also der Glaube an
magische Beeinflussung der Natur, an geheimnisvolle Krafttaten, in denen man das Eingreifen überirdischer Mächte sah. So lebte man in einer
Welt, in der man »Wunder«, d. h. also unerklärbare, der Gewohnheit wi-
dersprechende Ereignisse für möglich hielt, erlebte und erwartete. Wundertäter waren daher eine gewohnte Erscheinung.
Höchstes Ansehen genossen zu Jesu Zeit nicht mehr der Priesteradel,
sondern die Pharisäer (»die Abgesonderten«). Sie waren die Vertreter einer typischen Frömmigkeitstechnik, die bei jedem Schritt ein Gebot zu erfüllen oder nicht zu verletzen bemüht waren. Sie wandten das alttestamentliche Gesetz auf die kleinsten Angelegenheiten des Alltags an, wodurch immer neue Gesetze entstanden, die später, vom 2. Jahrhundert an,
im Talmud gesammelt wurden. Es war die kasuistische Aufteilung des
Lebens. Die Schriftgelehrten studierten dieses Gesetz und die Pharisäer,
zu denen sich viele Schriftgelehrte rechneten, bemühten sich um die Anwendung dieses Gesetzes im engsten Lebenskreise. Zur Charakterisierung dieser kasuistischen Mentalität mögen zwei Beispiele dienen: Man
muß z. B. wissen, ob man beim Gebet aufhören darf, wenn man von einer
Schlange gebissen ist, oder ob das Gebet noch gültig ist, wenn eine bestimmte Tageszeit vergangen ist.
Die Sadduzäer dagegen, eine andere religiöse Gruppe zu Jesu Zeiten, waren die berufsmäßigen Wahrer des Alten, Überlieferten. Sie stammten
aus priesterlichen Familien und lehnten alles ab, was zum mosaischen Gesetz hinzugekommen war, wie z. B. den Glauben an die Auferstehung der
Toten. (Mark. 12,18) Sie beharrten auf dem geschriebenen Bibeltext.
Im Unterschied und Gegensatz zu beiden Gruppen gab es die Majorität
des »Volkes des Landes« (am haarez), das das Gesetz weder halten
konnte noch wollte.
Josephus erwähnte außerdem noch die Gruppe der Römerfeinde, der Zeloten. Das waren jüdische Aktivisten, die gegen die Fremdherrschaft
kämpften. Sie hatten es nicht nur auf politische Macht abgesehen, sondern
auch auf die Erfüllung messianischer Hoffnungen.

Die Essener
Wichtig in der Vorgeschichte des Christentums und in der religiösen Um-
welt Jesu war neben Pharisäern und Sadduzäern eine dritte Gruppe, die
Essener. Sie werden zwar im Neuen Testament nicht erwähnt, standen je-
doch mindestens in Beziehung zu Johannes und seiner Taufbewegung.
Die Essener bildeten eine im 1. und 2. Jahrhundert v. Chr. entstandene

organisierte Mönchsgemeinde. Sie bildeten eine Protestbewegung gegen das offizielle Priestertum jener Zeit, gegen die laxe Durchschnittsmoral und die nach ihrer Meinung unzureichende Gesetzeserfüllung. Die Essener traten daher für ein strenges Gesetzesstudium ein und eine radikalere Erfüllung aller Gesetze. Die Gemeinde strebte an, eine Heiligkeitsgemeinschaft derer zu sein, die mit der Gesetzeserfüllung Ernst machen. Das Gemeindeleben war organisiert und war exklusiv; denn es setzte voraus ein zweijähriges Noviziat und den unbedingten Gehorsam gegenüber den Ordensoberen und den jeweils höher eingestuften Brüdern, was alljährlich je nach Verdienst erfolgte. Auch eine Arkandisziplin kannte der Orden; denn die besonderen Geheimnisse, die der »Lehrer der Gerechtigkeit«, der Stifter des Ordens, angeblich von Jahve empfangen hatte, und an die Ordensmitglieder weitergab, durften an Außenstehende nicht verraten werden. Die Grundverhaltensregel der Gemeinschaft aber war der Gehorsam.

Die Lehren der Sekte sind durch einen Dualismus gekennzeichnet: Gott ist die Ursache des Guten, Ursache des Bösen ist Belial, der Satan, ein Engel der Finsternis. Der typisch iranische Dualismus der beiden Geister des Anfangs, der bei Zarathustra zu finden ist, tritt hier wohl auch in Abhängigkeit von jener iranischen Religion auf.

Die Situation des Menschen wird nun so vorgestellt, daß diese Geister des Guten und Bösen auch im Herzen des Menschen miteinander kämpfen. Durch Eintritt in den Orden zählt der Mensch zu den Erwählten; denn dieser Ordenseintritt wird auf Gottes Einwirkung zurückgeführt.

Ein weiteres wichtiges Moment in dieser essenischen Religion war die eschatologische Erwartung. Man erwartete das nahe Ende der Welt und zwei Messiase, einen für Israel, d. h. für die Laien und einen für Aaron, d. h. für die Priester. Die Endzeit hat nach der Anschauung der Essener bereits begonnen und die Verfolgungen, die die Gemeinde zu jener Zeit erlitt, wurden als Probezeit für die Jünger angesehen.

In den Texten ist die Rede von dem »Lehrer der Gerechtigkeit«. Der Name dieses sicher historischen Stifters des Ordens ist unbekannt. Es muß ein Hohepriester gewesen sein aus dem 2. Jahrhundert v. Chr., aber die Identifikation mit einer geschichtlich bekannten Persönlichkeit dieser Zeit ist bisher nicht gelungen. Dieser »Lehrer der Gerechtigkeit« war ein reformatorischer Gegner des offiziellen Priestertums, dessen Gottlosigkeit und mangelnde Legitimität er tadelte. Deshalb brach er mit der jüdischen Sakralgemeinschaft und ihrem Tempeldienst zu Jerusalem und ging in die Wüste. Dieser »Lehrer der Gerechtigkeit« war offenbar ein echter

Prophet, von dem in den Texten gesagt wird, daß Gott ihm alle Geheimnisse der Worte der Propheten geoffenbart habe. Er wurde wegen seines häretischen Protestes gegen die Hierarchie und den Tempeldienst verfolgt von dem »Priester der Lüge«, wie sein Gegner in den Texten genannt wird, und ist möglicherweise eines gewaltsamen Todes gestorben.

Von den Riten und der Ethik der Essener sei nur bemerkt, daß im Mittelpunkt des Ritus die Taufe und ein heiliges Gemeinschaftsmahl standen. Die Taufe war ein Reinigungsbad, das wiederholt werden konnte. Das heilige Mahl war die Vorwegnahme des am Ende der Tage erwarteten messianischen Mahls, von dem auch Jesus (Matth. 26,29) spricht. Für die Ethik ist charakteristisch, daß abgesehen von allen ethischen Normen des Alten Testaments ausdrücklich Liebe zu den Sektengenossen und Haß gegenüber den Nichtsektierern geboten war.

Seit 1947 und in den folgenden Jahren in den Höhlen am Toten Meer die bis dahin kaum bekannten Texte und Handschriften über die Glaubenswelt der Essener entdeckt und gewisse Ähnlichkeiten mit dem Christentum offenbar wurden, diskutierte man viel die Frage nach dem Verhältnis der Essener zu Jesus, den man vielfach für einen Essener hielt. Zunächst scheinen die Ähnlichkeiten auf positive Beziehungen hinzudeuten. Schon die äußere Situation ist ähnlich; denn es handelte sich bei dem »Lehrer der Gerechtigkeit« und den Essenern um eine Konfrontation gegenüber der offiziellen Hierarchie aus Legitimitätsgründen. Der »Lehrer der Gerechtigkeit« erlitt Verfolgungen wie ein echter Prophet, wie Jesus ebenfalls. Auch die eschatologische Erwartung war den Essenern und der christlichen Urgemeinde gemeinsam. Aber bei genauerer Betrachtung zeigen sich tiefgreifende Unterschiede. Der Gegensatz, der in Jesu Leben bestimmend war, und die jüdische Hierarchie betraf, hatte eine andere Motivation; denn nicht Legitimitätsgründe brachten Jesus in Gegensatz zu den Vertretern der jüdischen »Kirche«, sondern die neue Gerechtigkeit, die anders war als die der Schriftgelehrten und Pharisäer. (Matth. 5,20) Auch war Jesu Jüngergemeinde nicht wie die essenische esoterisch und exklusiv und zum Eintritt in die offene Jüngergemeinschaft war kein vorbereitendes Noviziat erforderlich. Vor allem aber trennte beide die Stellung zum Gesetz; während die Essener einen strengen Gesetzesgehorsam verlangten, der den der Pharisäer noch weit übertraf, hat Jesus nie zur Befolgung aller Bestimmungen des Gesetzes aufgefordert, sondern hat selbst an sehr zentralen Punkten, wie wir noch sehen werden, das mosaische Gesetz übertreten. Es ist aber nicht auszuschließen, sogar wahrscheinlich, daß nach Jesu Tod, zumal in den johanneischen Schriften des

Neuen Testaments, sich ein Einfluß der Essener in der Terminologie bemerkbar macht.

Die Taufbewegung Johannes' des Täufers

Eine weitere religiöse Bewegung, die nun nahe heranreicht an die Zeit und Bewegung Jesu selber, war die Taufbewegung Johannes' des Täufers; wenn man das Auftreten Jesu in die Jahre zwischen 27 und 33 legt und Jesus wahrscheinlich 30 oder 33 gestorben ist, dann ist das Auftreten Johannes' des Täufers etwa für die Jahre 27 bis 29 anzusetzen. Daß Johannes, der spätere Täufer, schon als Kind mit der Essener-Siedlung in der Wüste in Beziehung kam, läßt sich wahrscheinlich aus dem Text Luk. 1,80 schließen, wo es heißt: »Das Kindlein (Johannes) wuchs und ward stark im Geist und er war in der Wüste bis er vor das Volk Israel sollte hervortreten.« Was aber hat ein Kind in der Wüste zu tun, wenn es nicht etwa in der Qumran-Siedlung der Essener aufgenommen war in die Erziehungsgruppe der Kinder, von der in den Texten berichtet wird? Auch die äußere Erscheinung und Lebensweise Johannes' des Täufers erinnert an die Essener bis hin zu der Ernährungsweise durch Heuschrecken und wilden Honig, von der in den essenischen Texten gleichfalls berichtet wird. Auch war Johannes ein lebendiger Protest gegen das zivilisierte Leben in Stadt und Land. Er war ein Einsiedler »aß nicht und trank nicht«, wie Jesus später von ihm sagte und ihn damit im Unterschiede zu sich selbst für einen Asketen erklärte. (Matth. 11,19) Johannes lebte mit Schülern zusammen, die die gleiche Lebensweise befolgten wie er selbst. Neu war, daß er eine Taufpraxis hatte. Seine Verkündigung lautete: »Tut Buße; das Himmelreich ist nahe herbeigekommen.« (Matth. 3,2) Im griechischen Text steht hier das Wort »metanoeite«, was wörtlich bedeutet: »wendet euren Sinn um«. Was hier verlangt wird, ist also nicht äußeres bußfertiges Tun, sondern die Hinwendung zu Gott, deren sichtbares Zeichen die Taufe sein sollte. Diese Taufzeremonie im Jordan war indessen nicht das kultische Bad, das den Heiden auferlegt wurde, die sich zum Judentum bekehrten, sondern die Sicherung gegen den künftigen Gotteszorn. Aber es war die Taufe auch keine Zauberhandlung. Rettung sollte nur der innerlich wirklich Beteiligte erhalten. Zugrunde lag hier die Vorstellung, die mit dem antiken Symbolbegriff verbunden war, der eine geheime Verbindung des jetzt vollzogenen Symbols und des künftigen Ereignisses verbürgen sollte. Es gab im Ostjordanland mehrere Tauchbruderschaften wie z. B. die noch heute am Euphrat existierende Sekte der Mandäer. Die Taufe des Johannes hatte weniger eine Beziehung zur kultischen Reinigung als vielmehr zum Sterben und Wiedergeborenwerden. Deshalb konnte Johannes seiner Taufpraxis den Sinn geben, der sie in Verbindung brachte mit seiner Verkündigung des kommenden Gerichts als eine Vorwegnahme der Katastrophe, die Gott herbeiführen werde. Johannes war ein Prophet, der die drohenden Zeichen der Zeit deutete, und der seinen Volksgenossen vor allem klarmachen wollte, daß die bloße Stammeszugehörigkeit nichts gilt vor Gott, sondern nur die existentielle Umkehr und das heißt die Abkehr von der bisherigen Lebensweise und Kultpraxis. Diejenigen, die zu solcher Umkehr bereit waren, ließen sich von Johannes taufen. Sie wurden dadurch Glieder des neuen Gottesvolkes, das die kommende Katastrophe überleben würde. So hat auch diese Johannestaufe den Charakter der Apokalyptik.

Vergleich der Traditionen vor Buddha und Christus
Eine gewisse Gemeinsamkeit besteht zwischen den beiden Traditionen und der aus ihnen erwachsenen religiösen Umwelt darin, daß polytheistische bzw. polydämonistische Volksreligionen die Ausgangsbasis der weiteren Entwicklung bildeten. In Indien ist es die Veda-Religion mit ihren vielen Gottheiten und Dämonen, aus der sich alle weiteren Entwicklungen ergeben haben, wobei allerdings schon zu bemerken ist, daß diese uralte polytheistische Volksreligion bis heute in Indien nicht erstorben ist. In Israel handelte es sich um eine Stammesreligion mit vielfältigem Dämonenglauben und häufigem Abfall zum Glauben an fremde Götter, deren Existenz man anerkannte.
Beide Traditionen aber erlebten Wandlungen zur numinosen Einheit hin. Natürlich vollzogen sich diese Wandlungen nie in der ganzen Breite des Trägervolkes, sondern nur in religiösen Elite-Schichten. Die vedischen Götter wurden zu Aspekten eines neutral oder personal Einen und die israelitische Religion wandelte sich zum Henotheismus also zum Glauben an den eigenen einen Gott unter Anerkennung der Existenz anderer Götter fremder Völker.
Verschiedenheiten in den Wandlungen lassen sich auf folgende Motive zurückführen:
Im Bereiche der indischen Religion vor Buddha tauchten mystische Tendenzen auf: Das göttliche Eine wurde in der Vielheit der irdischen Erscheinungswelt entdeckt als das Brahman und in der Tiefe der individuellen Wesen, insbesondere des Menschen, als Atman, der mit dem Brahman identisch ist. Dieser Atman wandert durch die Geburtenfolge, und die Erlösung galt der Befreiung aus diesem Kreislauf. Dazu war erforderlich der

Kampf gegen jegliches Begehren, gegen die Triebhaftigkeit und die Auslöschung der Ichhaftigkeit. So wurde hier das Seelenleben auf den Kontakt mit dem Brahman reduziert unter Abwendung von der mehr oder
weniger als Schein angesehenen Welt.

Demgegenüber entwickelte die israelitische Religion in ihrer wechselvol-
len Geschichte zwei Grundtendenzen: nämlich einerseits die gesetzliche
Verfestigung der religiös-sittlichen Haltung und Erfahrung und andererseits prophetisch-dynamische Protestbewegungen. Vergleicht man diese
beiden Religionsbereiche miteinander, so fällt vor allem eine weit größere
Differenzierung und Dynamik der israelitischen Religionsentwicklung
auf als es im Indien der Mystik der Fall ist. Die Propheten vor allen Dingen setzten sich auseinander mit den entgegenstehenden religiös-sittlichen Tendenzen und Abweichungen von der durch Tradition geheiligten
Norm. Hier begegnen wir dem Kampf um einen lebendigen und unmittelbaren Gottesglauben statt der organisierten und formalen Religion. Religiöse Bewegungen traten auf, stets in Verbindung mit der Geschichte;
denn Jahve stellt sich im Glauben Israels dar als Gott der Geschichte. Und
während in der indischen Upanishaden-Mystik, die keinen persönlichen
Gott kennt, die Welt abgewertet wird sowohl hinsichtlich ihrer Realität
als auch in ihrem Werte, ist im Bereiche der israelitischen Religion die
Welt als von Jahve geschaffen angesehen und als Stätte der Verwirklichung des Willens Jahves gewertet.

III
Leben und Persönlichkeit Buddhas und Christi

1 DER LEBENSLAUF BUDDHAS
UND SEINE LEGENDARISCHE VERKLÄRUNG

Wie in den Lebensberichten aller großen Meister der Religionsgeschichte, die von den jeweiligen Traditionen überliefert werden, muß sowohl in der Buddha-Überlieferung als auch in der Jesu Christi zwischen historischen Fakten und legendarischer Ausschmückung unterschieden werden. Wir beginnen mit der Buddha-Überlieferung und fragen nach dem, was mit einiger Sicherheit über den historischen Buddha ausgesagt werden kann.

Die Geschichtlichkeit Buddhas

Die zu Ende des 19. Jahrhunderts entstandene Behauptung, Buddha habe nicht gelebt, seine Historizität sei zu verneinen und die Berichte über ihn spiegelten einen Sonnenmythos wider, wurde von E. Senart in seiner Schrift »Essai sur la légende du Bouddha« (1882) und von J. H. Kern in seinem Buche »Der Buddhismus und seine Geschichte in Indien« (1884) aufgestellt.

Der Skeptizismus der Geschichtlichkeit Buddhas gegenüber ist heute überwunden. Niemand zweifelt heute noch daran, daß die ungeheure Geistesbewegung des Buddhismus von einer genialen historischen Stifterpersönlichkeit ins Leben gerufen wurde. Das schließt natürlich nicht aus, daß das Bild, das die buddhistische Gemeinde sich von ihrem Meister machte, in vielen Beziehungen ungeschichtlich bzw. problematisch ist.

Bezeichnenderweise war das Interesse der buddhistischen Urgemeinde weit weniger auf die geschichtliche Gestalt Buddhas gerichtet als auf seine Lehre; denn auch Buddha selbst verstand sich nicht als Heilbringer, sondern nach einem eigenen Wort nur als »Wegweiser« zum Heil durch seine Lehre.

Geburt und Jugend Buddhas

Um 560 v. Chr. wurde der spätere Buddha als Sohn Shuddhodanas aus dem Adelsgeschlecht der Shakya mit Vornamen Siddharta und dem Familiennamen Gotama geboren. In poetischen Texten begegnet auch die Bezeichnung »Shakyamuni«, »der Weise aus dem Shakya-Geschlecht«. Der Vater war ein adliger Grundbesitzer und die Mutter Maya starb wenige Tage nach der Geburt Siddhartas. Die Erziehung des jungen Prinzen übernahm die Schwester der Mutter, Mahapajapati Gautami, die den späteren Buddha gegen dessen ursprünglichen Willen bewog, den Frauen die Aufnahme in seinen Orden zu gewähren.

Erste Unheilsahnung

Die Tradition berichtet, daß der Prinz Siddharta, in den Gewohnheiten des Kriegeradels erzogen und – wie Buddha später selbst erzählte – mit allem Glanz eines orientalischen Adelshauses verwöhnt wurde: »Ich war verwöhnt, sehr verwöhnt. Ich salbte mich nur mit Benares-Sandel und kleidete mich nur in Benares-Tuch. Bei Tag und Nacht wurde ein weißer Sonnenschirm über mich gehalten. Ich hatte einen Palast für den Winter, einen für den Sommer und einen für die Regenzeit.« Lebensgenuß aller Art war so dem Prinzen Siddharta beschert und der Vater war offenbar bemüht, seinem Sohn die Freude am Leben zu erhalten, indem er glanzvolle Feste veranstaltete. Obwohl der Prinz, verheiratet mit der Tochter eines Shakya-Fürsten und Vater eines Sohnes, Rahula, in äußerem Glanz und scheinbarem Glück lebte, entstand in ihm doch schon früh das Unbehagen mit dem Leben im Hause: »Eng begrenzt ist das Leben im Hause, eine Stätte des Dunkels, Freiheit ist im Verlassen des Hauses. Dieweil er also dachte, verließ er das Haus.« Was der Prinz Siddharta als Asket zu gewinnen trachtet, ist »der höchste Frieden, das Nirvana«. Im Text heißt es dann weiter: »Und ein Jüngling mit schwarzen Haaren schor ich mir Haar und Bart, obwohl meine Eltern darüber weinten, legte die gelben Gewänder des Asketen an und zog aus der Heimat in die Heimatlosigkeit.«

Das glanzvolle Fürstenhaus erscheint hier also als »Stätte des Dunkels«, was darauf hindeutet, daß ein anderer Maßstab an das Leben in Reichtum und Genuß von dem Prinzen Siddharta gelegt wird, als es der nach weltlichem Glück verlangende Durchschnittsmensch tut. Wenn es sich auch nur um eine Legende handelt, so läßt die Erzählung von den vier Ausfahrten des Prinzen einen Blick tun in das seelische Geschehen in seinem Innern: es wird berichtet, daß der Prinz auf je einer Ausfahrt einem Kranken, einem Alten und einer Leiche begegnete. Auf die Frage des mit diesen Erscheinungen nicht vertrauten Prinzen, ob es sich bei Alter, Krankheit und Tod um allgemeines Menschenschicksal handele, erfuhr er dann, daß niemand diesen Erscheinungsformen der Vergänglichkeit entgehe. Der Prinz kehrte daraufhin, wie es heißt, »beunruhigten Herzens« in seinen Palast zurück. Als er dann aber bei einer vierten Ausfahrt einem Asketen begegnete, der heiteren Gemütes mit seiner Bettelschale seines Weges ging, erfuhr er von seinem Wagenlenker, daß dieser Mann die Sinnenlüste aufgegeben habe und ein selbstbeherrschtes Leben führe: »in der Heimatlosigkeit sucht er die Ruhe des Inneren und geht ausgeglichen, frei von Leidenschaft und Haß, seinem Bettelgang nach«.

Daraufhin faßte der Prinz Siddharta den oben bereits erwähnten Entschluß: Er nahm in der Nacht Abschied von Weib und Kind und ging in die Heimatlosigkeit, um als Asket das Heil, die Rettung aus dem als Unheil erkannten Leben in der Welt zu gewinnen.

»Der große Auszug«

Die buddhistische Terminologie spricht von den »drei großen Ereignissen« und von den »drei großen Wundern«. Unter den großen Ereignissen versteht man: Empfängnis, Geburt und »großen Auszug«. Der Aufbruch des Prinzen aus der Heimat in die Heimatlosigkeit war also das in seinem Leben dritte große Ereignis, das für das Heil der Welt von entscheidender Bedeutung sein sollte. Die drei großen Wunder sind keine objektiven und äußeren Geschehnisse, sondern geistige Vorgänge: Erleuchtung (bodhi), erste Predigt und das Eingehen in das jenseitige Nirvana im Tode.

Der Asket Gotama

Die erste Epoche im Leben des Asketen Gotama in der Heimatlosigkeit war der indischen Tradition gemäß sein Bemühen, durch gewaltsame Askese das Heil zu gewinnen. Sieben Jahre währte diese vergebliche Anstrengung. Da erwachte in dem Asketen Gotama die Einsicht, daß ohne wesenhaften inneren Wandel äußere asketische Manipulationen nicht zum Heil führen können. Bei fortbestehender Lebensgier kann durch Askese allenfalls Abmagerung zum Skelett erreicht werden, wie denn der Asket Gotama in der buddhistischen Kunst in erbarmungswürdigem Zustand dargestellt worden ist. Ein Text schildert diese neue Erkenntnis des Asketen Gotama folgendermaßen: »Was Asketen oder Priester auch je in der Vergangenheit an schmerzlichen, bitteren, brennenden Gefühlen erfahren haben, das ist das Höchste, weiter geht es nicht ... Und doch erreiche ich durch diese bittere Schmerzensaskese kein überirdisches, reiches Heil der Wissensklarheit. Es gibt wohl einen anderen Weg zum Erwachen.«

Also nur schmerzhafte subjektive Empfindungen sind auf dem Weg der gewaltsamen Askese zu gewinnen, nicht aber das Heil. So entschließt sich Gotama, den Weg der Askese zu verlassen und den meditativer, innerer Lösung von der Welt zu beschreiten; denn darin sah er nun die notwendige Voraussetzung für die Gewinnung des Heils, das im Freiwerden vom Zwang ständiger Wiedergeburt und, positiv ausgedrückt, im Eingehen in das absolute Ruhesein des Nirvana bestehen soll.

Der neue Weg zum Heil

Bezeichnend ist die Stellungnahme von fünf Mönchen, die bisher mit dem Asketen Gotama gemeinsam den Weg der Askese beschritten hatten. Wie alle konservativen Hüter sakraler Traditionen sahen auch diese Asketen in dem neuen Weg ihres bisherigen Gefährten Abfall und Hinwendung zu einem Leben im Genuß: »Der Asket Gotama lebt im Überfluß, ist geistlichem Streben untreu geworden und hat sich dem Überfluß zugewandt« sagten sie. Neue religiöse Wege, die von schöpferischen Stifterpersönlichkeiten beschritten werden, wurden stets am Maßstab der Tradition, also des Gewohnten gemessen und von den Hütern der Tradition verurteilt. Jesus erlebte dieselbe Beurteilung seines Lebensstiles (Matth. 11,19) und sagten seinen Jüngern dasselbe Schicksal voraus (Luk. 21,12; Joh. 15,21).

Auf dem »mittleren Weg« der Meditation zwischen asketischer Selbstquälerei und lustvollem Weltgenuß erlangte der Asket Gotama die Erleuchtung (bodhi) und wurde ein Buddha.

Die Erleuchtung – Das erste »große Wunder«

Die entscheidende Wende im Leben des bisherigen Asketen Gotama war das grundlegende und existenzverändernde Erlebnis der Erleuchtung, deren Inhalt ein »dreifaches Wissen« (te-vijja) bildete: Erinnerung an die eigenen früheren Geburten, die Erkenntnis des im Geburtenkreislauf waltenden Karma-Gesetzes und das Aufleuchten der Erkenntnis der vier heiligen Wahrheiten vom Leiden, von der Ursache des Leidens, von der Aufhebung der Leidensursache und vom Wege, der zur Aufhebung der Leidensursache führt, dem sogenannten »achtfachen Pfad«. Wir werden von diesen die zentrale Lehre Buddhas bildenden Wahrheiten in späterem Zusammenhang sprechen.

Ein kurzes Wort noch zu dem Ereignis der Erleuchtung. Man darf, was unter dem Bodhi-Baum am Flüßchen Neranjara in der Nacht der Erleuchtung geschah, nicht als bloße theoretische Einsicht, als rationale Lösung des allgemeinen Problems des Leidens ansehen. Was sich hier – ähnlich wie in anderen Bereichen der Mystik – ereignete, war eine aus verborgenen Untergründen des Seelenlebens, aus dem Un- oder Unterbewußten hervorbrechende Wirklichkeit, die im Bewußtsein die Gewißheit weckt, daß die Existenz des erlebenden Menschen auf eine neue Basis gestellt worden ist. Dieses Grunderlebnis drücken die Texte mit folgenden Worten aus: »In dem Erlösten entstand die Erkenntnis: Ich bin erlöst. Und ich erkannte: Vernichtet ist die Wiedergeburt, vollendet ist der heilige Wandel, meine Aufgabe ist vollbracht, nicht wieder kehre ich in diese Welt zurück.«

Da wir zunächst die historischen Tatsachen in Buddhas irdischem Lebenslauf erörtern, lassen wir hier die legendarischen Erzählungen fort, obwohl auch sie den Lebenslauf betreffen und, obwohl legendarisch gestaltet, doch auch ihrem Kern nach historische Bedeutung haben. Wir meinen die mehrfachen Versuchungen des werdenden und des gewordenen Buddha durch den Teufel Mara. Wir werden später darauf zurückkommen.

Das zweite »große Wunder«: die erste Predigt

Die Versuchung, die neu erkannte Heilsbotschaft nicht zu verkündigen, überwindet der Buddha in der Hoffnung, daß zwar keineswegs die Masse, aber doch wenige seine Verkündigung verstehen würden. Eine später zur Massenreligion werdende Weltreligion begann also unter Beschränkung auf wenige, denen der »Wahrheitsblick« aufging. So begann Buddha im Gazellenhain bei Benares seine Predigttätigkeit. Die Erleuchtung war das erste »große Wunder«, diese Predigt war das zweite. Damit setzte Buddha, wie es in den Texten heißt, »das Rad der Lehre in Bewegung«. Die fünf Asketen, die sich von dem Asketen Gotama wegen dessen angeblicher Hinwendung zum Genußleben abgewandt hatten, waren die ersten Hörer und wurden die ersten Jünger des Erleuchteten. So entsteht hier ein Mönchsorden, der zwar keine Kastenunterschiede mehr kennt, in dem es aber Grade der Heiligkeit gibt: Buddha ist der Vollendete, der nur aus sich selbst die Lehre erkannt hat und durch keinen anderen belehrt wurde, und der die Lehre selbst verkündet. Der Jünger, der die Lehre von seinem Meister empfängt und dadurch die Erleuchtung gewinnt, ist der Heilige. Der Jünger dieses Jüngers ist der auf dem Heilspfad fortschreitende Kämpfer, der wiederum verschiedene Stufen der Heiligkeit zu überschreiten hat: die erste Stufe hat der Jünger erreicht, der »in den Strom eingetreten ist«. Von ihm nimmt man an, daß er höchstens noch siebenmal wiedergeboren wird, ehe er die vollkommene Erlösung gewinnt. Die zweite Stufe ist die des »Einmal-Wiederkehrenden«. Der Jünger auf der dritten Stufe heißt zwar »Nicht-Wiederkehrender«, was sich indessen nur auf die irdische Welt bezieht; denn es gibt nach buddhistischer Auffassung außer der Geburt in der irdischen Welt noch Geburtsmöglichkeiten in höheren Welten der Geister und der – erlösungsbedürftigen – Götter. Buddha selbst kam nach buddhistischer Lehre aus dem Himmel der »zufriedenen Götter«, aus dem Tushita-Himmel.

Leben für den Orden

Von nun an verlief das Leben Buddhas bis in sein hohes Alter in dem Gleichmaß von Lehrverkündigung und Ruhepausen während der Regenzeit. Es bildeten sich voneinander unabhängige Mönchsorden, zu denen später auch Nonnenorden kamen. Der Urbuddhismus ist eine Universalreligion mit einem Minimum an Masse und daher auch an Organisation. Das einzige, was organisiert war, war der Eintritt in den Orden und die damit verbundene niedere Weihe (pabajja=»das Hinausgehen«) und die höhere Weihe (upasampada=»das Hingelangen«) und die Feier des Fasttages.Die unausbleibliche Folge dieses Mangels an Organisation war die Spaltung in zahlreiche Sekten. In den Gemeinden wurden die Lehrreden Buddhas gesammelt und überliefert. Hundert Jahre nach Buddhas Tode wurden auf dem Konzil zu Vesali die Texte der Lehrreden für den Kanon festgelegt. Die niedere Weihe, von der oben die Rede war, bestand darin, daß der Anwärter das gelbe Gewand des Asketen anlegte, sich Haar und Bart scheren ließ und in ehrfurchtsvoller Haltung dreimal die Worte der Zufluchtnahme sprach: »Ich nehme meine Zuflucht beim Buddha. Ich nehme meine Zuflucht bei der Lehre. Ich nehme meine Zuflucht bei der Gemeinde.« Die drei Objekte der Zufluchtnahme bilden eine Art buddhistischer Trinität. Man nennt sie das »dreifache Kleinod« (tri-ratna). Die höhere Weihe bestand in einem vor der Gemeinde vollzogenen Rechtsakt. Nach einem Verhör des Anwärters, durch das etwaige Hindernisse für die Ordination festgestellt werden sollten, wurden dem nunmehr als vollberechtigter Mönch Aufgenommenen die vier großen Verbote mitgeteilt: Verbot geschlechtlichen Verkehrs, des Diebstahls, des Tötens »selbst einer Ameise« und das Verbot, sich höchster menschlicher Fähigkeiten zu rühmen, die er nicht besitzt.
Was hier entstand, ist der Theravada-Buddhismus, der Buddhismus der

Ältesten, auch Hinayana genannt, »kleines Fahrzeug«, im Unterschied zu dem um den Beginn der christlichen Zeitrechnung entstehenden Mahayana-Buddhismus, dem »großen Fahrzeug«, von dem später die Rede sein wird.

Die Einstellung zum Wunder

Wir kehren zurück zu den Begebenheiten des Buddha-Lebens. Konkrete Ereignisse sind in den Jahrzehnten seit der Erleuchtung und ersten Predigt nicht zu berichten. In eintönigem Gleichmaß verläuft Buddhas Leben und das seiner Jüngergemeinden. Nur selten wird von Wundertaten Buddhas berichtet. Das entspricht der im kanonischen Text Dighanikaya (XI) erzählten Antwort Buddhas auf die ihm gegenüber geäußerte Bitte, doch ein Wunder zu tun, um die Glaubensbereitschaft der Hörer zu erhöhen: Buddha lehnt die Erfüllung dieser Bitte ab mit der Begründung, daß magische Wunder wie z. B. das Gehen auf dem Wasser oder das Fliegen durch die Luft von Ungläubigen auf ein geheimes Zauberwissen, das sogenannte Gandhara-Wissen, zurückgeführt und damit erklärt werden würden, so daß sie keine Grundlage des Glaubens bilden könnten. Buddha kennt nur das »Wunder der Lehre«. Diese prinzipielle Ablehnung äußerer Wundertaten hat natürlich nicht verhindert, daß in der Tradition das Buddha-Leben doch mit allerlei Wunderlegenden ausgestattet wurde, von denen gleich zu sprechen sein wird.

Der Tod Buddhas – Das dritte »große Wunder«

Die letzte Begebenheit in Buddhas Leben ist sein Tod, das dritte »große Wunder« des Eingehens des Vollendeten in das jenseitige Nirvana. Im Alter von achtzig Jahren starb Buddha friedvoll, wie er gelebt hatte, im Kreise seiner Jünger, von denen die, die sich noch nicht völlig von menschlichen Gemütsbewegungen befreit hatten, den Tod des Meisters mit Schmerzensausrufen beklagten, während die auf dem Heilswege Fortgeschritteneren das Faktum des Dahinscheidens des Meisters als ein der Lehre gemäßes Geschehen der Vergänglichkeit ansahen, ohne zu klagen.

Buddha-Legenden

Wir haben den äußeren Lebenslauf Buddhas in seinen schlichten Tatsachen berichtet. Die fromme Phantasie hat dieses Asketen- und Religionsstifter-Leben mit allerlei Legenden geschmückt. Während die in den Texten sich findenden Legenden überaus weitschweifig und phantasiereich gestaltet sind, wollen wir hier nur in Kürze die Lebensgebiete nennen, die von der Legendenbildung betroffen und so mit dem Goldgrund des Numinosen verklärt sind. Eine ausführliche Darstellung der Buddha-Legende hat E. Waldschmidt in seinem Buche »Die Legende vom Leben des Buddha« (1929) veröffentlicht.

Das erste Gebiet religiöser Legendenbildung ist der Eintritt des künftigen Buddha in die letzte menschliche Daseinsform als Prinz Siddharta durch seine Geburt. Die religiöse Ahnung sieht in dieser Geburt keinen normalen Vorgang, sondern führt die Herkunft Buddhas über das gegenwärtige Geburtsgeschehen aus dem Leibe der irdischen Mutter Maya zurück in eine Himmelswelt der »zufriedenen Götter«, aus der der Bodhisattva, d. h. der Anwärter auf die Buddhaschaft, nach langer Wanderung durch zahlreiche Geburten kam. Der Bodhisattva war also in seiner vorletzten Geburt einer der nach buddhistischer Auffassung sterblichen und erlösungsbedürftigen Götter und kam in übernatürlicher Empfängnis in Gestalt eines weißen Elefanten in den Leib seiner Mutter. Die Legende erzählt weiter, daß auch die Geburt selbst in ungewöhnlicher Form und unter allerlei begleitenden Naturerscheinungen vor sich ging. Einen breiten Raum nehmen sodann die Erzählungen ein, die von den erstaunlichen Krafttaten und Weisheitsbeweisen des heranwachsenden Prinzen Siddharta handeln.

Versuchungen

Nachdem der Prinz Siddharta den »großen Auszug«, der gleichfalls legendarisch gestaltet ist, vollzogen und einen neuen Weg zum Heil beschritten hatte, suchte der Teufel Mara in die Meditationen des Asketen Gotama einzugreifen, indem er zunächst eine Unzahl schrecklicher Teufel auf ihn losläßt, um ihn von dem eingeschlagenen Wege abzulenken. Doch der Asket Gotama fürchtet sich nicht und bleibt bei seinem Heilsbemühen. Danach schickt Mara seine verführerischen Töchter. Doch auch dieser Angriff bleibt ohne Erfolg und die Erleuchtung tritt allen Versuchungen zum Trotz unter Gewinnung der Buddhaschaft ein.

Noch einmal sucht nach der Legende der Teufel das Heilswerk Buddhas zu verhindern, indem er den des Heils nunmehr teilhaftig Gewordenen zu veranlassen sucht, selbst in das Nirvana einzugehen, ohne noch anderen die gewonnene Heilserkenntnis mitzuteilen. Die Absicht Maras zielt darauf ab, eine Ausbreitung der Heilsbotschaft zu verhindern. Diese Versuchung lag den Texten zufolge durchaus in Buddhas eigenen Erwägungen, die wiederum in legendarischer Gestaltung berichtet werden; denn es heißt, daß Buddha in Erwägung zieht, die Lehre nicht zu verkündigen, weil sie für die in weltlichen Begierden befangene Masse doch unverständlich sein würde. Der Teufelsversuchung, ins Nirvana gleich einzugehen, widersteht der Buddha mit dem Hinweis darauf, daß er nicht eher in das jenseitige Nirvana eingehen werde, ehe er nicht Jünger in seine Nachfolge gerufen habe. Die andere gleichgerichtete innere Versuchung, die Lehre für sich zu behalten, wie die meisten Mystiker, wird legendarisch durch das Eingreifen des Gottes Brahma Sahampati überwunden, der darauf hinweist, daß zwar wenige, aber doch heilswillige und verständnisfähige Hörer vom Heil ausgeschlossen würden, wenn er die Lehre nicht verkündete. So entschließt sich Buddha, die Lehre zu verkündigen:

>»Der Ewigkeit Tor, es sei jedem aufgetan,
Der Ohren hat. Mag sich denn Glaube regen!
Vergebliche Mühe zu meiden, hab ich
Das edle Wort noch nicht der Welt verkündet.«

Legende um den Tod Buddhas
Der letzte Bereich, in den die Legende gestaltend eingreift, ist der Tod des Meisters. In hohem Alter von achtzig Jahren legte sich Buddha unter Sala-Bäumen nieder, die, obgleich ihre Blütezeit nicht war, ihn mit Blüten überschütteten. Der Buddha stieg dann meditierend die verschiedenen Stufen der Versenkung hinauf, hinab und wieder hinauf, um dann in das jenseitige Nirvana einzugehen. Dieses Ereignis wird von allerlei Naturerscheinungen begleitet: »Als der Erhabene verschied, im selben Augenblick erbebte die Erde mit so schrecklicher Gewalt, daß ein Schauder die Menschen überlief, und vom Himmel krachte der Donner.«

2   Der Lebenslauf Jesu und seine Problematik

Der Charakter der Quellen
Der Charakter der Quellen für die hier zu erörternden Lebensdaten Jesu, von denen oben bereits die Rede war, erlaubt nicht, ein »Leben Jesu« zu schreiben; denn diese Quellen, d. h. die Evangelien des Neuen Testaments, sind Glaubensurkunden. Sie setzen den Glauben an Jesus als »Sohn Gottes« und Christus=Messias voraus. Außerdem verfolgen sie die Tendenz, eine Stärkung des Glaubens an den Christus zu bewirken. (Joh. 20,31) Eine Biographie Jesu im modernen Sinne ist also unmöglich,

zumal die Quellen nur von beschränkten Zeitabschnitten aus Jesu Leben Zeugnis ablegen. Es ist nach den Evangelien unklar, ob die öffentliche Wirksamkeit Jesu ein oder drei Jahre dauerte. Aus diesen zweifelhaften Lebensabschnitten werden auch nur wenige Stunden und Leidenstage berichtet. Die Jugendzeit Jesu, abgesehen von den Legenden um Jesu Geburt und von der Erzählung vom zwölfjährigen Jesus im Tempel, bleibt in den kanonischen Evangelien völlig unberücksichtigt. Ein späteres außerkanonisches Kindheitsevangelium suchte diese Lücke mit phantastischen Legenden auszufüllen. Auch das Geburtsjahr Jesu ist nicht sicher festzustellen. Man nimmt im allgemeinen an, daß Jesus um das Jahr 7 vor Beginn unserer Zeitrechnung zur Regierungszeit des römischen Kaisers Augustus geboren wurde. Überliefert sind nur Geschichten von Jesus, die die Evangelisten sammelten, sichteten und in einen Rahmen stellten. Quellort dieser Geschichten waren die christlichen Gemeinden. Zu Beginn der Fixierung der Evangelien herrschte also eine bunte Vielfalt von Überlieferungen in den christlichen Gemeinden. Aber *ein* Thema beherrschte alle Traditionen: Gott ist in Christus Mensch geworden. Wir versuchen, die einigermaßen gesicherten Lebensdaten Jesu – unter Vermeidung der legendarischen Erzählungen – an Hand der kritisch untersuchten Quellen darzustellen.

Problematik des Geburtsortes

Problematisch ist bereits der Geburtsort Jesu. Nach Matthäus (2,1) wohnen die Eltern Jesu in Bethlehem, wo Jesus geboren wird. Wegen des von Herodes geplanten legendarischen Kindermordes flieht Joseph mit Mutter Maria und dem Jesuskinde nach Ägypten und kommt nach des Herodes Tode nach Nazareth (Matth. 2,23).

Bei Lukas findet sich die bekannte Weihnachtsgeschichte, die von dem um diese Zeit ungeschichtlichen Census als Anlaß der Wanderung Josephs und Marias nach Bethlehem, zur Stadt Davids, erzählt. Da die christliche Religion im Unterschied zum Buddhismus geschichtsbezogen ist, wird die Erscheinung Jesu unter Heranziehung der messianischen Weissagung (Micha 5,1) als künftiger »Herrscher über Israel«, der aus Bethlehem kommen soll, gedeutet, was er indessen nie geworden ist. Hier ist also eine Geschichtstatsache nach der prophetischen Weissagung als Schriftbeweis für die Messianität Jesu gestaltet. Gleichwohl wird Nazareth als Geburtsort Jesu angesehen und er als »Prophet aus Nazareth« bezeichnet (Matth. 21,11; Mark. 6,1).

Jesu Herkunft

Wir sprechen später von der Legendenbildung um Jesu Geburt und Leben. Hier ist nur zu verzeichnen, daß Jesus als Sohn des Zimmermanns Joseph geboren wurde. Zwei Textstellen sprechen von einer Jungfrauengeburt: Matthäus 1,18 und Lukas 1,35. Das ist sicher kein historisches Faktum, sondern eine in der hellenistischen Umwelt des entstehenden Christentums vielfach verbreitete Ausdrucksform für das Erlebnis des Außergewöhnlichen in der Erscheinung bedeutender religiöser Persönlichkeiten. Die Ungeschichtlichkeit dieser übernatürlichen Empfängnis und Geburt läßt sich auch aus den Texten selbst erkennen. Zwei Stammbäume, die nicht identisch sind, finden sich bei Matthäus (1,1-16) und bei Lukas (3,23-38) und beide führen auf Joseph als Vater Jesu und auf den Stammvater David. In der Handschrift Syrus Sinaiticus heißt es sogar: »Joseph zeugte Jesus«. Diese von der messianischen Erwartung, die in Jesus erfüllt sein soll, postulierte davidische Abstammung Jesu ist nicht ohne die physische Vaterschaft Josephs denkbar.

Gegen jede Art von übernatürlicher Geburt Jesu spricht auch das verständnislose Verhalten der Angehörigen Jesu gegenüber seinem öffentlichen Auftreten: »Da es die Seinen hörten, gingen sie aus und wollten ihn greifen; denn, sagten sie, er ist von Sinnen.« (Mark. 3,21) Maria und die Geschwister Jesu wußten also offenbar nichts von einer übernatürlichen Geburt Jesu. Auch beweist Jesu Wort: »Ein Prophet gilt nirgend weniger als in seiner Vaterstadt und in seinem eigenen Hause« (Matth. 13,57; Mark. 6,4; Luk. 4,24) die kritisch-ablehnende Haltung seiner Angehörigen.

Der »Sohn Gottes«

Unter die historischen Tatsachen der Lebensgeschichte Jesu ist also weder eine übernatürliche, jungfräuliche Empfängnis noch jede Art physischer Gottessohnschaft Jesu einzureihen. Diese Vorstellung der Zeugung eines Sohnes Gottes durch das Pneuma, den heiligen Geist, war um jene Zeit in der hellenistischen Welt ein verbreitetes Motiv. Auch kannte man Gottessöhne, die von einer Gottheit mit einer irdischen Frau gezeugt waren, sowohl in Griechenland wie in Ägypten. In Israel, d. h. im Alten Testament, war die Idee der Gottessohnschaft nur in der Form bekannt, daß, wie in Psalm 2,7 und 2. Samuelis 7,14, von der Nachkommenschaft Davids als »Sohn« Jahves die Rede ist. »Sohn« Gottes ist also im Alten Testament keine physische Beziehung, sondern der Ausdruck eines besonders nahen Verhältnisses zu Jahve. In der hellenistischen Welt dagegen

war, wie gesagt, der Glaube an Göttersöhne im physischen Sinne weit
verbreitet. Dementsprechend ist dann die Idee des Gottessohnes Jesus
dogmatisch interpretiert worden. Bei Matthäus (3,17), Markus (1,9 ff.)
und Lukas (3,21 ff.) wird die Gottessohnschaft Jesu durch eine Adoption
Gottes vorgestellt. Zu den historischen Tatsachen gehört die physische
Gottessohnschaft Jesu also nicht.

Jesu Familie

Wir haben noch von Jesu Familie zu sprechen. Jesus war nach dem Zeugnis der Evangelien eines Zimmermanns Sohn (Matth. 13,54; Mark. 6,3).
An beiden genannten Stellen werden auch vier Brüder und zwei Schwe-
stern Jesu erwähnt. Jesus selbst wird (Luk. 2,7) als Erstgeborener bezeichnet. Demnach hatte Maria nach Jesus noch weitere Kinder. Die katholische Exegese seit Chrysostomus hat, um das Dogma von der immer-
während Jungfräulichkeit Marias nicht durch diese Textaussage widerlegt zu sehen, diese Brüder in Vettern uminterpretiert, was in keiner
Weise berechtigt ist; denn, wenn im Text das Verwandtschaftsverhältnis
der Vetternschaft gemeint wäre, dann hätten die griechisch schreibenden
Evangelisten dafür das entsprechende Wort »anepsios« verwenden können und nicht das Wort »adelphos«, das nie Vetter sondern stets Bruder
bedeutet.
Von der Kindheit Jesu erfahren wir nur jene Episode des Zwölfjährigen
im Tempel. Diese Erzählung, ob sie nun historisch ist oder nicht, soll zeigen, daß schon das Kind Jesus mit Gelehrten sich unterhalten konnte und
religiöse Tendenzen in seinem Herzen bewegte.

Die Taufe Jesu

Historisch scheint die Taufe Jesu durch Johannes den Täufer zu sein, die
alle drei Synoptiker berichten (Matth. 3; Mark. 1; Luk. 3). Man hat daraus eine Beziehung Jesu zu den Essenern ableiten und Jesus selbst als Essener ansehen wollen; denn Johannes scheint aus dem Kreise jener dritten
israelitischen Sekte neben Pharisäern und Sadduzäern hervorgegangen zu
sein. Es ist indessen aus den Texten ersichtlich, daß Jesus in entscheidenden Punkten, insbesondere was seine Stellung zum Gesetz betrifft, von
der Einstellung der Essener abgewichen ist. Auch gründete Jesus nicht einen exklusiven Orden mit hierarchischem Aufbau, wie es der essenische
Mönchsorden war, sondern sammelte einen offenen Kreis von Jüngern
und Anhängern. Auch war Jesus nach eigenem Zeugnis kein Asket
(Matth. 11,18) im Unterschied zu Johannes dem Täufer und seinen Jün-

gern, von denen berichtet wird, daß sie viel fasteten. (Mark. 2,18) Der Taufbericht bei den Synoptikern ist insofern bedeutungsvoll, als hier von einer Art Berufung Jesu die Rede ist, indem Jesus hier nach damaligem Brauch zum »Sohne Gottes« adoptiert wird.

Die Versuchung in historischer Sicht

Unter die historischen Elemente der Jesus-Tradition ist insofern die von allen drei Synoptikern erzählte Versuchungsgeschichte durch den Teufel (Mark. 1,13; Matth. 4,1 ff.; Luk. 4,1 ff.) zu zählen, als Jesus, wie auch Buddha, sich vor die Frage gestellt sah, in welcher Weise und mit welchen Mitteln er seine Verkündigung den Menschen nahebringen solle, durch Brot, Besitz oder Herrschaft. Die Einkleidung freilich ist mythisch-legendarisch; denn der Teufel tritt als Versucher auf. In dieser Erzählung scheinen allerdings hellenistische Motive eingewirkt zu haben; denn Prodikos von Keos, ein Zeitgenosse des Sokrates und Sophist, hat den Mythos von Herakles am Scheidewege verfaßt. Danach war es ein beliebtes Thema der kynisch-stoischen Predigt, daß wer nicht am Scheidewege der Versuchung gestanden hat, noch nicht bewährt ist.

Beginn der öffentlichen Tätigkeit

Nach der Verhaftung Johannes' des Täufers (Mark. 1,14) begann Jesus mit seiner öffentlichen Wirksamkeit, die in den wenigen Jahren (von ein oder drei Jahren), aus denen die Evangelien berichten, in der Verkündigung des nahe bevorstehenden Anbruches des Reiches Gottes und in heilenden Taten bestand. Matthäus 4,23 wird dieser Lebensinhalt Jesu in folgender Weise umschrieben: »Er (Jesus) zog umher in ganz Galiläa und lehrte in den Synagogen und verkündete das Evangelium vom Reich und heilte alle Krankheit und alle Gebrechen unter dem Volk.«

»Wunder«

Die hier erwähnten heilenden Taten Jesu, die man herkömmlicherweise »Wunder« nennt und damit eine falsche Vorstellung von Jesu Wirken hervorruft, sind in den Berichten von unterschiedlicher Art und daher zum Teil unter die historischen Begebenheiten zu rechnen und zum Teil unter die Legenden. Offenbar besaß Jesus ein Charisma, mit dessen Hilfe er Heilungen vollbrachte, die im Neuen Testament mit folgenden Begriffen bezeichnet werden: als semeia oder terata = »Zeichen« und als dynameis = »Krafttaten«. Das griechische Wort für »Wunder« thauma wird nicht verwendet. Jene Worte aber sind die religiöse Interpretation von ungewöhnlichen, also außerhalb des Gewohnten liegenden Ereignissen, in denen man deshalb »Zeichen« numinoser Kraft witterte, wie auch das andere Wort »Krafttaten« andeutet. Von einer im »Wunder« geschehenden Durchbrechung von Naturgesetzen, wie ein Wunder heute vielfach definiert wird, ist nirgends die Rede, da man auch Naturgesetze nicht kannte. »Wunder« waren jene Taten Jesu, weil man sich über sie wunderte, da sie außerhalb des Gewohnten lagen.

Eine kritische Untersuchung der sogenannten Wundererzählungen in den Evangelien ergibt verschiedene Typen: zunächst schlichte Heilungsberichte, in denen der Glaube als wichtige, die Heilung entscheidend fördernde Größe in Betracht gezogen wird. »Dein Glaube hat dir geholfen« sagt Jesus wiederholt (Matth. 9, 22; Mark. 10,52; Luk. 7,50) zu geheilten Personen. Andererseits heißt es (Mark. 6,5), er konnte in seiner Vaterstadt Nazareth keine einzige »Krafttat« (dynamis) tun wegen ihres Unglaubens. Das sind also die heilenden Taten des Charismatikers, die wir zu den historischen Tatsachen rechnen.

Von dieser Gruppe glaubwürdiger Begebenheiten sind die großen novellistisch gestalteten Wundergeschichten zu unterscheiden, wie z.B. die Vertreibung des Dämons Legion, der in eine Schweineherde fuhr, (Matth. 8,28 ff.; Mark. 5,1 ff.; Luk. 8,27 ff.), die Heilung des Taubstummen (Mark. 7,31 ff.), des Fallsüchtigen (Mark. 9,17 ff.), des Blinden von Bethsaida (Mark. 8,22 ff.). Auch die Totenerweckung des Jünglings von Nain (Luk. 7,11 ff.) sowie das Weinwunder auf der Hochzeit zu Kana (Joh. 2) sind Erzählungen, die sich einer einheitlichen Beurteilung entziehen: zum Teil sind es christliche Darstellungen des erhöhten Herren, also von der Perspektive der gläubigen Gemeinde aus als Glaubensdokument dessen gestaltet, was man dem später erhöhten Herrn schon auf Erden zutraute. Oft handelt es sich um fremde, auf Jesus übertragene Stoffe, wobei die geschichtliche Wirklichkeit unerkennbar ist. Andere Wundergeschichten lassen die Tendenz erkennen, Jesus als antiken Wundertäter darzustellen, der mit magischen Manipulationen Heilungen bewirkt z.B. durch Verwendung eines Zauberwortes »Hephata« (Mark. 7,34) oder durch Bestreichen der blinden Augen des Blindgeborenen mit einem Gemisch von Sand und Speichel (Joh. 9,16). Fremde Einflüsse sind vielfach zu vermuten, z.B. nimmt M. Dibelius bei drei Geschichten solchen fremden Einfluß an: bei der schon erwähnten Austreibung des Dämons Legion (Mark. 5), bei dem Weinwunder (Joh. 2), wo ja bereits eine ungeheure Menge Wein konsumiert war und die Gäste schon betrunken waren, was auf weltlichen Ursprung dieser Geschichte schließen läßt. Die dritte der aus fremden Quellen stammenden Geschichten ist (Matth. 17,27) die verheißene Auffindung einer Münze im Maul eines zu fangenden Fisches.

Jesus selbst hat »Wunder« als Grundlage des Glaubens abgelehnt: »Wenn ihr nicht Zeichen und Wunder seht, so glaubet ihr nicht« (Joh. 4,48) und »selig sind die nicht sehen und doch glauben« (Joh. 20,29). Daß sogenannte Wunder kein zwingender Beweis göttlicher Kraftwirkung sind, zeigt sich darin, daß die Gegner Jesu zwar Wunderheilungen Jesu voraussetzen, sie aber auf teuflische Mithilfe zurückführen: »Er treibt die Teufel aus durch Beelzebub, den Obersten der Teufel.« (Matth. 12,24; Luk. 11,15) Lukas 11,19 sagt Jesus selbst, daß auch Pharisäer-Jünger Dämonen austreiben können. Wir haben es hier mit einem typischen Milieu zu tun in jener Zeit und Welt, in dem Wunderglaube üblich war.

Die Jünger

Wir setzen die Darstellung der gesicherten Lebensdaten Jesu fort. Jesus zog verkündend und heilend durch das Land und entfachte eine Bewegung, deren Ziel den Inhalt der Verkündigung Jesu bildete, von der später zu sprechen ist. Diese Bewegung eschatologischen Charakters stellt sich dar in Jüngerkreisen, die sich um Jesus bilden, und die in der »Nachfolge« (akoluthia) des Meisters standen. »Nachfolge« aber ist nicht bloße imitatio der Lebensweise Jesu, sondern eine innere Lebensgemeinschaft mit dem Meister. Es bildeten sich konzentrische Kreise; ein engerer Kreis: Petrus, Johannes und Jakobus; ein weiterer Kreis der Zwölf. Außerdem ist Lukas 10,1 von siebzig Jüngern die Rede. Nach Jesu Tode schlossen sich der »Herrenbruder« Jakobus und andere Verwandte der Urgemeinde an. Maria spielt in der Apostelgeschichte und bei Paulus keine Rolle mehr. Nur Apostelgeschichte 1,14 wird nebenher erwähnt, daß unter den versammelten Jüngern sich auch Maria befand: »Diese alle beharrten da einmütig im Gebet nebst Frauen und Maria, der Mutter Jesu, und seinen Brüdern.«

Die Gegner Jesu

Die freiheitliche Art seiner Verkündigung und sein vielfach der strengen Gesetzlichkeit der israelitischen Religionsgemeinschaft und insbesondere der Pharisäer widersprechendes Verhalten weckte die Gegnerschaft der Vertreter dieser kirchenartigen Institution, an deren Spitze Hohepriester und Kurie, das Synhedrium, standen. Die Pharisäer (von peruschim = »die Abgesonderten«) bildeten eine Gruppe besonders Frommer, die es mit Beobachtung und Verwirklichung der Gebote besonders ernst nahmen. Sie anerkannten auch manche nicht in der alttestamentlichen Tradition enthaltene Anschauungen, z. B. bejahten sie im Unterschied zu den Sadduzäern (Mark. 12,18) die Auferstehung der Toten und den Engel- und Dämonenglauben.

Demgegenüber waren die Sadduzäer konservative Vertreter eines ausschließlich auf das mosaische Gesetz sich gründenden religiösen Denkens und Verhaltens. Diese Führungsgruppen hatten im Hohen Rat, dem Synhedrium, ihre Vertreter. Ihnen stand das gewöhnliche Volk gegenüber, das als unmündig, unrein und geistig arm galt, und dessen Umgang man mied. Allen unter sich verschiedenen Gruppen gemeinsam war die Orientierung am Gesetz des Moses als an dem darin geoffenbarten Gotteswillen. Frömmigkeit ist wesentlich Gehorsam gegenüber den Forderungen des Gesetzes.

Die Zeloten

Außer den zuvor genannten Gruppen war Jesu Zeit erfüllt von zahlreichen Aufständen politischer Aktivisten, der Zeloten, die sich gegen die römische Fremdherrschaft wandten, getrieben von messianischer Erwartung. Die Römer unterdrückten diese Aufstände und richteten ihre Anführer hin. Jesus hatte mit dieser Bewegung sicher nichts zu tun, obwohl er später als Thronprätendent, aus vorgegebenen politischen Gründen also, gekreuzigt wurde. Die Evangelien stellen es so dar, daß nur dadurch, daß Jesus dem Landpfleger Pontius Pilatus als einer der die römische Herrschaft bedrohenden Aufrührer, der Zeloten, vorgestellt wurde, die an Jesu Tod aus religiösen Gründen interessierten jüdischen Ankläger hoffen konnten, daß das erwartete Todesurteil, das die jüdischen Behörden selbst nicht vollstrecken konnten, von Pilatus gefällt würde.

Die innere Spannung, die das Leben Jesu erfüllte, und die zur Katastrophe seiner Hinrichtung führte, werden wir verständlich machen, wenn wir Jesu Verkündigung als die eines reformwilligen jüdischen Propheten darstellen.

Das Abschiedsmahl

Der letzte Tatsachenkomplex des Lebenslaufes Jesu ist seine Leidensgeschichte, die auch der einzige Text ist, der im Zusammenhang überliefert ist. Ehe aber die Gegner Jesu ihn ergriffen und ihm den Prozeß machten, hielt Jesus mit seinen Jüngern ein Abendmahl, das im Zeichen des Abschieds stand. Ein ungeheurer theologischer Scharfsinn ist im Laufe der

Jahrhunderte aufgewandt worden, um den Sinn dieser vor dem Passah von Jesus veranstalteten Feier zu ergründen. Obwohl nur die Berichte in den Evangelien und im 11. Kapitel des 1. Korintherbriefes die Grundlage bilden, unterscheiden sich in der Deutung die christlichen Konfessionen und Denominationen gerade im Verständnis des Abendmahles und verweigern bei divergierender Auffassung einander die »Abendmahlsgemeinschaft«, so daß gerade diese Gemeinschaftsfeier der Jünger Jesu die Spaltung der Gemeinschaft bewirkte.

Ohne dogmatische Voreingenommenheit kann es sich bei der ersten Abendmahlsfeier nur um ein Abschiedsmahl gehandelt haben, das Paulus jedoch zu einer Mysterienkultfeier umgestaltet hat. Wenn Jesus über dem Brot, das er bricht und verteilt, die Worte spricht: »Das ist mein Leib«, so war damit die Stiftung einer Gemeinschaft gemeint. Handlung und Wort besagen also, daß die Jünger vereint bleiben sollen, auch wenn Jesus nicht mehr unter ihnen weilt. Das Wort über dem Wein ist nicht einheitlich überliefert. Es handelt sich also, wie gesagt, sicher um ein Abschiedsmahl mit sinnbildlichem Hinweis auf Jesu bevorstehenden Tod. Daß es sich bei dem »das *ist*«, um dessen Deutung Luther und Zwingli 1529 in Marburg stritten, nicht um eine reale Identifikation des lebend vor seinen Jüngern stehenden Jesus und seines Leibes und Blutes mit Brot und Wein gehandelt haben kann, folgt schon daraus, daß ein Trinken realen Blutes in der jüdischen Ritualistik streng verboten war. Dazu konnte Jesus seine Jünger unmöglich auffordern. Es gehört somit zu den erstaunlichsten Fakten der Religionsgeschichte, daß über den Elementen dieser mit Sicherheit mißverstandenen schlichten Abschiedsfeier Jesu ein ungeheures Gebäude sowohl theologischer Spekulationen als auch ganz realer prachtvoller Dome und gold- und edelsteingeschmückter Tabernakel und Monstranzen geschaffen wurde.

Jesus war, wie noch zu begründen sein wird, ein auf Reformen seiner israelitischen »Kirche« gerichteter Prophet. Er wird wiederholt so bezeichnet, zuletzt noch von den Emmausjüngern. (Luk. 24,19) Auch das Volk hielt Jesus für einen Propheten. (Matth. 21,46) So blieb Jesus das Schicksal nicht erspart, das auch die ihm vorhergehenden Propheten erlitten haben, verfolgt zu werden. Jesus stellt sich selbst und seine Jünger in diesen Schicksalszusammenhang. (Matth. 5,11 f.; Joh. 15,20)

Jesu Prozeß

Die Folge der oben angedeuteten Konflikte Jesu mit den Repräsentanten der jüdischen »Kirche«, die die Übertretung grundlegender Gebote durch Jesus, z. B. das der Sabbath-Heiligung (Joh. 5,16) und die durch Jesus verursachte Unruhe im Volke als für die Einheit der Religionsgemeinschaft bedrohlich ansahen, war Jesu Verhaftung und sein Religionsprozeß vor dem Hohen Rat, dem Synhedrium. Wir wollen die in mancher Hinsicht problematischen Einzelheiten dieses Prozesses hier nicht erörtern. E. Stauffer hat darüber in seinem Buche »Jesus« (1957, S. 92 ff.) ausführlich gehandelt, worauf hier verwiesen sei. Der Prozeß endet mit Jesu Kreuzigung, der Hinrichtungsart, die die Römer zu vollziehen pflegten. Jesus stirbt allein und verlassen von seinen Jüngern, die geflohen waren. Das Bild des Gekreuzigten wurde in den Evangelien nach den Leidenszeugnissen Psalm 22,69 und Jesaia 53 gestaltet.

Jesu Tod

Mit dem Tode Jesu endet die Reihe der historisch feststellbaren Tatsachen; denn die Auferstehung gehört nicht zu ihnen. Religionswissenschaftlich gesehen beginnt hier der hellenistische Mythos vom sterbenden und auferstehenden Gottessohn sich in Anwendung auf Jesus auszuwirken. Die auf hellenistischem Boden verbreitete Vorstellung vom übernatürlich geborenen Gottmenschen, dessen Leben von übernatürlichen Kräften erfüllt war, die ihn zu allerlei »Krafttaten« befähigten, schloß hinsichtlich des Todes die Idee ein, daß Gottmenschen sterben müssen, um ewig leben zu können. In den Mysterienreligionen kannte man den Mythos, daß der Gottmensch stirbt, weil er nur so wirklich Mensch ist, und aufgrund seiner göttlichen Kräfte wieder zu neuem Leben erwacht, also aufersteht. Dieser Mysterienmythos wurde auf Jesus übertragen; denn der historische Jesus der Evangelien hat solche Gedanken nie geäußert. Carl Schneider hat in seinem Buche »Geistesgeschichte des antiken Christentums« (1954) begründet, warum es möglich war und nahelag, diesen Mythos auf Jesus zu übertragen: Zunächst muß Jesus in seiner Zeit durch seine Liebesgemeinschaft mit Gott, die er in einer wenig liebevollen Welt wirklich lebte, einen großen Eindruck gemacht haben. Das war neu und man empfand es als überirdisch. Die hellenistischen Griechen hielten auch kleinere Wohltäter für göttlich. Auch Jesu Tapferkeit, mit der er in den Tod ging, war ein weiterer Grund seiner Vergöttlichung. Man wird noch hinzufügen dürfen, daß nur dadurch, daß Jesus in die Reihe der in jener Zeit und Welt bekannten und verehrten sterbenden und auferstehenden Gottmenschen eingereiht wurde, das Christentum in der hellenistischen Welt aus einer kleinen jüdischen Sekte im abgelegenen Palästina zu einer Weltreligion werden konnte.

Legendenbildung

Auch Jesu Leben, dessen historisch feststellbare Tatsachen wir darstellten, wurde, wie das Buddhas, mit zahlreichen Legenden ausgeschmückt, die wir – da sie bekannt sind – nur kurz nennen wollen. Legenden sind jene Erzählungen, in denen überirdische Mächte, wie Engel und Dämonen, auf Erden erscheinen und in das Leben eingreifen. Das geschah in den Geschichten um die Geburt Jesu, also bei der Verkündigung der künftigen Geburt Jesu an Maria durch einen Engel. Die ganze Weihnachtsgeschichte ist eine Legende, über deren Lokalisierung in Bethlehem wir oben bereits sprachen. Die Verkündigung der Geburt des Weltheilandes auf den Fluren von Bethlehem durch die »Menge der himmlischen Heerscharen« ist Legende.

Legendarisch ist sodann die Erzählung von den Magiern aus dem Orient, die später zu den »Heiligen Drei Königen« wurden. Der Stern, der die Magier leitete bis zur Krippe im Stall von Bethlehem, ist schon deshalb ein Legendenmotiv, weil kein himmelferner Stern über einer Hütte auf Erden stehen kann, um auf sie hinzuweisen. Schon Albrecht Dieterich hat Anfang des Jahrhunderts nachgewiesen, daß die Erzählung eine Übernahme aus der römischen Kaisersphäre sei, weil in ihr die Erinnerung an den Besuch des Tiridates nachklinge, der als Magier zu Nero kam und Magier mit sich führte. Dieses Ereignis fiel in das Jahr 66 n.Chr. Auch die Erzählung vom Kindermord in Bethlehem ist Legende mit dem Motiv der Gefährdung des Göttlichen in dieser Welt, analog der Gefährdung des Moses-Knaben durch die angebliche pharaonische Verfolgung neugeborener israelitischer Kinder.

Legendarischen Charakter tragen auch folgende Geschichten: das Wandeln Jesu auf dem Meer, die Speisungswunder, die Totenerweckungen. Legenden ranken sich auch um die Todesstunde Jesu: Matthäus berichtet (Matth. 27,51 ff.): »Und siehe da, der Vorhang im Tempel zerriß in zwei Stücke von obenan bis unten. Und die Erde bebte und die Felsen zerrissen, und die Gräber taten sich auf, und standen auf viele Leiber der Heiligen, die da schliefen.«

Die Ostererzählungen mit dem leeren Grab und den Engelerscheinungen sowie die leibliche Himmelfahrtsgeschichte sind gleichfalls Legenden.

3   LEBENSLAUF UND PERSÖNLICHKEITEN BUDDHAS UND CHRISTI IM VERGLEICH

Gemeinsamkeiten der Situation

Wir vergleichen nun Lebenslauf und Persönlichkeiten beider Meister miteinander und stellen zunächst die Gemeinsamkeiten der Situation fest. Beide Religionsstifter waren Wanderprediger ohne feste Heimat: Buddha ging aus der Heimat in die Heimatlosigkeit und von Jesus sagt Matthäus 8,20: »Die Füchse haben Gruben und die Vögel unter dem Himmel haben Nester; aber des Menschen Sohn hat nicht, da er sein Haupt hinlege.« Beide Meister lösen sich von ihrer Familie. Die Familien beider haben kein Verständnis für das Anliegen ihrer Söhne. Vom Vater des Prinzen Siddharta wird berichtet, daß er die schwermütigen Neigungen seines Sohnes zu verhindern suchte durch Freudenfeste, die indessen gerade den Prinzen zu dem Ausruf veranlaßten: »Wehe, mich umringt Verderben, jetzt ist die Zeit gekommen, den großen Gang zu tun.« Von den Eltern heißt es, daß sie über den Auszug des Sohnes weinten. Sein Anliegen, die Erlösung vom Unheil zu gewinnen, war ihnen unverständlich. Bei allen drei Synoptikern findet sich das bittere Wort Jesu über die negative Haltung der Familie einem Propheten gegenüber, das wir schon erwähnt haben (Matth. 13,57). Bei Markus (6,4) werden außer dem Vaterlande die Verwandten und das eigene Haus beschuldigt, einen Propheten nicht zu verstehen. Lukas (4,24) berichtet das entsprechende Wort in folgender Form: »Kein Prophet ist angenehm in seinem Vaterlande.« Wie schon oben erwähnt, hielt sich die Familie Jesu ihm gegenüber zurück. Erst nach seinem Tode, scheint es, kamen der Bruder Jakobus und die Mutter Maria zur Gemeinde. Aber auch Jesus selbst scheint nach seinem Worte (Mark. 3,31 ff.), in dem er, als Mutter und Brüder draußen standen und ihn rufen ließen, erklärte: »Wer Gottes Willen tut, der ist mein Bruder und meine Schwester und meine Mutter« kein persönliches Verhältnis zu seiner Familie gehabt zu haben.

Der Gegensatz zur Tradition

Doch nicht nur Haus und Familie leisten bei beiden Meistern Widerstand gegenüber den Tendenzen ihrer Söhne, auch die Hüter der religiösen Traditionen standen im Gegensatz zu ihnen, wobei zu beachten ist, daß die Konfrontation beiderseits ist. Buddha steht im Gegensatz zu den Brahmanen, der Priester- und Gelehrtenkaste, und ihren Reinheitspraktiken und die Brahmanen zu ihm. Buddha sagt von den Asketen und

Brahmanen: »Blind und augenlos erkennen die Wanderasketen nicht, worauf es ankommt... sie erkennen die Wahrheit nicht und das, was nicht die Wahrheit ist, schlagen und verletzen sich diese zänkischen, in Streitrede geratenen Leute gegenseitig mit scharfen Worten.« Und an anderer Stelle heißt es: »Da kommen einige... Brahmanen, die nur ihre eigene Lehre glänzen lassen, aber die Lehren anderer bekämpfen, verspotten und verachten.« Die Blindheit ihrer religiösen Gegner haben beide Meister in ganz ähnlicher Weise kritisiert. Buddha sagt von den Brahmanen: »Es ist ... wie eine Reihe von Blinden, wo einer den anderen festhält: wer vorn ist, sieht nichts; und wer in der Mitte ist, sieht nichts, und wer hinten ist, sieht nichts: einer solchen Reihe von Blinden gleicht das Gerede der dreivedenkundigen Brahmanen.« Von Jesus wird bei Matthäus (15,14) das Wort überliefert: »Sie (die Pharisäer) sind blinde Blindenleiter.« Vor der Befolgung bloßer Tradition warnt der Buddha seine Jünger, wenn er sagt: »Richtet euch nicht nach einer Überlieferung, nicht nach einer bloßen Behauptung, nicht nach der Mitteilung heiliger Schriften.« Nur was die Jünger selbst erkannt und erfahren haben, dem sollen sie folgen.

Die Gegner fragen nach der Legitimation der Meister; denn beide Religionsstifter haben keine durch Amt oder Herkunft legitimierte Vollmacht, was die Gegner zum Widerspruch reizt. Ein Brahmane fragt den Buddha nach seiner kastenmäßigen Herkunft, offenbar, um Buddhas Legitimation zur Verkündigung in Frage zu stellen und Buddha antwortet:

»Bin nicht Brahmane, nicht vom Fürstenstamme,
Nicht vom Geschlecht der Bürger oder Bauern.
Wohl kenne ich der Alltagsmenschen Sippe.
Fremd jedem Etwas wandle ich als Weiser.
Im Mönchsgewande, ohne Haus und Heimstatt,
Geschorenen Hauptes, weltentnommenen Geistes
Schreit ich, den Menschenkindern unberührbar.
Wie magst nach meiner Abkunft mich, Brahmane, fragen?«

Hier wird also die Legitimation Buddhas aus irgendeiner kastenmäßig gegebenen Zuständigkeit abgelehnt mit dem Hinweis auf das über alle Kastengliederung erhabene Wesen des Buddha. Grund der Autorität ist die Legitimation durch das Wesen des ans Ziel gekommenen Buddha.

Ehe wir von der Gegnerschaft Jesu reden, sei an dieser Stelle gleich die genaue Parallele zu dieser Infragestellung der Legitimation Buddhas in Jesu Leben erwähnt; denn auch ihn fragen Hohepriester und Älteste nach seiner Legitimation. Matthäus 21,23 heißt es: »Und da er in den Tempel kam, traten die Hohenpriester und Ältesten des Volkes zu ihm, während er lehrte, und sagten: In welcher Vollmacht (exousia) tust du das, und wer hat dir Vollmacht gegeben?«

Gemeinsam mit Buddha ist, wie gesagt, die Konfrontation mit Traditionshütern auch in Jesu Leben. Hier sind es Pharisäer und Schriftgelehrte, die die Gegnerschaft Jesu bilden, die sogar zu Jesu Prozeß und Hinrichtung führte. Matthäus 23 findet sich eine große Auseinandersetzungsrede Jesu mit seinen Gegnern, in der ganz konkrete Vorwürfe erhoben werden: Worte und Taten der Pharisäer und Schriftgelehrten stimmten nicht überein; sie bürdeten schwere Kult- und Moralpflichten den Menschen auf, ohne selbst sich daran zu halten; sie betrieben äußere Reinheit, aber inwendig blieben Becher und sie selbst unrein; sie trieben Gräberkult der einst von den Vorfahren verfolgten und getöteten Propheten und würden selbst – so sagten sie – dergleichen nicht tun, während sie doch bald ihm selbst das gleiche Schicksal bereiten werden. Abweichung von der Tradition der Väter wird Jesus und seinen Jüngern vorgeworfen. (Matth. 15,2)

Analoge Kreisbildung

Auch die Struktur der Kreise, die sich um Buddha und Jesus bilden, ist insofern ähnlich, als es sich beiderseits um konzentrische Kreise handelt, also um Kreise verschiedenen Umfangs, aber mit dem gleichen Mittelpunkt. Buddha hat einen Lieblingsjünger, dem er in der Todesstunde für seine hingebungsvolle Treue dankt. »Ananda, lange bist du dem Buddha sorgend nahe und in immer gleichbleibender Treue, mit grenzenloser Liebe in Werken, Worten und Gedanken nur auf sein Wohl und Behagen bedacht. Du hast Verdienstliches getan.« Der Lieblingsjünger Jesu war Johannes. Im Johannesevangelium wird zu wiederholten Malen Johannes als der Jünger bezeichnet, »den Jesus lieb hatte«. (13,23; 19,26; 20,2; 21,7. 20) Beide Lieblingsjünger gehören zu einem engeren Kreis, zu dem bei Buddha Ananda, Sariputta und Moggallana, bei Jesus Johannes, Jakobus und Petrus gehören. Über diesen engeren Kreis hinaus ist von einer festen Zahl sechzehn oder achtzehn Jüngern bei Buddha und bekanntlich von den zwölf Jüngern bei Jesus die Rede. Einen noch weiteren Kreis bilden bei Buddha die fünfhundert Mönche, bei Jesus (nach Luk. 10,1) die siebzig Jünger. Daß der Geist der Jüngerkreise beider Meister durchaus verschieden geartet war, werden wir später erörtern. Beide Meister waren Verkünder eines Heils, wenngleich die Inhalte dieser Heilsbotschaften erheblich voneinander abweichen.

Ähnlich ist schließlich die bei beiden Religionsstiftern zu beobachtende Legendenbildung um Geburt und Tod. Diese Legenden entsprangen dem Wunsch, das Außergewöhnliche in der Erscheinung beider Meister, ihre numinose Größe, die man an ihnen erschaute, zum Ausdruck zu bringen. In einem buddhistischen Text (Lalita vistara) wird die numinose Größe Buddhas mit folgenden Worten gepriesen: »Nahet ihm alle mit Verehrung (bhakti), dem Buddha von unermeßlicher Einsicht (buddhi), der zum Licht geworden, dessen Lehre unvergleichbar ist, der das Dunkel verscheucht...« Von Jesus bezeugt das Johannesevangelium: »Wir sahen seine Herrlichkeit, eine Herrlichkeit als des eingeborenen Sohnes vom Vater, voller Gnade und Wahrheit.« (1,14) Darin liegt die Wahrheit der unhistorischen Legenden.

Die Verschiedenheiten der Lebensumstände und der Persönlichkeiten –
Das Milieu
Grundlegend verschieden ist bei Buddha und Jesus das Milieu, aus dem sie kamen. Buddha kam aus einem adligen Großgrundbesitzerhaus, Jesus aus einer Handwerkerfamilie. Während wir bei Buddha bzw. bei dem Prinzen Siddharta Ekel vor der Welt des Genusses und des Reichtums und ihrem Unheilscharakter beobachten, der ihn aus der Heimat in die Heimatlosigkeit treibt, haben wir eine derartige Einstellung bei Jesus nicht, obwohl auch er aus dem häuslichen Lebenskreise der Familie heraustritt und öffentlich zum Entsetzen seiner Familie auftritt. Hier sind es rein religiöse Motive, die Jesus zu einem reformatorischen Propheten werden lassen. Während bei Buddha ein radikaler Bruch mit seiner Familie vollzogen wird, liegt bei Jesus kein ähnlicher, äußerlich erkennbarer Schritt vor, sondern eine neue Wertung des religiös-traditionellen Lebens in seinem Volk und in seiner Familie.

Die Verschiedenheit in den Versuchungen
Wir berichteten von den beiderseitigen Versuchungen, die insofern ähnlich waren, als sie verwandte Ansatzpunkte zeigen: Macht, Besitz, Brot und Wunder. Die buddhistischen Versuchungsgeschichten richten sich darauf, den werdenden Buddha, also den Bodhisattva, und den gewordenen Buddha von der Erfüllung seiner Heilsabsicht für sich und andere abzulenken. In der neutestamentlichen Versuchungsgeschichte geht es nicht um Heilsgewinn und Heilsverkündigung, sondern um die Frage, wie Gefolgschaft zu begründen ist, durch Wundertaten oder weltlichen Besitz und entsprechende Macht.

Verschiedene Ausgangsbasis

Charakteristisch verschieden sind die beiderseitigen Voraussetzungen für das öffentliche Auftreten. Bei Buddha sehen wir ein langjähriges bewußtes Suchen nach der eigenen Erlösung vom Unheil individueller Existenz. Der Asket Gotama geht zunächst einen später, nach sieben Jahren, als falsch erkannten Weg asketischer Kasteiung. Er folgte damit der indischen Tradition. Erst nachdem er die Nutzlosigkeit des Asketenweges erkannt und einen anderen, den Meditationsweg, beschritten hat, gewinnt er die Erlösung durch die Erleuchtung. Bei Buddha sehen wir keinerlei reformatorische Absichten. Er bietet der im Unheil befindlichen Menschheit seine eigenen Heilserkenntnisse an als »Wegweiser«.

Bei Jesus sehen wir keinerlei erschütternde Erfahrungen, daß er etwa auf falschem Wege sei. Er wird vielmehr gezeichnet als ein aus der Gottesgemeinschaft tatsächlich bereits lebender Prophet, den seine religiöse Erfahrung zur Verkündigung zwingt. Die Frage, ob Jesus eine innere Entwicklung durchgemacht habe, ist oft erörtert worden. Die Evangelien zeigen, daß Jesus bestimmte Ansichten hegte, die er später aufgab, z.B. über die Frage der eigenen Leidensnotwendigkeit, deren Unabwendbarkeit er erst später erkennt. Aber das ist alles nicht zentral. Was bei Buddha nicht vorhanden ist, das Leben in Gottverbundenheit, die Gewißheit des Habens Gottes als »Sohn Gottes«, die sich im Gebet ausspricht, ist bei Jesus Mittelpunkt seines Lebens und Wirkens. Darin zeigt sich eine verschiedene Gottesbeziehung: Bei Buddha ist die Versenkung die zentrale Beziehung zum Numinosen, also nicht zu einer persönlichen Gottheit. Bei Jesus vollzieht sich die Beziehung zu dem Vater im Himmel im Gebet.

Grundlegend verschiedene Heilserkenntnisse

Fragen wir nach der grundlegend neuen Heilserkenntnis, so ist bei Buddha der Termin angebbar, in dem sie sich ereignet: die Nacht der Erleuchtung unter dem Bodhibaum am Flüßchen Neranjara brachte die entscheidende Wende im Leben des Asketen Gotama, er wurde ein Buddha, ein »Vollendeter«. Das ist für die Mystik charakteristisch. Ihre Vertreter kennen alle umwandelnde, starke Erlebnisse in ihrem Leben und vermögen deren Zeitpunkt anzugeben.

Bei Jesus dagegen ist ein solcher Termin kaum angebbar, es sei denn, daß man die Taufe durch Johannes den Täufer und die bei Matthäus angedeutete Adoption für den entscheidenden Wendepunkt in Jesu Leben ansieht.

Bei Buddha erwacht eine Erkenntnis, die selbst einen Wandel der Existenz und damit die Erlösung bedeutet. Das Erlösungsbewußtsein Buddhas drückt ein Text folgendermaßen aus.: »In dem Erlösten entstand die Erkenntnis: Ich bin erlöst. Und ich erkannte: Vernichtet ist die Wiedergeburt, vollendet der heilige Wandel, meine Aufgabe ist vollbracht, nicht wieder kehre ich in diese Welt zurück.«

Bei Jesus dagegen handelt es sich um die wesenhafte, nicht erst nach irgendwelchen Bemühungen gewonnene wesenhafte Gotteskindschaft dem Vatergott gegenüber. Besonders bei Johannes wird diese Wesensbeziehung immer wieder ausgesprochen: »Glaubet mir, daß ich im Vater bin und der Vater in mir ist« (Joh. 14,11) und an anderer Stelle sagt der johanneische Jesus: »Ich und der Vater sind eins.« (Joh. 10,30) Aufgrund dieser Gottesbeziehung ist bei Jesus ein starkes, typisch prophetisches Sendungsbewußtsein vorhanden: »Ich habe nicht von mir selbst geredet, sondern der Vater, der mich gesandt hat, der hat mir ein Gebot gegeben, was ich tun und reden soll«. (Joh. 12,49) Jesus hat also das Bewußtsein, vom Vatergott, wie echte Propheten, berufen und beauftragt zu sein.

Auch Buddha hat das Bewußtsein, nicht einer Sendung, denn wer sollte ihn senden? sondern einer verpflichtenden Aufgabe der erlösungsbedürftigen Welt gegenüber, was aus der legendenhaften Erzählung hervorgeht, in der Buddha von seiner Absicht, seine Lehre nicht zu verkünden, um der wenigen Verständnisfähigen willen abgebracht wird durch das Wort des Brahma Sahampati: »Es möge, Herr, der Erhabene, die Lehre predigen. Es möge der Wohlwandelnde die Lehre predigen. Es sind Wesen, denen nur wenig Unreinheit anhaftet, aber wenn sie die Lehre nicht hören, gehen sie verloren: die werden Erkenner der Lehre sein.«

Verschiedene Kreise um die Meister

Bei aller Ähnlichkeit der Kreisbildung, von der die Rede war, sind die Kreise derer, an die sich die beiden Meister wenden, verschieden. Buddhas Botschaft richtet sich primär an Reiche und Vornehme, bei denen er großen Erfolg hatte. Armut erscheint hier als begehrenswerte Freiheit von der Fessel des Besitzes und von der gerade in diesen Kreisen herrschenden Übersättigung durch Reichtum und Luxus. Ekel an der Welt und ihren Freuden ist hier, wie auch sonst zumeist in der Mystik, das Ausgangserlebnis. Ein Kreis nach dem Heil ringender Mönche ist der Jüngerkreis Buddhas, keine Liebesgemeinschaft.

Jesus dagegen wendet sich nicht an die »Gesunden«, die des Arztes nicht bedürfen (Luk. 5,31), also nicht an die moralisch und wirtschaftlich sich für gesund und gerecht Haltenden, sondern an die »Mühseligen und Beladenen« (Matth. 11,28), an die Gottentfremdeten, an die Sünder (Matth. 9,13; Mark. 2,17; Luk. 5,32), die unter der Gottesferne leiden wie der Zöllner im Gleichnis. (Luk. 18,13) Jesus pries zwar die Armen selig, nicht aber weil er Armut für eine wünschenswerte Tugend hielt, sondern weil die Armen am ehesten für Gott geöffnet sind. Auch hier wird also Besitz für eine Fessel gehalten, aber in anderem Sinne als bei Buddha: Während Buddha im Besitz eine heilhindernde Bindung an die vergängliche und unheilvolle Welt sah, erblickte Jesus in dem Reichtum die Gefahr der Abwendung von Gott: »Ihr könnt nicht Gott dienen und dem Mammon.« (Matth. 6,24)Jesu Jüngerkreis war kein Orden von Asketen, sondern eine Liebesgemeinschaft und kein Herrschaftsverband. (Matth. 20,25 ff.)

Divergente Einstellung zum Wunder
Verschieden ist auch die beiderseitige Stellung zu dem, was man herkömmlicherweise »Wunder« nennt. Buddha lehnte magische Wunder ausdrücklich ab und anerkannte nur das »Wunder der Lehre«, also eine geistige Größe. Jesus aber war, im Unterschied zu Buddha, ein Charismatiker. Diese Eigenschaft bildete, wie Rudolf Otto meinte, »den Rahmen der Erscheinung Jesu«. Die Botschaft vom Reich, von der wir später sprechen werden, war mit dem Charisma der Heilgabe verbunden; denn der Hereinbruch des Reiches ist nach Jesu Auffassung mit »dynamis«, d.h. mit der numinosen Wundermacht des Transzendenten verbunden. Das Reich aber wirkt bereits in der exorzistischen Heilkraft seiner Boten, die selber integrierende Bestandteile des hereinbrechenden Wunders des Eschaton sind. Körperverletzungen hat Jesus nicht geheilt. Matthäus 4,24 heißt es: er heilte »mancherlei Krankheit« und »allerlei schmerzhafte Übel«. Das waren Krankheiten mit nervösen und seelischen Ursachen wie Lähmungen, hysterische Krankheiten: Blindheit, Stummheit, Aussatz, Besessenheit, worunter heute Schizophrenie verstanden wird.

Verschiedene Bedeutung des Todes der Meister
Hinsichtlich des Todes beider Meister sind nur schärfste Gegensätze festzustellen. Schon die äußere Situation ist gegensätzlich: Buddha starb in hohem Alter, im Kreise seiner Jünger. Es war ein natürliches Sterben ohne Kampf und Qual. Hochgeehrt, gerade auch von den Großen dieser Welt, starb Buddha, so friedvoll, wie sein Leben gewesen war. Er hinterließ eine Jüngergemeinde, die seine Botschaft weitertrug.
Bei Jesus ist fast von allem das Gegenteil zu konstatieren: Jesus starb in der Mitte seines Lebens, verlassen von seinen Jüngern, die geflohen wa-

ren (Matth. 26,56), und deren einer, Petrus, ihn verleugnet hatte. (Matth. 26,72) Es war kein natürlicher, sondern ein gewaltsamer Tod voller Qual und Schmerzen, nicht hochgeehrt, sondern ein verachteter Verbrechertod am Kreuz mit Verbrechern.Fragt man nach dem Sinn des Todes beider Meister, so kann man nur bei Jesus nach einer Antwort suchen; denn Buddhas Tod war das natürliche Ende eines alten Menschen, dessen Lebenswille längst erloschen war im »diesseitigen Nirvana«. Der Tod läßt den gewissermaßen mit »kinetischer Energie« noch auslaufenden Lebensprozeß zu Ende gehen. Wenn hier von einem Sinn die Rede sein soll, dann ist es eben der, daß die individuelle Gestalt des Meisters in das neutrale und impersonale Nirvana einging, wie die Ströme in den Ozean einmünden unter Verlust ihrer Individualität, aber doch nicht ihrer Realität. So kann es von Buddha heißen:

> »Von ihm zu sprechen gibt es keine Worte,
> Zunichte ward, was Denken könnt erfassen,
> So ward zunicht auch jeder Pfad der Rede.«

Bei Buddha handelt es sich also um den endgültigen Abschluß des eigenen Erlösungsvorgangs, der nach dem Gewinn des »diesseitigen Nirvana« nun im »jenseitigen Nirvana«, im Parinirvana, endet.

Während der Tod des historischen Buddha für die Jünger keine religiöse Bedeutung hatte, wie denn nach Buddhas eigenem Worte nach seinem Tode seine Lehre der Meister sein solle, ist mit Jesu Tod ein vielfältiger Sinn verbunden worden, ohne daß diese Sinngebung immer dem entsprochen hätte, was Jesus selbst von seinem Tode dachte.

Der Tod Buddhas ist mit nichts anderem zu motivieren als mit dem Erlöschen der Lebenskraft eines alten achtzigjährigen Mannes. Jesu gewaltsamer Tod dagegen erklärt sich aus der Lebenssituation, aus seinem Konflikt mit der jüdischen »Kirche« und ihren Vertretern; denn sie sind es ja, die schon lange vor seiner Verhaftung in Gethsemane ihn zu fangen suchten, wie immer wieder im Neuen Testament betont wird. (z. B. Matth. 22,15; Mark. 12,13; Luk. 20,20) So ist die Katastrophe zu erklären: Jesus wurde, wie vielen vor ihm und nach ihm, ein Religionsprozeß gemacht, der mit dem Todesurteil endete, das indessen nicht die Juden, sondern nur die römische Besatzungsmacht vollziehen konnte. Das ist der historische Vorgang. Religiös gedeutet ist der Tod Jesu in erster Linie durch Paulus. Nach Römer 5,8 ist Jesu Tod Mittel der Erlösung für alle Menschen: »So beweist Gott seine Liebe uns damit, daß Christus für uns starb, da wir noch Sünder waren. Um so viel mehr werden wir jetzt, da wir durch sein

Blut gerechtfertigt sind, gerettet werden durch ihn vom Zorngericht.« Die Mysterienmythologie, die Paulus auf Jesu Tod anwendet, besagt, daß durch Christi Tod und die danach angenommene Auferstehung eine objektiv neue Situation in der Welt entstanden sei. Diese Ideen sind engstens mit der Mysterienwelt und ihren Vorstellungen von den sterbenden und auferstehenden Göttern oder Gottmenschen verbunden. Menschen jener Zeit beherrschte ein kollektives Denken, so daß man den historischen Einzelfall des Todes und der angeblichen Auferstehung Jesu auf alle Menschen beziehen konnte: »Wie durch einen Fall es für alle Menschen zur Verdammnis kommt, so durch eine Rechttat für alle Menschen zum Rechtspruch des Lebens.« (Röm. 5,18; vgl. auch 2. Kor. 5,14 ff.) Der Gottmensch und sein Schicksal werden zum Urbild des Schicksals der Gläubigen, die sich der Kultgottheit durch Weihe oder Glauben anschließen. Paulus vertritt daher den Gedanken des Mitsterbens und Mitauferstehens mit Christus: »So sind wir alle mit ihm begraben worden, durch die Taufe auf den Tod, damit, wie Christus auferweckt wurde von den Toten durch die Herrlichkeit des Vaters, so auch wir in einem neuen Stande des Lebens wandeln sollen.« (Röm. 6,4) Noch eine zweite Deutung des Todes Christi findet sich neben dieser mysterienmythologischen Interpretation bei Paulus. Er entnimmt sie der eigenen religiösen Tradition: die Idee des Sühnopfers. 1. Korintherbrief 6,20 und 7,23 lesen wir: »Ihr seid teuer erkauft.« Derselbe Gedanke findet sich in dem nicht von Paulus stammenden 1. Petrusbrief (1,19), wo vom Loskauf von dem von den Vätern überlieferten eitlen Wandel durch das Blut Christi als eines »unbefleckten Lammes« die Rede ist. Auch in den Zusammenhang der Schlachtung des Passah-Lammes ist von Paulus der Tod Christi gestellt worden: »Als unser Passah ist Christus geschlachtet.« (1. Kor. 5,7)

Die Persönlichkeiten in ihrer Verschiedenheit
Gegensätzlich sind auch die Persönlichkeiten beider Meister und ihre Charaktere. Buddha war eine harmonische, in sich ruhende Persönlichkeit, deren wesentlichste Eigenschaften Milde und Freundlichkeit waren, jedoch ohne persönliche Anteilnahme. Metta ist impersonales Wohlwollen gegenüber allen Kreaturen. Buddhas Wohlwollen war Mitleid mit der leiderfüllten, d. h. im Unheil befindlichen Welt. Freude und Schmerz berührten ihn nicht. Jeder einzelne Fall leidvollen Schicksals, der dem Buddha berichtet wurde, war für ihn nur ein weiterer Fall universellen Weltleidens, auf das er ihn sogleich bezieht.
Jesus dagegen war eine wesentlich kompliziertere Persönlichkeit, die am

Reichtum individuellen geistig-seelischen Lebens interessiert war und selbst ein reiches Innenleben entfaltete und nicht wie Buddha die mannigfaltigen Gemüts- und Seelenkräfte auf bloße Apathie reduzierte. Grundton des Lebens und der Persönlichkeit Jesu war die Liebe, die die Jünger aus Jesu Gottverbundenheit ableiten und als Liebe Gottes verstehen. Im 1. Johannesbrief (4,11 ff.) wird insbesondere die Liebe Gottes in Christus als Motiv der Liebe der Jünger untereinander verstanden. »So uns Gott so geliebt hat, so sind wir auch schuldig, einander zu lieben.« Einmütig ist das Zeugnis über Jesu liebevolles Verhalten zu den von der israelitischen Gesellschaft verachteten Zöllnern und Sündern sowie zu allen Leidenden und Mühseligen. So war Jesus, der von allen menschlichen Gemütsregungen bewegt wurde, in den Augen seiner Gemeinde eine Heilandgestalt, während Buddha sich selbst als bloßen »Wegweiser« bezeichnete.

Das Problem wie Jesus sich selbst verstand, ist ein viel erörterter Streitpunkt. Die Entscheidung darüber ist deshalb schwierig, weil die Selbstaussagen Jesu in den Evangelien bereits Zeugnisse der nachösterlichen Gemeinde sind, wie die historisch-kritische Forschung längst festgestellt hat. Wir wissen daher nicht sicher, was Jesus von sich selbst dachte, da ja auch die Worte, die in den Evangelien Jesus in den Mund gelegt wurden, keineswegs alle echte Worte Jesu sind. Von der Verkündigung Jesu sprechen wir später. Hier kann nur ganz allgemein gesagt werden, daß Jesu Sendungsbewußtsein eine besonders nahe Beziehung zu dem von ihm verkündeten Vatergott einschloß und den Ruf zur Umkehr an Israel beinhaltete. Jesus war ein echter Prophet im Unterschied zu Buddha, der indessen auch insofern prophetische Züge trug, als er verkündigend durch die Lande zog, jedoch ohne auf Bekehrung zu dringen.

Wir beenden diesen Vergleich der Lebensläufe und der Persönlichkeiten Buddhas und Christi mit der auf den einigermaßen historisch gesicherten Tatsachen beruhenden Feststellung, daß Buddha als geschichtliche Persönlichkeit ein echter Mystiker war, ein Meister der Versenkung, und Jesus in seiner geschichtlichen Erscheinung ein prophetischer Reformator, der Israel zur Umkehr von mancherlei später zu erörternden Abwegen rufen wollte (Matth. 15,24) angesichts der von ihm verkündeten Nähe des Anbruchs des Gottesreiches auf Erden. Ob Jesus sich selbst als den Erfüller der messianischen Erwartung seines Volkes ansah, also als Messias oder als den »Menschensohn«, der in den Wolken des Himmels kommen wird (Matth. 24,30), wie es die Verfasser der Evangelien und der Briefe des Neuen Testaments fraglos taten, ist eine historisch offene Frage, die manche Theologen wie z. B. Rudolf Bultmann verneint haben.

IV
Das Wort der Verkündigung bei beiden Meistern

Die Macht des Meisterwortes

Ehe wir uns den Inhalten der beiderseitigen Lehre Buddhas und Christi zuwenden, sei eine Analyse der Struktur des Meisterwortes selbst voraufgeschickt. Wir stellen zunächst fest, daß das Wort der religiösen Meister eine eigentümliche Dynamis, eine innere Kraft hat, die auf der einzigartigen Verbundenheit des Meisters mit dem Numinosen beruht. Wir entnehmen den buddhistischen Texten, daß Buddha selbst seiner Lehre solche geheimnisvolle Kraft zutraute, wenn es da heißt: »Kevaddha, dreierlei Wunder tue ich kund...: das mit der magischen Kraft der Heiligkeit vollführte Wunder, das Wunder der Offenbarung (des Inneren anderer) und das Wunder der Lehre. ... Und worin, Kevaddha, besteht das Wunder der Lehre? Darin, daß ein Bikkhu (Mönch) andere so unterweist: denkt so und nicht so, richtet euren Geist auf dies und nicht auf das, dies gebt auf, nach jenem ringet und haltet es fest. Das ›Kevaddha‹ heißt das Wunder der Lehre.« Entsprechend ist im Buddhismus von den »großen Wundern« die Rede, nämlich vom »Wunder der vollkommenen Erleuchtung«, vom »Wunder der ersten Predigt« und dem »Wunder des Parinirvana«. Es ist für die geistige Art des Buddhismus charakteristisch, daß er rein geistige Ereignisse als zentrale Wunder bezeichnet, unter denen sich auch die Predigt Buddhas, mit der er »das Rad der Lehre« in Bewegung setzte, befindet. Mit dem Ausdruck »Wunder der Lehre« ist das Moment geheimnisvoller Hintergrundbezogenheit der Predigt Buddhas deutlich ausgesprochen; denn Buddha steht mit dem Numinosen in Gestalt des Nirvana in unmittelbarster Verbindung. Das Wunder der Erleuchtung stellte jene Verbindung her; denn in ihr handelte es sich ja nicht um rationale Einsicht in gewisse metaphysische Sachverhalte, sondern eine numinose, impersonale Wirklichkeit wurde im Akt der Erleuchtung in Buddha real; denn er lebte hinfort im sogenannten »Nirvana der diesseitigen Ordnung« (dittha dhamma nibbana). Man muß daher vom Buddhismus sagen, daß die Lehre selbst den eigentlichen numinosen Mittelpunkt bildet. Buddha ist der Verkünder einer geheimnisvoll ewigen Lehre, die nicht er erfand, sondern die selbst nach buddhistischem Verständnis eine präexistente numinose Größe ist. Deshalb konnte der Buddha selbst sich mit ihr identifizieren, wenn er sagte: »Wer die Lehre schaut, der schaut mich« und in seinem Abschiedswort an seine Jünger nennt er die Lehre, auch wenn er selbst nicht mehr unter den Jüngern weilt, den künftigen Lehrer: »Die Lehre und die Ordnung, Ananda, die euch von mir gepredigt und verkündigt worden ist, die soll nach meinem Hingang euer Lehrer sein.« Es ist daher verständlich, wenn auf die Lehre wegen ihrer numinosen Eigenschaft sich das religiöse Vertrauen richtet: »Die immer Glauben nebst Ehrfurcht vor der Lehre haben, die sind unersättlich im Hören der Überwinderlehre, die haben Vertrauen in die unergründliche Lehre.« Die am Ende dieses Mahayana-Textes betonte Unergründlichkeit der Lehre läßt noch einmal dieses erste Moment der metaphysischen Hintergründigkeit der Lehre deutlich werden.

Bei Jesus ist dieses erste Moment der Dynamis des Meisterwortes besonders deutlich; denn das Neue Testament spricht von der Exousia, worunter es die persönliche Vollmacht versteht, zu deren Verwirklichung Jesus die substantiell gedachte Dynamis besitzt. Es ist daher nicht verwunderlich, daß bei Jesus Wort und Tat zwei Exponenten dieser Vollmacht sind, in denen sich praktisch die verliehene Dynamis betätigt. Das Neue Testament nennt daher Jesu Wundertaten seine Dynameis, seine Krafttaten, in denen stets auch das Wort mitwirkt.

Die Grundlage dieser Wesensart des von Jesus gesprochenen Wortes besteht in dem besonderen Verhältnis Jesu zu seinem Gott, das so eng ist, daß Jesus sagen kann: »Wer mich sieht, der sieht den Vater« (Joh. 14,9) und »Ich und der Vater sind eins.« (Joh. 10,30) Das Wort ohne begleitende Tat ist das Wort in der Vollmacht Gottes: »Welchen Gott gesandt hat, der redet Gottes Worte« (Joh. 3,34) und an anderer Stelle heißt es: »Ich habe nicht von mir selber geredet, sondern der Vater, der mich gesandt hat, hat mir ein Gebot gegeben, was ich reden und tun soll.« (Joh. 12,49) Das Wort des Meisters ist gewissermaßen die kontinuierliche Funktion der Wesensverbundenheit mit – neutral gesprochen – dem Göttlichen, die daher für den Jünger Offenbarung göttlicher Lebenswirklichkeit ist. Der Jünger ist mit dem Meister nicht verbunden in der Sphäre konkreter Lehrworte, sondern in der Wesenssubstanz und das Wort ist der von da aus in seiner Lebendigkeit erlebte Ausdruck. Das sagt Jesus ganz deutlich: »So ihr bleiben werdet in meiner Rede, so seid ihr meine rechten Jünger.« (Joh. 8,31) Worauf es hier also ankommt, ist nicht ein

Lernen und Zustimmen gegenüber dem rational belehrenden Wort, sondern ein Bleiben in der göttlichen Wirklichkeit des Wortes, in dessen metaphysischem Hintergrund. Das zeigt sich auch in dem Worte der Verheißung Jesu an seine Jünger; sie werden aus ihrer Wesensverbundenheit mit dem Meister dessen Pneuma, d. h. seiner numinosen Lebenswirklichkeit teilhaftig werden: »Das (Pneuma) wird euch alles lehren, und euch erinnern alles dessen, das ich zu euch geredet habe.« (Joh. 14,26) Vom Pneuma Gottes her, das in der Jüngerbeziehung wirklich und wirksam ist, erwächst auch beim Jünger wieder das Wort, das einst der Meister sprach: das göttliche Wirklichkeit offenbarende Wort. So empfindet der Jünger auch gegenüber dem primären Wort des Meisters: »Du hast Worte des ewigen Lebens.« (Joh. 6,68) Die Worte sind also Funktion eines eigentümlichen Lebens. Das Meisterwort ist also ein Teil seines Lebens, nicht ersonnene Gedanken, sondern irdische Größen, die mit ewigem Leben erfüllen: »Himmel und Erde werden vergehen, aber meine Worte vergehen nicht« (Matth. 24,34), so darf der Meister von seinem Worte sagen.

Die Wirkung des Meisterwortes
Wir kommen zu einem zweiten, die Struktur des Meisterwortes kennzeichnenden und aus dem ersten notwendig erwachsenden Moment: das Meisterwort hat aufgrund seiner Struktur geheimnisvolle Wirkungen. Von der in den Texten beschriebenen Wirkung des Wortes des Meisters läßt sich rückschließend das Wesen der Rede erkennen. Was berichten die Texte beider Religionen über diese Wirkung? In den buddhistischen Texten wird in mythischen Worten die Wirkung der Predigt Buddhas folgendermaßen beschrieben: »Wenn ein Tathagata (Buddha) das unvergleichliche Rad der Wahrheitslehre rollen läßt, dann wankt, zittert und bebt die Erde.« An anderer Stelle wird die Gewalt der Buddha-Rede folgendermaßen beschrieben: »Wenn nun die Götter, die langlebigen, schönheitsreichen, in Freuden schwimmenden, die droben in den Götterwohnungen langen Daseins sich freuenden, des Vollendeten (Buddhas) Verkündigung hören, so werden sie in großer Zahl von Furcht und Zittern befallen. So hochmächtig, ihr Mönche, ist der Vollendete über der Welt samt den Göttern, von so hoher Gewalt und Majestät.« Deutlicher kann das Moment des mysterium tremendum nicht ausgesprochen werden als durch das Bild des Erdbebens und durch die Ergriffenheit der Götterwelt, die ja im Theravada-Buddhismus auch der Erlösung bedarf. Die innere Wirkung aber wird im Buddhismus in folgender Weise beschrieben: »So sprach der Erhabene. Mit Freude begrüßten die fünf Mönche (die Zuhö-

rer der ersten Predigt Buddhas im Gazellenhain bei Benares) des Erhabenen Rede. Und als diese Lehrrede vorgetragen wurde, ging dem ehrwürdigen Kondanna der Wahrheitsblick frei von Dunst und Unreinheit auf.« In den himmlischen Welten erklingen die Beifallsrufe der Götter, Erdbeben und Lichtglanz geht durch die Welten. An einer anderen Stelle wird über die Wirkung der Predigt Buddhas mit folgenden Worten berichtet: »Noch während er (der Zuhörer) so dasaß, tat sich ihm das reine, ungetrübte Auge der Wahrheit auf... Als der Brahmane so die Wahrheit geschaut, gewonnen, erkannt und mit seinem Geiste durchdrungen, die Zweifel überwunden, die Skrupel abgetan, festes Vertrauen gewonnen hatte... sprach er zum Erhabenen: »Vortrefflich, verehrter Gotama, ganz vortrefflich, verehrter Gotama! Wie wenn jemand etwas Umgestürztes aufrichtet, etwas Verschleiertes enthüllt, einem Verirrten den Weg weist, oder eine Öllampe bringt, wenn es dunkel ist, damit die, welche überhaupt Augen haben, die Dinge sehen können, gerade so hat der verehrte Gotama auf allerlei Weise die Lehre verkündet.« Diese Bildworte von dem Aufgehen des himmlischen Wahrheitsauges, wie es anderenorts genannt wird, erinnern unmittelbar an ein Wort des Paulus (Eph. 1,18), in dem von den »erleuchteten Augen eures Verständnisses« gesprochen wird. Der Sache nach ist hier freilich, wie wir noch hören, etwas anderes gemeint. Formal aber erschließt hier wie dort die Meisterrede übernatürliche Wirklichkeit, die dem Blick des profanen Menschen verborgen ist. Einige ganz schlichte Worte des Neuen Testaments sprechen mit naiver Unmittelbarkeit vom Eindruck der Rede Jesu: am Ende der sogenannten Bergpredigt heißt es: »Er predigte wie einer, der Vollmacht hat« (Matth. 7,29) und bei Lukas finden sich die Worte: »Sie verwunderten sich seiner Lehre, denn seine Rede geschah in Vollmacht (Exousia).« (Luk. 4,32) Wir haben also auch hier wieder das »Wunder der Lehre«, verstanden als das numinose Sich-Wundern der Zuhörer. Durch die Worte der Meisterrede hindurch wittert der Hörer die göttliche Vollmacht, kraft deren die Rede erfolgt. Eine äußere Wirkung der Rede berichtet uns Johannes (7,46): die Knechte der Pharisäer konnten Jesus nicht gefangennehmen, wie sie sollten, und sie begründeten das mit folgenden Worten: »es hat nie ein Mensch also geredet wie dieser Mensch«.

Da es sich in der Rede des Meisters nicht entscheidend um Belehrung über rational faßbare Dinge handelt, sondern um übernatürliche Realitäten, so ist es nicht anders zu erwarten, als daß die Lehre keineswegs überall und von jedermann verstanden wird. Das Wort rationaler Lehre vermittelt Erkenntnisse, die gewissermaßen vom Prozeß ihrer Entstehung, dem Denkvorgang oder dem Experiment ablösbar sind und daher bedingungslos weitergegeben werden können. Das aber ist bei der religiösen Meisterrede nicht der Fall. Bedenkt man die oben erörterten Zusammenhänge des Wortes der Meister mit seinem Leben, so wird es verständlich, daß das Meisterwort das Wachrufen desselben Lebens im Jünger zum Ziel hat. Das Meisterwort ist somit nicht ablösbar vom tragenden und das Wort erzeugenden Leben des Meisters. Der Jünger muß den die religiöse Erkenntnis erzeugenden inneren Akt der Erfahrung nachvollziehen, ehe er das Wort von innen her wirklich hört.

Das Problem des Hörens

Von diesen Erwägungen aus ist nun ein drittes Moment zur Kennzeichnung der Struktur des Meisterwortes zu erwarten: in beiden Religionen und nicht nur in ihnen, gibt es ein Problem des Hörens und Vernehmens des Meisterwortes. Das wäre kein Problem, wenn nicht das Wort jene eigentümliche Wesensart hätte, die wir dargestellt haben. So möchte Buddha um der schweren Erschaubarkeit des von seinem Worte Gemeinten willen seine Lehre, nachdem er sie erschaut hatte, nicht verkündigen:

»Was fein, tief, schwer zu schauen, zart ist,
Was dem Irdischen zuwiderläuft,
Nicht werden's die Begierdeblinden,
Die Finsternisumhüllten sehen.«

Buddha wird aber von einem Gott auf die Verpflichtung hingewiesen, die er mit der eigenen Heilserkenntnis auf sich nahm gegenüber den Wesen, die »nur wenig Unreinheit« an sich tragen und also zur religiösen Heilserkenntnis grundsätzlich befähigt sein werden, wenn es auch nur wenige sind. Aufgrund dieser Ermahnung spricht Buddha dann das Wort:

»Der Ewigkeit Tor sei jedem aufgetan,
Der Ohren hat, mag sich denn Glaube regen!
Vergebliche Muhe zu meiden, hab ich das edle Wort
Noch nicht der Welt verkündet.«

Im Neuen Testament heißt es ganz kurz und klar: »Wer von Gott ist, der hört Gottes Worte; darum hört ihr nicht, denn ihr seid nicht von Gott.« (Joh. 8,47) Immer wieder fügt Jesus seinen Reden das merkwürdige Wort hinzu, in dem sich das Wissen um die Problematik des Hörens ausspricht: »Wer Ohren hat zu hören, der höre.« Ein Wort, das, wie wir eben sahen, seine Parallele im Buddhismus hat. Es ist aber in beiden Worten deutlich, daß das Ohren-Haben sich nicht auf die körperlichen Organe bezieht, sondern auf die innere Vernehmensfähigkeit.

Unterweisung und Verkündigung

Das Wort der religiösen Meister hat grundsätzlich zwei verschiedene Seiten hinsichtlich ihrer Funktion: Unterweisung und Verkündigung. Bei beiden Religionsstiftern, Buddha und Christus, ist dieser Unterschied in ihren Reden deutlich erkennbar. Buddha unterwies als Vorbereitung auf den zentralen Inhalt seiner Verkündigung. Ein Text aus dem Dighanikaya mag das bezeugen: »Da begann der Erhabene die schrittweise Belehrung des Brahmanen Kutadanta, d. h. er predigte erst Freigebigkeit, sittliche Zucht und das Trachten nach dem Himmel, wies dann das Leidvolle, Verächtlich-Eitle und Befleckende der irdischen Lust nach und zeigte, daß Heil nur in der Entsagung zu finden sei. Als der Erhabene erkannte, daß der Brahmane im Geist vorbereitet, empfänglich, der Hemmnisse ledig, freudig und dem Glauben zugeneigt sei, da predigte er ihm die Lehre, die der Buddhas besonderes Eigentum ist: vom Leiden, von der Entstehung des Leidens, von seiner Beendigung und vom Wege, der zur Beendigung führt...«

Der Unterschied zwischen Unterweisung und Verkündigung ist in den Evangelien deutlich durch zwei griechische Begriffe ausgesprochen: didaskein und keryssein, die beide auf Jesu Predigt angewandt werden, die jedoch keineswegs synonym sind, sondern Bezeichnungen zweier Formen der öffentlichen Rede Jesu sind, die nicht nur inhaltlich, sondern auch ihrer Struktur nach verschieden sind. Didaskein bedeutet »lehren« im Sinne der Unterweisung in den Forderungen Gottes an die Menschen aufgrund der Gesetze des Alten Testaments. Das Wort didaskein findet sich denn auch immer dann, wenn von solcher Lehrtätigkeit Jesu, z. B. in den Synagogen, die Rede ist. (z. B. Matth. 9,35; 11,1) Die Art aber solchen Lehrens zeigt uns Lukas 4,16: Jesus verliest einen Schriftabschnitt, woran sich dann nach der Sitte des Spätjudentums eine Textbetrachtung anschloß. Der Inhalt ist also gesetzlich-moralischer Art. Jesus lehrte den Gotteswillen durch vertiefte Betrachtung des Gesetzes, das er nicht auflösen, sondern erfüllen wollte. (Matth. 5,17)

Dem steht nun zur Seite das keryssein. Es bedeutet »verkünden«, einen Heroldsruf ausstoßen. Matthäus 11,5 z. B. heißt es: »Den Armen wird das Evangelium verkündet.« Und Matthäus 4,23 lesen wir beide Begriffe in charakteristischer Abgrenzung ihrer Gebiete: »Und Jesus ging umher im ganzen galiläischen Land, *lehrte* in ihren Schulen und *predigte* das Evangelium vom Reich.« Kerygma ist, wie gesagt, der Heroldsruf, die Proklamation, die einen neuen Zustand der Welt nicht nur ankündigt, sondern selbst herstellt. Der Inhalt dieser Verkündigung, der durch sie sich vollzieht, ist die Gottesherrschaft auf Erden. Inhalt der Verkündigung ist somit eine Botschaft vom nahenden Reich.

Auch bei den Jüngern wiederholt sich dieselbe Unterscheidung hinsichtlich ihrer Funktionen: auch sie lehren im Sinne von didaskein. (Matth. 7,28; 22,33; Mark. 1,22 usw.) Diese Lehre ist wesentlich Bußruf. Daneben aber verkündigen sie auch im Sinne von keryssein. Der Apostel ist Träger einer Verkündigung, die auf Jesus zurückgeht: Markus 3,13 sendet Jesus Jünger aus zum Predigen und Lukas 9,2 stehen noch deutlicher aus demselben Anlaß die Worte: »Er sandte sie aus, zu verkündigen das Reich Gottes.« Auch diese Verkündigung ist mehr als bloßes Lehren. Sie geschieht ebenfalls in Vollmacht, und Zeichen und Wunder begleiten diese Verkündigung: »Sie aber (die Jünger) gingen aus, predigten allenthalben; und der Herr wirkte mit ihnen und bekräftigte das Wort durch mitfolgende Zeichen.« (Mark. 16,20)

Die Unterweisung hat beiderseits einen gesetzlichen Charakter. Sowohl Jesus unterweist in den gesetzlichen Bestimmungen des Alten Testaments seine Zuhörer, als auch Buddha, wenn er die sila-Gebote, d. h. die Gebote der sittlichen Zucht den Menschen vorlegt. So läßt sich feststellen: das Gesetz fordert, und die Verkündigung bietet an. Das Gesetz nimmt die Kräfte des Menschen in Anspruch und die Verkündigung stellt aus der ihr immanenten Kraft heraus einen Heilszustand ohne entscheidende Mitwirkung des Menschen her. Wir können hier nur kurz auf den dennoch bei beiden Meistern, Buddha und Christus, vorhandenen Unterschied aufmerksam machen; denn im Hinayana-Buddhismus wird durchaus weithin die Kraft des Menschen in Anspruch genommen, wie denn auch das angeblich letzte Wort Buddhas »Seid euch selber Zuflucht, seid euch selber Leuchte!« darauf hinweist. Das gilt nur für die Heilsvorbereitung; denn die heilbringende Erleuchtung geschieht ohne menschliche Mitwirkung. Wir haben also erkannt, daß der eigentümliche Charakter des Meisterwortes in der Verkündigung eines Heils liegt. Damit taucht ein neuer Begriff auf, den wir im nächsten Abschnitt erörtern werden. Das Entscheidende ist dies: In allen Universalreligionen, die einem Meister ihr Entstehen verdanken, wird ein generelles und existentielles Unheil gewittert und verkündet, in dem jeder Mensch steht. Das Meisterwort deckt diese verborgenen Hintergründe der menschlichen Existenz auf und zeigt bzw. verwirklicht die Überwindung dieses existentiellen Unheils, nicht durch

Korrekturen an der Peripherie, sondern durch eine existentielle Wandlung. Davon handelt entscheidend das Meisterwort. Die Verkündigung bietet dem Unheil Einhalt: »Die Rede, die der Buddha spricht, die heilsame, die zur Erlangung des Nirvana (= des Heils) und zum Ende des Leidens (des Unheils) führt, – dies fürwahr ist die beste der Reden.« Nicht Gebote und Forderungen sind der entscheidende Inhalt der Buddha-Verkündigung, sondern nur das Heil: »Sie hat nur einen Wesensgehalt und Kern, nämlich Befreiung und selige Ruhe.« Jesus verkündete das kommende Reich und führte durch seine Verkündigung eine neue Geburt herbei, er stiftete eine neue Verbundenheit mit dem Vatergott durch seine Verkündigung; denn Glaube ist die gottgeschenkte Antwort des Menschen auf das Wort des Meisters.

Die Verkündigungsweise der Meister
Aus dem Gesamtcharakter der buddhistischen religiösen Haltung ist der rationale und reflektierende Ton verständlich, der in der Predigt Buddhas zu beobachten ist. Dieser rationale Charakter der buddhistischen Predigt darf nicht darüber täuschen, daß ihr dennoch ein irrationaler Gehalt zugrunde liegt. Typisch für die Predigt Buddhas sind die eintönige Rede und die ständigen Wiederholungen. Sie sind sozusagen ein Abbild der Welt, wie sie sich den Mönchen zeigt: Es ist die graue Welt des Entstehens und Vergehens, des ewig neuen Werdens im immer gleichen Kreislauf. Der Predigt Buddhas fehlt jedes Pathos des Bekehrenwollens. Buddha hatte nach der Wahrheit, d. h. nach der Erleuchtung (bodhi) in jahrelangem Ringen gesucht. Nach der Erleuchtung aber hört der Kampf in Buddhas Leben auf. Der Buddha ist, wie ihn spätere Darstellungen zeigen, von ruhiger Klarheit erfüllt. Die Heilslehre erscheint als unpersönliche Darstellung objektiver Sachverhalte. Die Lehre hat nach Buddhas und dem Gemeindeglauben werbende Kraft, da sie ja selbst eine numinose, von Ewigkeit her bestehende Größe ist, wie wir oben in der Analyse des Meisterwortes dargestellt haben. Buddha hat keinen Anspruch auf absolute Einzigartigkeit für sich und seine Lehre erhoben. Zwar ist die Lehre selbst eine absolute und zeitlose, von Ewigkeit her bestehende Größe, aber die jeweils historische Verkündigung dieser Lehre durch historische Buddhas hat zwar denselben Inhalt, aber jeder dieser Verkünder, wie der historische Buddha selbst, ist nur relativ absolut, eben für die jeweilige Welt. Ein weiteres Wesensmoment der Predigt Buddhas ist die Gleichnisrede. Als Beispiel mag hier das eindrucksvolle Gleichnis von dem Manne, der von einem vergifteten Pfeil getroffen wurde, stehen. Dieser Mann wollte

sich nicht eher retten lassen, ehe ihm vielerlei belanglose Fragen beantwortet worden seien. Im Text heißt es: »Es ist wie wenn ein Mann von einem Pfeil getroffen wäre, einem vergifteten, stark mit Gift bestrichenen,
und seine Freunde und Genossen, seine Angehörigen und Blutsverwandten einen Arzt, einen Chirurgen riefen. Wenn jener nun sagte, ich werde
jenen Pfeil solange nicht herausziehen lassen, als ich den Mann nicht kenne, der mich geschossen hat, ob er ein Kschatriya oder ein Brahmane oder
ein Vaishya oder ein Shudra ist – oder wenn er sagte: ich werde mir den
Pfeil solange nicht herausziehen lassen, als ich den Mann nicht kenne, der
mich geschossen hat, welches sein Name und sein Geschlecht ist...ob er
lang oder kurz oder mittelgroß ist...ob er schwarz oder braun ist oder
gelbe Hautfarbe hat...in welchem Dorf oder Flecken oder in welcher
Stadt er wohnt, als ich den Bogen nicht kenne, mit dem ich geschossen
bin...ehe der Mann das in Erfahrung gebracht hätte, würde er sterben. So
steht es auch mit dem, der spräche ›Solange will ich nicht als des Erhabenen Jünger den Wandel der Heiligkeit führen, als der Erhabene mir nicht
erklären wird: die Welt ist ewig!‹ Ehe der Vollendete darüber eine Erklärung gegeben hätte, würde der Mensch sterben.« Gemeint ist in diesem
Gleichnis, daß Buddha sich weigerte, allerlei metaphysische Fragen zu
beantworten, die nicht dem Heil dienen.
Eine persönliche Seelsorge findet sich bei Buddha nicht. Wenn ihm ein
konkreter Fall empirischen Leidens vorgetragen wurde, dann wandte er
sogleich den Blick auf das allgemeine Weltleiden, auf das allgemeine Unheil, von dem der vorliegende individuelle Fall nur ein Beispiel ist. Da
nach buddhistischer Lehre, wie wir noch hören werden, die gesamte Vielheitswelt im Unheil sich befindet, sind die individuellen Existenzen gerade die Hemmnisse, die überwunden werden müssen.
Die Weise der Predigt Jesu ist von der Buddhas fast in allen Momenten
das genaue Gegenteil zu denen, die als Charakteristika buddhistischer
Verkündigung genannt wurden. Jesu Rede ist nicht reflektiert und ratio-
nalistisch, sondern naiv und unmittelbar, in völliger Schlichtheit des Aus-
drucks. Während Buddhas Predigt gewollt eintönig war, ist Jesu Predigt
bewegt und leidenschaftlich und starke Affekte treten in ihr zutage: Liebe, Zorn und sittliche Empörung. Das Pathos der Bekehrungsabsicht ist
bei Jesus vorhanden. Die Sünder zur Sinneswandlung zu rufen, ist Jesu
ausdrückliche Absicht. (Matth. 9,13) Er weint über Jerusalem, weil es
seinem Ruf nicht folgt. Der Kampf mit den Repräsentanten der israelitischen Kirche steht bei Jesus im Mittelpunkt; denn das Leben Jesu, soweit
es für uns überschaubar ist, war erfüllt von der steten Auseinandersetzung

mit den Repräsentanten der pharisäischen Frömmigkeitsform. Man könnte daran denken, daß analog zu Jesu Kampf mit Pharisäern und Schriftgelehrten bei Buddha die kritische Stellungnahme zu den Brahmanen zu nennen sei. Aber bei Buddha spielt diese Auseinandersetzung nicht annähernd die gleiche Rolle in seinem Leben wie die Feindschaft von Pharisäern und Schriftgelehrten Jesus gegenüber; denn sie führte zu Jesu Hinrichtung, Buddha aber hat nur den Autoritätsanspruch der Brahmanen und ihren äußerlichen Ritualismus abgelehnt.

Jesus verharrte nicht in kühler Ruhe der Weltenthobenheit, wie Buddha, sondern leistete leidenschaftliche Arbeit an der Welt und am Verflochtensein der Menschen in der Welt.

In deutlichem Unterschied zu Buddha pflegte Jesus die individuelle Seelsorge. Er nahm sich der Einzelnen und ihrer ganz persönlichen Sorgen und Nöte an. In seiner Sicht liegt das Unheil nicht in genereller Aufspaltung des numinos Einen und in personaler Individuation, sondern im existentiellen Mißverhältnis des Einzelnen dem persönlichen Gott gegenüber. Darum ist der Ansatz seiner Verkündigung beim Einzelnen und seiner Seele, während im Buddhismus gerade die personale Existenz des Einzelnen an sich das Unheil ist.

Die einzige Ähnlichkeit in der Verkündigungsart beider Meister ist die Gleichnisrede, die sich bei Jesus wie bei Buddha findet. Die Gleichnisse drücken bei Jesus zentrale Momente seiner Verkündigung aus, z.B. das Gleichnis vom verlorenen Sohn (Luk. 15) und die Gleichnisse vom Reiche Gottes. (Matth. 13) Die Gleichnisrede ist symbolhafte Rede und deshalb besonders geeignet, unmittelbar einzuleuchten; denn das anschaubare Bild eines Vorgangs wirkt unmittelbarer als der abstrakte Begriff.

Meister und Jünger

Wir behandeln in diesem Abschnitt über das Meisterwort noch eine besondere Form der Beziehung des Meisters zu den Hörern seines Wortes: die Nachfolge der Jünger. Wir betrachten die Besonderheit der Beziehung, die in der Jünger-Nachfolge vorliegt, bei beiden Meistern. Zunächst ist die Einzigkeit des Meisters für seine Gefolgschaft, also die seiner Jünger, zu betonen. Helden und Genien entrechten sich nicht gegenseitig, d.h. sie sind in der Wertschätzung der Menschen durchaus nebeneinander möglich. Aber der religiöse Meister ist nicht einer neben anderen Meistern, sondern er ist nur einer, wie es Matthäus 23,8 heißt: »*Einer* ist euer Meister, Christus.«

Die von Buddha selbst behauptete Einzigkeit drückt folgendes Wort aus:

»Ich habe keinen Lehrer, ein gleicher, wie ich, wird nicht gefunden, in der Welt mit ihren Devas (Göttern) ist kein mir Ebenbürtiger... Ich bin der höchste Meister« heißt es im Majjhimanikaya, einem kanonischen Text. Diese Absolutheit gilt, wie bereits betont wurde, für das gegenwärtige Weltalter, das nur diesen Buddha kennt, der ihm die überzeitliche Lehre verkündet.

In besonderer Weise gilt diese Einzigkeit natürlich im Christentum. Hier handelt es sich ja um einen persönlichen Gott, der sich als Vater in dem »Sohn« offenbarte. Hier ist die Einzigkeit absolut, d.h. nach christlichem Verständnis für alle Zeiten gültig und endgültig. Nach christlicher Auffassung ist diese personale Offenbarung im Meister unüberbietbar durch fernere Offenbarung und Entwicklung. Diese Unüberbietbarkeit entspricht und entspringt dem Verknüpfungsbewußtsein Christi mit seinem himmlischen Vater. Eine Entwicklung kann hier daher nur eine Entfaltung des in Christi Lehre bereits enthaltenen Inhalts sein.

Der Meister findet Glauben in seiner Gefolgschaft. Wir fragen: worauf hin? Denkbar wäre, daß der Meister einem vorgegebenen Ideal entspräche und durch diese Entsprechung legitimiert wäre in den Augen seiner Gefolgschaft. Aber das ist offensichtlich gerade nicht der Fall. Buddha war zunächst ein Asket wie andere und entsprach daher dem Asketenideal. Aber das legitimierte ihn nicht seinen Jüngern gegenüber; denn nach siebenjähriger vergeblicher asketischer Bemühung um die Erleuchtung brach er mit der Asketentradition und erregte damit den Unwillen seiner fünf mönchischen Gefährten: »Der Asket Gotama – so sagten sie nun – lebt im Überfluß, ist geistlichem Streben untreu geworden und hat sich dem Überfluß zugewandt.« Nachdem der Asket Gotama dann, wie wir noch hören werden, auf dem Wege der Meditation die Erleuchtung gewonnen hatte und damit ein Buddha geworden war, begegnete er den fünf von ihm abgefallenen Mönchen. Sie verabreden, den Asketen Gotama, wie sie ihn noch nennen, nicht in feierlicher Weise zu begrüßen, aber, so berichtet der Text »je näher der Erhabene zu den fünf Mönchen herankam, um so viel weniger vermochten sie bei ihrer Abrede zu bleiben. Sie gingen dem Erhabenen entgegen. Der eine nahm ihm Almosenschale und Obergewand ab, der andere bereitete ihm einen Sitz« usw. Dann hielt Buddha diesen Mönchen die berühmte erste Predigt im Gazellenhain von Benares. Danach heißt es dann in dem Text: »So sprach der Erhabene. Mit Freuden begrüßten die fünf Mönche des Erhabenen Rede. Und als diese Lehrrede vorgetragen ward, wurden die Seelen der fünf Mönche vom Ergreifen (des Daseins) ablassend von aller Verderbnis erlöst.« So wird Buddha also nicht durch seinen Stand – er gehörte zur Kschatriya-(Krieger-) Kaste und nicht zur Kaste der Brahmanen – auch nicht durch ein irgendwie verliehenes Amt, sondern durch die Lehre und die von ihm gewonnene Erleuchtung legitimiert in den Augen der ersten Zuhörer. Die Persönlichkeit Buddhas zwang auch die Widerstrebenden zur Anerkennung.

Bei Jesus wäre eine Norm vorhanden gewesen: das Messiasideal, von dem aus seine Legitimation hätte erfolgen können. Aber gerade von diesem Ideal aus lehnte das damalige Judentum und auch noch das heutige Jesus ab, wenngleich die Evangelisten bemüht waren, diese Entsprechung durch Zitate der messianischen Weissagungen des Alten Testaments nachzuweisen. Aber das ist spätere Interpretation der Gemeinde. Noch die Emmaus-Jünger hingen dem israelitischen Messiasideal an, wie aus ihren Worten hervorgeht »wir aber hofften, er sollte Israel erlösen«. (Luk. 24,21) Diesem Messiasideal entsprach Leben und Schicksal Jesu in keiner Weise. Ob Jesus selbst sich als Messias verstanden hat, ist in der wissenschaftlichen Forschung umstritten. Wo Jesus zeitlebens Glauben fand, da geschah das durch den Einfluß seiner Persönlichkeit. So lautet ein Jüngerbekenntnis: »Wir glauben hinfort nicht um deiner Rede willen, sondern wir haben selbst gehört und erkannt, daß dieser ist wahrlich der Welt Heiland«. (Joh. 4,42) Der hier verwendete Begriff »Heiland der Welt« (sotér tou kosmou) ist ein hellenistischer Begriff, der auch auf Alexander den Großen angewandt wurde. An anderer Stelle (Joh. 1,14) heißt es: »Wir sahen seine Herrlichkeit, eine Herrlichkeit als des eingeborenen Sohnes vom Vater, voller Gnade und Wahrheit.« Jesu Taten und Worte sind daher nicht Beweise, die den Glauben an ihn begründen, sondern Zeugnisse, Bewährungen seiner Einzigkeit und der Einzigartigkeit seiner Gottesbeziehung.

Wir fragen nach dem Wesen der »Nachfolge« dem Meister gegenüber. Nachfolge ist nicht, jedenfalls nicht in erster Linie, Nachahmung (imitatio), sondern eine besondere Weise der Verbundenheit. Bei Buddha handelt es sich deshalb um ein Ergriffensein nicht so sehr von der Person, sondern von der Heilswirklichkeit der Lehre, die das Nirvana ist. Der Meister Buddha, der »Erleuchtete«, ist erhaben und geehrt als »Pfadvollender«, als Erster, der die Geburtenkette zerrissen hat.

Aber wir haben hier keine persönliche Bindung, da auch keine persönliche Offenbarung vorliegt; denn der Weltengrund ist nicht persönlich, sondern unpersönlich. Das Ziel ist nicht ein neues Leben in persönlicher Gestalt, sondern gerade die Aufhebung des persönlichen Seins. Der Meister kann dazu nur den Weg zeigen, auf dem die Nachfolge geschieht. Wenn wir oben sagten, daß eine persönliche Bindung zwischen Buddha und seinen Jüngern nicht bestand, so darf man eine Ausnahme nicht vergessen: den Lieblingsjünger Ananda. Wie Johannes unter Jesu Jüngern »der zu Tische saß an der Brust Jesu, welchen Jesus liebhatte« (Joh. 13,23) war, so war Ananda in ähnlicher Weise Buddhas Lieblingsjünger, zu dem der Meister noch in seinen Abschiedsreden sagte: »Lange Zeit bist du, Ananda, dem Tathagata (Buddha) zur Seite gestanden mit zahllosen treuen, liebevollen, nützlichen und angenehmen Diensten in Taten...mit zahllosen...Diensten in Worten, mit zahllosen...Diensten in Gedanken. Du hast Gutes getan, Ananda. Strebe nur weiter, und bald wirst du von den Grundübeln frei sein.«

Im Unterschied zu der impersonalen Struktur des Buddhismus ist im Christentum die Nachfolge ausdrücklich auf die Persönlichkeit Jesu bezogen. Die Wirkung auf die Nachfahren geschieht nicht in erster Linie durch die Taten, die erzählt werden, sondern Jesus ist im Glauben der Jünger gegenwärtig. Das Vehikel der Gegenwart ist die Nachfolge, die Jesus mit folgenden Worten umschreibt: »Will mir jemand nachfolgen, der verleugne sich selbst und nehme sein Kreuz auf sich und folge mir.« (Matth. 16,24) In dieser Nachfolge geschieht die immer neue Reproduktion seiner Person durch »nachbildlich Heilige«, wie Max Scheler sich ausdrückte. Diese erlebte Gegenwart erfolgt durch Einwohnung Christi in den Jüngern: »Ihr seid der Leib Christi« (1. Kor. 12,27) und »Christus ist mein Leben« (Phil. 1,21) sagt Paulus. Wirksam in bezug auf Nachfolger ist daher Christi Sein als Person, nicht Tugenden und Taten. Dies alles sind vielmehr Hinweise, sind Symptome jenes Seins. Die Verbindung mit den Jüngern besteht im Mitleben, in der Substanzverbundenheit vor allen Worten und Taten. Nachfolge ist, wie wir sagten, nicht imitatio, nicht Nachahmung der äußeren Lebensumstände Jesu, sondern Vergegenwärtigung, nicht im Sinne des Sich-Erinnerns, wobei die erinnerte Wirklichkeit in der Vergangenheit liegen bleibt. Nachfolge ist vielmehr Mit-Leben des persönlichen Lebens Christi an ganz anderen Inhalten des eigenen Lebens. Bei den großen nachbildlich Heiligen des Christentums geschah ein intuitives Sich-Bemächtigen des Kerns der Persönlichkeit Christi und dann lebten sie ihr Leben aus diesem Zentrum heraus. Jesu Absicht war, in den Jüngern gegenwärtig zu bleiben, wie er denn auch selbst gegen Ende seines Lebens sagte: »Ich bin bei euch alle Tage bis an der Welt Ende.« (Matth. 28,20) Und Paulus sagte (Gal. 2,20): »Christus lebt in mir.«

V
Das Heil in der Verkündigung Buddhas und Christi

1 DAS BUDDHISTISCHE NIRVANA

Wir nehmen als Ausgangspunkt unserer Darstellung der Verkündigung den beiderseits erstrebten Idealzustand, also das Heil, das von beiden Meistern verkündet wird. Buddhas Heilsziel ist das Nirvana. Das Wort selber bedeutet »ausgelöscht«, was im Abendlande vielfach zu der Annahme verführt hat, der Buddhismus sei eine nihilistische Weltanschauung; denn das Nirvana sei das Nichts, wie es freilich auch vielfach bezeichnet worden ist, als das absolute Nichts, was indessen etwas völlig anderes bedeutet als ein ontologisches Nichtsein. Nirvana im Hinayana ist die numinose, impersonale Wirklichkeit. Ein Text mag das illustrieren: »Es gibt, ihr Mönche, ein Ungeborenes, Ungewordenes, Nichtgemachtes, Nichtgestaltetes. Gäbe es nicht, ihr Mönche, dieses Ungeborene, Ungewordene, Nichtgemachte, Nichtgestaltete, würde für das Geborene, Gewordene, Gemachte, Gestaltete kein Ausweg zu finden sein.« Hier wird vom Numinosen gesprochen in der Ausdrucksform der »negativen Theologie«, die in der Form der Negation der endlichen Vielheit das erstrebte summum positivum, also den Heilszustand ausdrückt, was in der Mystik auch sonst vielfach geschieht. In diesem Texte werden zwei Welten angedeutet: die Welt des Gewordenen, Gestalteten und die Welt des Ungewordenen und Ungestalteten. Diese eben ist das Nirvana. Zugrunde liegt die buddhistische Anschauung von den »Dharmas«, den atomaren letzten Elementen, aus denen alle endlichen Erscheinungen einschließlich des Menschen zusammengesetzt sind. Nach dieser Lehre gibt es 169 bedingte, vergängliche Dharmas, die sich zu individuellen Gestaltungen verbinden, um sich dann wieder zu lösen und neue Verbindungen einzugehen. *Ein* unbedingtes, ewiges Dharma gibt es, das Nirvana.

Von dieser Heilsidee aus ist das Unheil einzusehen, von dem Menschen nach buddhistischer Ansicht erlöst werden müssen: Es ist das Gewordensein, das Gestaltetsein, die Individualität. Davon wird zu reden sein.

Noch von einer anderen Seite wird negativ das Wesen des Nirvana in den Texten umschrieben: »Nirvana, Nirvana, so sagt man, Freund Sariputta, was ist nun das Nirvana? Der Begier Ende, des Hasses Ende, der Verblendung Ende: das, mein Freund, nennt man das Nirvana.« Hier wird also das Absolute durch die Negation unheilvoller menschlicher Neigungen bezeichnet, aber diese Aufhebung hat nicht ein ontologisches Nichts zur Folge, sondern höchste wandellose Realität, den Zustand des Heils. Noch anschaulicher, wieder in der Weise der negativen Theologie, wird mit folgenden Worten die Wirklichkeit des Nirvana umschrieben: »Es ist, ihr Mönche, jenes Reich, wo nicht Erde noch Wasser ist, nicht Feuer noch Luft, nicht unendliches Raumgebiet, noch unendliches Bewußtseinsgebiet, nicht das Gebiet der Nirgend-Etwasheit, noch das Gebiet der Wahrnehmung und auch nicht Nicht-Wahrnehmung, nicht diese Welt noch eine andere Welt, nicht beide, Sonne und Mond. Das, ihr Mönche, nenne ich weder Kommen noch Gehen, noch Stehen, noch Vergehen, noch Entstehen. Ohne Stützpunkt, ohne Anfang, ohne Grundlage ist das; ebendies ist das Ende des Leidens.«

Im absoluten Heilsziel des Nirvana ist alle Individualität und Personalität ausgelöscht. Demzufolge wird die Frage nach einer Existenz des Erlösten nach seinem Tode folgendermaßen beantwortet: »Den, der zur Ruhe ging, kein Maß ermißt ihn, von ihm zu sprechen gibt es keine Worte. Zunichte ward, was das Denken könnte erfassen: so ward zunichte auch jeder Pfad der Rede.« Das ist das typische Heilsziel, das in anderen mystischen Religionen griechisch als das arreton oder lateinisch als das ineffabile bezeichnet wird, das »Unaussprechbare«, das deshalb nicht aussprechbar ist, weil, wie das oben zitierte Wort besagt, alle Individualität, die allein aussprechbar wäre, erloschen ist. Wie die Ströme in den Ozean münden und in ihm ihre Namen und ihre individuelle Gestalt verlieren, aber doch nicht aufhören, im großen Ozean weiterzuexistieren, so ist es mit dem Erlösten im Nirvana. Bisweilen wird die Unerkennbarkeit der Existenz des Erlösten im Bilde der Funken dargestellt, die aus einem Feuer hervorsprühen:

> »Keiner weiß, wohin das Feuer gegangen,
> Wenn vom niedersausenden Eisenhammer
> Weg der Funke sprüht und langsam verlischt, –
> So vom völlig Befreiten, der den Fesseln der Sinne,
> Der der Lüste Flut entronnen, der des Nirvana
> Wonne erreicht, – weiß keiner, wohin er gegangen.«

Dabei muß beachtet werden, daß nach indischer Auffassung das erlöschende Feuer nicht aufhört zu existieren, sondern in einen neuen Seinszustand übergegangen ist.

Zwei Formen des Nirvana sind zu unterscheiden: »Zwei Arten des Nirvana gibt es: das eine ist noch mit einem Rest von Beilegungen (= Eigenschaften), d. h. den fünf Gruppen von Daseinsfaktoren versehen, gehört dem gegenwärtigen Leben an und besteht in der Vernichtung der zu neuen Existenzen führenden Gier. Das andere ist frei von Beilegungen, tritt in Zukunft, d. h. nach dem Tode ein, und besteht darin, daß alle Möglichkeiten für ein weiteres Werden gänzlich aufgehoben sind.« Die hier zugrunde liegende Heilsidee ist also die, daß man einerseits den Heilszustand des Nirvana »der diesseitigen Ordnung« bereits in diesem Leben erreichen kann: »Für diejenigen, welche sich mitten im Strom befinden, in der furchtbar gefährlichen Flut, von Alter und Tod umgeben, will ich ein Eiland dir nennen, o Kappa. Es ist jenes unvergleichliche Eiland, wo man nichts sein eigen nennt, an nichts hängt: Nirvana nenne ich es, das Ende von Alter und Tod. Die ernst Besonnenen, die dieses erkannt und schon in diesem Leben das Nirvana erreicht haben, die gelangen nicht in Maras (des buddhistischen Satans) Gewalt, sie gehen nicht den Weg des Mara.« Wer wie der Buddha selbst in seinem irdischen Leben das Nirvana durch seine Erleuchtung erreichte und weiterlebte in den Formen des natürlichen Lebens, dessen Existenzweise ist vergleichbar der kinetischen Energie, die Lebensbewegung läuft weiter und allmählich aus, aber die Antriebskraft, der Wille zum Leben, ist erloschen, eine neue Geburt gibt es nicht.

Dem Nirvana der diesseitigen Ordnung steht andererseits gegenüber das Parinirvana, also das absolute Sein, dem keine Substrate der Körperlichkeit mehr anhaften. Es ist der Zustand des bewußtlosen Seins.

2   JESU VERKÜNDIGUNG DES REICHES GOTTES

Gottesreich und Satansreich

Jesu Botschaft setzt die israelitische Reichsidee voraus. Etliche Psalmen (93.97.99) beginnen mit den Worten »Jahve ward König«, andere schildern die Thronbesteigung Jahves. (47.96) Darin heißt es: »Er kommt, die Erde zu richten: er wird den Erdkreis mit Gerechtigkeit richten und die Völker kraft seiner Treue.« (Ps. 96,13) Und im Psalm 47,3 lesen wir:

»Jahve, der Höchste, ist furchtbar, ein großer König über die ganze
Erde… Gott ist König über die Heiden geworden; Gott hat sich auf seinen heiligen Thron gesetzt.« In prophetischer Schau wird hier eine Zukunft vorweggenommen: »Der Gott Israels herrscht und setzt sein Recht
auf Erden durch, »Gottes Herrschaft kommt, es ist das Regiment der
Endzeit. Jahve wird aus dem Verborgenen hervortreten und sein Reich
bzw. seine Herrschaft wird erscheinen. Das Kommen des Reiches Gottes
ist also israelitische Sehnsucht angesichts des gegenwärtigen Weltlaufes,
in dem die Gottlosen erhöht und die Unschuldigen bestraft werden. Man
erwartet also eine Zeit, in der sich dieser böse Lauf der Welt ins Gegenteil
wandelt. (Jes. 24,23) Jahve wird somit gepriesen als der König einer künftigen Zeit im Gegensatz zum gegenwärtigen Äon. Dieser Gegensatz von
gegenwärtigem und künftigem Äon, wahrscheinlich persisch beeinflußt,
wird in der jüdischen Apokalyptik zum Kampf zweier Reiche und der Erwartung des Sieges des hereinbrechenden Gottesreiches. Dieser Äon ist
vom Satan beherrscht und von seinen Dämonen.

Nach Johannes dem Täufer trat Jesus auf und verkündete: »Tut Buße,
denn das Reich der Himmel ist herbeigekommen.« (Matth. 4,17) Das
Neue ist, wie wir sahen, nicht die Idee eines Reiches Gottes. Sie ist vor Jesus im Alten Testament vorhanden und von Jesus nicht ausdrücklich
uminterpretiert. Neu war hier also die Aktualität der Reichsverkündigung, das Jetzt des Kommens des Reiches. Jesus sagt nicht, daß er das
Reich Gottes selbst herbeiführen und gründen werde, noch auch, daß es
aus kleinen Anfängen allmählich wachsen werde, wie manche Gleichnisse
zu sagen scheinen, wie Markus 4,26 das Gleichnis von der selbstwachsenden Saat. Martin Dibelius hat in seiner Schrift »Die Botschaft von Jesus
Christus« (1935) die Überschrift der Gleichnisse übersetzt: »So steht es
mit dem Reiche Gottes«, nicht aber wie meistens übersetzt wird: »Das
Reich Gottes ist gleich…« Der Sinn dieses Gleichnisses ist, daß man zum
Kommen der Ernte nichts tun kann. Also nicht das Saatkorn, das sich entfaltet, wird mit dem Reiche Gottes verglichen, sondern die Ernte. Jesus
mahnt zum Warten, nicht zum Säen. Ein anderes Gleichnis vom Reiche
Gottes ist das vom Sämann. (Mark. 4,3) Hier wird der teilweise Mißerfolg
geschildert, von dem jede Sämannsarbeit begleitet ist, wenn manches
Saatkorn auf den Weg oder unter Dornen fällt und auf felsigen Boden.
Nicht das Reich wird ausgesät, sondern die Botschaft vom Reich. Das ist
die Arbeit Jesu und seiner Jünger. Dieses Gleichnis will trösten: Die Arbeit ist nicht vergeblich, etliches fällt auch auf guten Boden.

Von diesem Reich sagt Jesus, daß es unmittelbar nahe sei. Darin liegt die

Aktualität seiner Verkündigung. Bis zum Hereinbruch des Reiches lebt es nur in der Predigt und in der Bewegung des von ihr ergriffenen Volkes. Das Reich ist im Kommen; denn schon in Jesu Wirksamkeit bricht es an. Taten Jesu sind Zeichen (semeia) numinoser Vollmacht. Das charismatische Wirken Jesu versteht er selbst als Kampf gegen die Dämonen, auf die alle Krankheit damals zurückgeführt wurde. Jesus kämpft damit gegen den Satan und sein Reich.

Was ist dieses Reich Gottes? Eine Wundergröße, die allem irdisch Diesseitigen entgegengesetzt ist, eine kosmische Katastrophe, Herrschaft und Herrschaftsbereich Gottes. Wir fragen weiter: Was bedeutet diese Botschaft für die Menschen? Zunächst ohne Frage für unheilige Menschen Bedrohung und Gefahr. Daraus entspringt der Radikalismus Jesu; er verlangt stete Wachsamkeit: »Denn wie der Blitz hervorbricht im Osten und leuchtet bis Westen, so wird es mit der Ankunft des Sohnes des Menschen sein.« (Matth. 24,27) Und an anderer Stelle (Matth. 24,43) heißt es: »Das aber merket: wenn der Hausherr wüßte, in welcher Nachtwache der Dieb kommt, so würde er wachen, und ließe nicht sein Haus durchwühlen. Darum seid auch ihr bereit, weil der Sohn des Menschen kommt zu der Stunde, da ihr es nicht denkt.« Besonders eindrucksvoll ist das bekannte Gleichnis von den klugen und törichten Jungfrauen. (Matth. 25)

Wann aber kommt das Reich Gottes? So fragte auch die christliche Gemeinde. In der apokalyptischen Literatur finden wir das Bemühen, auszurechnen, wann das Ende kommt. Weil, wie gesagt, auch die christliche Gemeinde wissen wollte, wann das Reich anbreche, wurden in die warnenden Worte Jesu hinsichtlich der Wachsamkeit eine Art christliche Apokalypse eingefügt: »Bald aber nach der Trübsal derselben Zeit werden Sonne und Mond den Schein verlieren, und die Sterne werden vom Himmel fallen, und die Kräfte der Himmel werden sich bewegen. Und alsdann wird erscheinen das Zeichen des Menschensohnes am Himmel.« (Matth. 24,29 f.)

Jesus selbst aber war gegen die apokalyptischen Künste hinsichtlich des Erkennens der Zeit. Nicht das Ausrechnen des Endes war Jesu Ziel, vielmehr sagte er: »Das Reich Gottes kommt nicht mit Beobachtung«, d. h. aufgrund von apokalyptischer Observationskunst (griech. parateresis), »das Reich Gottes ist unter euch.« (Luk. 17,20 f.) Gemeint ist, daß die wahren Zeichen, also nicht die äußerlich beobachtbaren, darin bestehen, daß Jesus unter den Menschen wirkt in Worten und Taten. Martin Dibelius übersetzt das Wort Lukas 17,20 folgendermaßen: »Nicht spüren Gottes Reich die es errechnen, noch spüren es die, die sagen: es ist hier oder da. Denn, siehe, Gottes Reich ist zu spüren in eurer Mitte.« Das aber bedeutet, daß Jesus für die Gemeinde eine Heilsgestalt war.

Wer war Jesus, war er der Messias? Glaubte er selbst, daß er der verheißene Messias sei? Die Frage ist wissenschaftlich schwer zu beantworten; denn die Evangelien, die den Glauben an Christus = Messias festigen wollen (Joh. 20,31), sind Berichte, die aus österlichem Glauben geschrieben sind. Das Wort Christos erhielt seinen Inhalt von der Geschichte nach Ostern. Die Evangelisten reden, wo sie die Messiasfrage berühren, natürlich aus christlicher Deutung des Lebens Jesu. So können wir mit Sicherheit nur sagen, was die Gemeinde glaubte, aber nicht, was Jesus selbst zu Lebzeiten von sich dachte. Im Markusevangelium, dem ältesten der synoptischen Evangelien, wird das Problem der Messianität Jesu in der Weise beantwortet, daß Jesus zwar vom Volke nicht als solcher an seinen Taten erkannt wird, daß aber die Dämonen, die er austreibt aus den Kranken, ihn erkennen (Mark. 5,7) und als Sohn Gottes anreden. Jesus aber verbietet, seine Wundertaten bekannt zu machen. (Mark. 7,36) Auch nach dem Messiasbekenntnis des Petrus (Mark. 8,30) heißt es: »Er bedrohte sie, daß sie niemand von ihm sagen sollten.« Nach Markus ist es also so, daß Jesus zwar der Messias war, daß er aber das Messiasgeheimnis wahren wollte.

Das Petrus-Bekenntnis

Bei Matthäus findet sich nun 16,16 das Bekenntnis des Petrus, auf das Jesus antwortet: »Du bist Petrus, und auf diesen Felsen (griech. petra = Felsen) will ich meine Gemeinde (ekklesia) bauen und die Pforten des Hades sollen sie nicht überwältigen. Und ich will dir des Himmelreichs Schlüssel geben: alles, was du auf Erden binden wirst, soll auch im Himmel gebunden sein, und alles, was du auf Erden lösen wirst, soll auch im Himmel los sein. Da verbot er seinen Jüngern, daß sie niemand sagen sollten, daß er, Jesus, der Christus (= Messias) wäre.« Diese Antwort auf das Petrusbekenntnis enthält schwerwiegende Probleme. Es findet sich bekanntlich an der Kuppel der Peterskirche in Rom und ist die Grundlage des Primatanspruches des Papstes als Nachfolger Christi. Dazu ist zunächst zu bemerken, daß das griechische Wort »ekklesia« in diesem Text nicht, wie man katholischerseits meint, »Kirche« im organisatorischen Sinne bedeutet, sondern »Gemeinde«. Das Wort enthält aber noch weitere Schwierigkeiten. Adolf v. Harnack hat in einer preußischen Akademie-Schrift »Der Spruch über Petrus Matth. 16,12 ff.« (1918) eine sehr einleuchtende Interpretation gegeben, die wir hier wiederholen. Das Wort »die Pforten

der Hölle (oder des Hades) sollen sie, die Gemeinde, nicht überwältigen«
bedeutet: sie soll nicht sterben. Dieses Wort ist hier also auf die Gemeinde
bezogen, es muß jedoch anders bezogen gewesen sein, ähnlich dem im
selben Kapitel sich findenden Wort Matthäus 16,28, wo es heißt: »Es sind
etliche hier, die den Tod nicht schmecken werden, bis daß sie des Menschen Sohn kommen sehen in seinem Reich.« Außerdem kann man von
der Gemeinde nicht sagen, daß sie nicht in den Hades kommen werde,
sondern nur von Personen. Nun macht Harnack darauf aufmerksam, daß
noch Tatian im 2. Jahrhundert n. Chr. jene Stelle anders gelesen hat,
nämlich »Über dich, Petrus, soll der Tod keine Macht haben« und auch
Origenes (3. Jhd.), Hieronymus (um 400) und Ambrosius (4. Jhd.), bedeutende Kirchenväter, erklärten, hier sei dem Petrus verheißen, daß er
nicht sterben werde. Diese Urform des Textes aber war später nicht mehr
erträglich; denn Petrus ist gestorben. So verschwand im Texte das »du«
und die ekklesia, die Gemeinde, trat an die Stelle. Außerdem ist natürlich
klar, daß die Kirchengründung, die katholischerseits in diesem Wort gesehen wird, sicher nicht von Jesus beabsichtigt war, sondern daß die
Evangelisten hier den Zustand wiedergeben, den sie kennen, nämlich die
Verhältnisse in der gegenwärtigen Kirche, die das Recht zu binden und zu
lösen beansprucht. Daß Jesus sicher keine Kirche im Sinne der späteren
Organisation und Hierarchie hat gründen wollen, ist oft festgestellt worden; denn Jesus erwartete das nahe Ende der Welt und konnte daher
keine Dauerinstitution ins Leben rufen wollen. Wir stellen also noch einmal fest, daß eine klare Aussage Jesu zum Messiasglauben seiner Jünger
im Neuen Testament nicht nachweisbar ist; denn alle Aussagen Jesu, die
sich auf seine Messiaswürde beziehen, sind überlagert vom Gemeindeglauben an den Christus, den Messias.

Die Ehrentitel Jesu

Wir fragen in aller gebotenen Kürze nach den Titeln, die Jesus bezeichnen
im Neuen Testament. Zunächst, wie gesagt, »Christos«, aber diese Würdebezeichnung ist von Jesus selbst nicht gebraucht worden, sondern nur in
den Jüngerbekenntnissen enthalten. Ein weiterer Titel, der ihm beigelegt
wurde, ist der des »Sohnes Davids«. Schon das Matthäusevangelium beginnt mit dem Worte »Stammbaum Jesu Christi, des Sohnes Davids«.
Und so finden sich zahlreiche Stellen im Neuen Testament, in denen Jesus
als der Sohn Davids bezeichnet wird (z. B. Matth. 9,27; 15,22 usw.), und
das Hosianna beim Einzug Jesu in Jerusalem (Matth. 21,9) erklingt »dem
Sohne Davids«. Also ist auch das keine Selbstbezeichnung Jesu. Zu-

grunde liegt hier natürlich die israelitische Messiaserwartung, nach der David, dem Idealkönig der Vergangenheit, der Messias aus demselben davidischen Geschlechte entsprechen soll.

Eine wichtige Bezeichnung Jesu ist nun »Sohn Gottes«. Als Selbstbezeichnung findet sich diese Aussage nur selten. Markus 13,32 heißt es »Auch der Sohn weiß weder Tag noch Stunde, die der Vater seiner Macht vorbehalten hat.« Indirekt sagt Jesus vor dem Synhedrium (Mark. 14,62) auf die Frage, ob er der Christus, der Sohn des Hochgelobten sei: »Ich bin's«, und Matthäus 11,27 heißt es: »Alle Dinge sind mir übergeben von meinem Vater; und niemand kennt den Sohn, denn nur der Vater.« Wir haben oben schon dargestellt, daß der Begriff »Sohn Gottes« im israelitischen Bereiche nichts anderes bedeuten konnte als einen Menschen, der ein besonders nahes Verhältnis zu Gott hat. Diese Bezeichnung kann sowohl auf ein Kollektivum, wie z. B. auf die Nachkommenschaft Davids, angewandt werden als auch auf eine Einzelperson. 2. Buch Samuelis 7,14 heißt es »Ich will ihr Vater und sie sollen mir Sohn sein« und Psalm 89,28 sagt Jahve von David »Zum Erstgeborenen will ich ihn machen« und Jesus Sirach 4,10 lesen wir: »Sei den Waisen wie ein Vater, der Stellvertreter des Mannes ihrer Mutter, so wirst du sein wie ein Sohn des Höchsten.« In Israel war »Sohn Gottes« also eine Bezeichnung, die keinen physisch-realen Zeugungszusammenhang aussagt, sondern verstanden wurde als besondere Zugehörigkeit und Verbundenheit Gott gegenüber. Aus diesem Grunde hat, wie H.-J. Schoeps in seinem Buche »Theologie und Geschichte des Judenchristentums« (1949) nachgewiesen hat, das Judenchristentum die Jungfrauengeburt, soweit es sie überhaupt kannte, abgelehnt. Die Formel »Sohn Gottes« konnte jedoch auf hellenistischem Boden nicht anders verstanden werden als man es dort von den Göttersöhnnen des Mythos gewohnt war, nämlich als reales Zeugungsverhältnis, wie es dann die spätere christliche Dogmatik auch fixiert hat.

Eine bevorzugte Bezeichnung, die in den Evangelien als Selbstbezeichnung Jesu erscheint, war die des »Menschensohnes«. Diesem Begriff begegnen wir in einem der beiden apokalyptischen Henoch-Bücher, im äthiopischen Henoch-Buche (abgeschlossen etwa in der Mitte des letzten Jahrhunderts v. Chr.). Ob es sich in den Evangelien um eine echte Selbstbezeichnung Jesu handelt, bleibe dahingestellt. Jedenfalls war der Begriff in der zeitgenössischen israelitischen Literatur und Tradition vorhanden und so lag es nahe, daß die Gemeinde Jesus mit diesem Begriff bezeichnete, sofern er es nicht selbst tat, wie es in den Evangelien dargestellt wird. Doch zuvor sei kurz auf diese Henoch-Tradition eingegangen, wobei wir

Rudolf Ottos Ausführungen zu diesem Thema in seinem Buche »Reich Gottes und Menschensohn« (1934) heranziehen.

Die beiden Henoch-Bücher, das slawische und das äthiopische, tragen den Namen eines Henoch. Er ist eine Gestalt des Alten Testaments. Nach 1. Mose 4,17 ist Henoch ein Enkel Adams und nach 1. Mose 5,18 ist Henoch der siebente Nachkomme Adams. Selbstverständlich stammen die Henoch-Bücher nicht von einer dieser Persönlichkeiten, sondern sie sind, wie es in der Antike oft geschah, unter den Namen Henochs gestellt, um ihr Ansehen zu erhöhen. Im äthiopischen Henoch-Buche nun, das uns in erster Linie interessiert, tritt Henoch auf als Prediger des bevorstehenden Weltgerichts. Im äthiopischen Henoch 1,3 heißt es: »Der große Heilige (= Gott) wird von seinem Wohnort ausziehen und der Gott der Welt wird auf den Berg Sinai treten... Da werden alle sich fürchten und ein Gericht über alle wird stattfinden. Mit den Gerechten aber wird er Frieden schließen und die Auserwählten behüten. Gnade wird über ihnen walten und sie werden alle Gott angehören und das Licht wird ihnen scheinen.« Dieser Henoch nun, der mit solcher Verkündigung auftrat, ist zugleich ein Seher, der die himmlische Welt schaut und mächtige jenseitige Wesen, die Fürbitte einlegen für die Menschen, was den iranischen Fravashis entspricht. Er schaut außerdem ein hohes himmlisches Wesen, das als »Auserwählter« bezeichnet wird, den »Herrn der Geister« und seinen Hofstaat. Henoch schaut ferner das Reich: »Danach sah ich alle Geheimnisse der Himmel und wie das Reich verteilt wird, und wie die Handlungen der Menschen auf der Waage gewogen werden.« Von der Rolle des »Auserwählten« sagt der Text: »An jenem Tage wird mein Auserwählter auf dem Thron der Herrlichkeit sitzen und unter ihren (der Menschen) Taten eine Auswahl treffen... Ich werde den Himmel verwandeln und ihm einen ewigen Segen und ein Licht machen. Ich werde die Erde verwandeln und sie zu einem Segen machen.« In diesen Vorstellungen spiegelt sich die iranische Idee der Wunderbarmachung der Welt am Ende der Tage durch Ahura Mazda, den »Weisen Herrn« des Propheten Zarathustra, wider. Dann aber heißt es: »Bei ihm, dem Herrn der Geister, war ein anderer, dessen Antlitz war wie das eines Menschensohnes.« Genauso heißt es Daniel 7,13: »Ich (Daniel) schaute weiterhin in den Nachtgesichten: da kam einer, der einem Menschensohn glich, mit den Wolken des Himmels heran, gelangte bis zum Hochbetagten und wurde vor ihn gebracht. Dem wurde nun Macht, Ehre und Herrschaft verliehen: alle Völker, Nationen und Zungen müssen ihm dienen; seine Macht soll eine ewige und unvergängliche sein, und sein Reich soll niemals zerstört werden.« Henoch fragt darauf den Engel, wer dieses menschengestaltige Wesen sei und erhält die Antwort, kein beliebiger Mensch sei das, sondern *der* Mensch, »der die Gerechtigkeit hat, bei dem die Gerechtigkeit wohnt, und der alle Schätze dessen, was verborgen ist, offenbart«. Er ist der »Sohn des Herrn der Geister« und ihm wird bei Henoch das Gericht übergeben, ganz so, wie es in der iranischen Religion Mitra erhält, von dem es auch heißt, er habe alle Gerechtigkeit und sei Richter der Seelen. Mit dem Auserwählten kommt am Ende die Umwandlung der Welt: »Dann wird der Auserwählte auf meinem Thron sitzen... denn der Herr der Geister hat es ihm verliehen und hat ihn verherrlicht.« In den Evangelien bei Lukas 22,29 heißt es, daß der Vater Jesus das Reich vermacht habe und Matthäus 19,28 lesen wir: »Wenn des Menschen Sohn sitzen wird auf dem Throne seiner Herrlichkeit...« Auch die feierliche Einsetzung des Auserwählten wird Henoch 62,14 folgendermaßen beschrieben: »Der Herr der Geister wird über ihnen wohnen und sie werden mit jenem Menschensohne essen und sich niederlegen und erheben bis in alle Ewigkeit.« Das ist eine Aussage, die an die Abendmahlsworte Jesu (Matth. 26,29) erinnert. In den »Anhängen« des Henoch-Buches wird die Frage gestellt und beantwortet, wer der Auserwählte sei. Die Antwort lautet: Henoch selbst wird der Menschensohn sein. (Kap. 70–71) Henoch wurde auf »Wagen des Geistes erhoben« und schließlich heißt es: »Du hast gefragt, wer ist dieser Menschensohn, woher ist er? – Du bist es selbst.« »Gerechtigkeit wohnt über dir und die Gerechtigkeit des betagten Hauptes (= Herr der Geister) verläßt dich nicht.« Henoch wird hier nicht als präexistent vorgestellt, vielmehr wird er um seiner Gerechtigkeit willen zu diesem Menschensohn, der als geistige Wesenheit bereits bei Gott ist, und den Henoch verkündet hat. In dieser Henoch-Tradition lebte Jesus und deshalb kann man sagen, daß hier sich Kategorien anboten, die zur Anwendung auf ihn sich eigneten, sei es, daß Jesus selbst diese Deutung vollzog, wie es die Evangelien darstellen, sei es, daß die Gemeinde bzw. die Schriftsteller des Neuen Testaments diese vorhandenen Traditionen auf Jesu anwandten. Nach dieser Interpretation Jesu als Menschensohn gehört also der Verkünder selbst mit in das Geschehen der Endzeit und wird selbst Objekt der Divination.

Vergleicht man diese Henoch-Ideen mit Selbstaussagen Jesu in den Evangelien, ob sie nun echte Selbstaussagen sind oder Jesus in den Mund gelegte Selbstbezeichnungen, so ergibt sich eine Reihe von Ähnlichkeiten: Jesus erscheint, wie Henoch, als Repräsentant des Menschensohnes. Lukas 12,8 lesen wir: »Wer sich zu mir bekennt vor den Menschen, zu dem wird sich auch der Menschensohn bekennen vor den Engeln Gottes.«

Daneben begegnet uns der Anspruch Jesu auf das Menschensohn-Sein (Mark. 14,62): »Ihr werdet den Sohn des Menschen sitzen sehen zur Rechten der Macht und kommen mit den Wolken des Himmels.« Und Matthäus 16,13 fragt Jesus, was die Leute vom Menschensohn sagen, wohingegen Markus 8,27 und Lukas 9,18 Jesus direkt fragt: »Was sagen die Leute, wer ich sei.«
Jesus hat sich bzw. die Gemeinde hat ihn als zu Erhöhenden gewußt. Henoch wurde »hinweggenommen« wie auch Jesus durch den Tod hindurch.

Der leidende Messias

Wir folgen hier den Gedanken, die Rudolf Otto in seiner Schrift »Reich Gottes und Menschensohn« (1934) geäußert hat. Eine im Judentum lebende Vorstellung war die, daß wer hier leidet, im Jenseits verherrlicht wird. Aber Jesus bezog sein Leiden nicht darauf, sondern er verband die Menschensohn-Idee mit der Leidensnotwendigkeit: »Und er hob an, sie (die Jünger) zu lehren: Des Menschen Sohn muß viel leiden.« (Mark. 8,31) Neu ist hier, daß die Messiasidee und der Gedanke des leidenden Gottesknechtes aus Jesaia 53 von Jesus miteinander verbunden werden. Das ist neu in Jesu Verkündigung. Dennoch bleibt der eschatologische Sinn seiner Verkündigung erhalten: die Predigt vom kommenden Reich. Daß der Messias leiden muß, ist nach diesen Aussagen nicht zufällig, sondern ein Teil seines Messiasberufes, es ist rettendes Leiden, das uns Jesaia 53 begegnet und hier auf Jesus angewandt wird. Markus 9,12 lesen wir: »Des Menschen Sohn muß viel leiden und für nichts geachtet werden, wie geschrieben steht.« Die Aufgabe aber des Menschensohns ist es, zu retten, was verloren ist »denn des Menschen Sohn ist gekommen, zu suchen und selig zu machen, was verloren ist«. (Luk. 19,10) Es war in Israel nicht neu, daß das Todesleiden eines Blutzeugen fürbittend sühnende Kraft für das Volk Israel habe. Das ist nicht neu, aber daß der erwartete Messias leiden müsse, das ist befremdlich, eine »harte Rede«. (Joh. 6,60) Eine Sühnopfertheorie findet sich hier nicht. Der Menschensohn ist in diesen Konzeptionen ein integrierender Bestandteil des Reiches Gottes. Sein Wirken ist ein Zeichen des beginnenden Hereinbruches des Reiches.
Noch ein Moment ist für die christliche Heilsidee zentral, nämlich die Gottesvorstellung.

Jesu Gottesidee

Wir haben oben bereits von Jahve, dem Gott des Alten Testaments, gesprochen. Hier muß nun festgestellt werden, was die Gottesidee Jesu von der des Alten Testaments unterscheidet, bzw. was sie mit ihr gemeinsam hat. Auch im Alten Testament ist Jahve ein Willensgott, der seinen Willen im Gesetz geoffenbart hat. Im Neuen Testament stehen die Gebetsworte: »Dein Wille geschehe, wie im Himmel also auch auf Erden.« (Matth. 6,10) Und Matthäus 7,21 sagt Jesus: »Nicht jeder, der zu mir sagt: Herr, Herr, wird in das Reich der Himmel eingehen, sondern der den Willen meines Vaters in den Himmeln tut.« Dieser Wille aber ist nicht nur – zweifellos dominierend – ein Heilswille, sondern auch – wie im Alten Testament ein dämonischer Wille, wie es denn Hebräerbrief 10,31 heißt: »Schrecklich ist es, in die Hände des lebendigen Gottes zu fallen.« Hier stoßen wir auf den alttestamentlichen Hintergrund der Vateridee Jesu: auf das mysterium tremendum in der Gottesidee, das im Alten Testament dominiert.

Zugleich aber finden wir im Alten Testament auch die Bezeichnung »Vater« für Jahve, zwar nicht oft aber doch bisweilen wird Jahve als der Vater seines Volkes bezeichnet (5. Mose 32,6): »Ist nicht er (Jahve) dein Vater, der dich geschaffen, ist nicht er es, der dir (dem Volke) Dasein und Bestand geschenkt hat?« Auch andere Stellen sprechen von Jahve als dem Vater: »Denn Vater bin ich Israel geworden.« (Jer. 31,9) An anderer Stelle lesen wir: »Fürwahr, du bist unser Vater ... unser ›Erlöser von alters her‹ ist dein Name.« (Jes. 63,16) Und im Psalm 89,27 heißt es: »Mein Vater bist du, mein Gott und der Fels meines Heils.« Auch im Gebet wird Jahve als der Vater angeredet wie z. B. Jesus Sirach 23,1: »O Herr, mein Vater, und Gebieter meines Lebens, laß nicht zu, daß ich zu Fall komme.« Im Alten Testament ist Jahve der Gott der Geschichte. Er führt Volks- und Völkergeschehen zu seinem Ziel. Er ist gnädig denen, die ihm gehorsam sind. Gottes Gnade ist daher hier das freundliche Übersehen der Sünde, kein Vergeben.

Demgegenüber hat Jesus nun eine Sonderauffassung von Gott. Er beseitigte die jüdischen Anschauungen hinsichtlich der göttlichen Gnade; denn Gott ist hier schlechthin gnädig gegenüber der schlechthin sündigen Menschheit. Er ist der Sünder suchende Gott der Liebe, der vertraubare Vatergott, und die Beziehung zu ihm ist der Glaube, der sich in vertrauender Bitte äußert. Das Gebet aber ist keine Leistung. Es ist das Sicheinfügen in Gottes Willen im Sinne Jesu: »Nicht wie ich will, sondern wie du willst.« (Matth. 26,39) Wir stellen also noch einmal fest: im Judentum wurden die Sünden von Gott übersehen und der völlige Sünder wurde verdammt. Jesus dagegen hat im Gleichnis vom Pharisäer und Zöllner (Luk. 18,9 ff.) in überaus eindrucksvoller Weise dargestellt, was er unter

Gott sich vorstellte, und was er von den Menschen Gott gegenüber erwartete: Pharisäer und Zöllner gingen zum Tempel, um zu beten. Dann aber heißt es: »Der Pharisäer stand und betete bei sich: Ich danke dir, Gott, daß ich nicht bin wie andere Menschen, Räuber, Übeltäter, Ehebrecher oder auch wie dieser Zöllner. Ich faste zweimal in der Woche und verzehnte alles, was ich erwerbe. Der Zöllner aber stand von Ferne und mochte auch nicht die Augen aufheben gen Himmel, sondern schlug an seine Brust und sprach: O Gott, sei mir Sünder gnädig. Ich sage euch: dieser ging gerechtfertigt hinab in sein Haus vor jenem.« Die Verdienste, die der Pharisäer in diesem Gleichnis vor Gott aufzählt, waren durchaus wirklich vorhanden; denn Pharisäer waren in ihrem Sinne fromme und gewissenhafte Leute. Der Zöllner aber war sicher ein Spitzbube. Gleichwohl bedeutet dieses Gleichnis, daß gerade der Sünder nicht verloren ist, daß ein Minimum an vertrauendem Glauben wertvoller ist als viele Werke der Gerechtigkeit, noch dazu verbunden, wie bei dem Pharisäer, mit dem überheblichen Bewußtsein des eigenen Wertes vor Gott. Worauf es Jesus ankommt, sind Menschen ohne Selbstanspruch vor Gott.

Vergleich der Heilsvorstellungen

Wir vergleichen kurz die Heilsvorstellungen, die wir besprochen haben: die impersonale Heilsidee des Buddhismus und die personale in Jesu Verkündigung. Gemeinsam ist eigentlich zunächst nur die Idee des Heils; denn Heil wird beiderseits als ein überweltliches, höchstes Gut bezeichnet und erwartet, also nicht als eine bloße Fortsetzung diesseitiger Verhältnisse in verbesserter Form, wie es in den Volksreligionen geschieht, wo das selige Paradies mit irdisch-endlichen Farben gemalt wird.

Verschieden aber sind auf den ersten Blick die Vorstellungen vom Reiche Gottes und vom Nirvana. Das Reich Gottes wird als Welt vorgestellt, aber freilich als eine verwandelte Welt, in der Gottes Herrschaft uneingeschränkt verwirklicht ist. Die christliche Enderwartung ist mit dem Glauben an eine Auferstehung verbunden wie er im Spätjudentum, unter iranischem Einfluß wohl entstanden, lebte. Das ist natürlich eine Idee, die im Buddhismus als Heilserwartung unmöglich ist; denn die stete Wiedergeburt ist gerade das Unheil und deren Beendigung ist das Heil. Auferstehen zu individueller Existenz ist im Hinayana-Buddhismus nur als Fortbestand der Erlösungsbedürftigkeit denkbar. Das Nirvana ist, wie wir sahen, Auslöschung aller Individualität und Personalität.

In seiner Schrift »Das Christentum und die Begegnung der Weltreligionen« (1964) hat Paul Tillich in ausführlicher und sehr sachgemäßer Weise in einem Abschnitt, der überschrieben ist »Ein christlich-buddhistischer Dialog« die beiden »Telos-Formeln«, wie Tillich sich ausdrückt, also die Zielvorstellungen beider Religionen, miteinander verglichen: Nirvana und Reich Gottes. Ich übernehme hier einen Abschnitt aus meinem 1974 erschienenen und inzwischen vergriffenen Buch »Der offene Tempel«, der diese Vorstellungen Tillichs behandelt. (S. 118 ff.) Die Verschiedenheit beider Ideen und ihre dennoch bestehende Zusammengehörigkeit erklärt Tillich in folgender Weise: »Beide Begriffe, das Reich Gottes und das Nirvana, sind Symbole. Aus den verschiedenen Verhältnissen zur Wirklichkeit, das in ihnen ausgedrückt ist, ergibt sich sowohl der theoretische wie der praktische Gegensatz der beiden Religionen. Das Reich Gottes ist ein soziales, politisches und personalistisches Symbol. Der Symbolbegriff entstammt dem Bild eines Herrschers, der ein Reich der Gerechtigkeit und des Friedens aufrichtet. Im Gegensatz dazu ist das Nirvana ein ontologisches Symbol. Sein Stoff ist einerseits aus der Erfahrung der Endlichkeit, der Trennung, des Irrtums und des Leidens genommen, andererseits – als Antwort auf das Negative – aus der Vorstellung eines seligen Einsseins aller Wesen jenseits von Endlichkeit und Irrtum des Seins selbst.« Obwohl also Tillich feststellt, daß beide Religionen gegensätzlich sind, besteht dennoch die Möglichkeit eines Gespräches, weil ja beide auf einer negativen Bewertung der Existenz beruhen. Das Reich Gottes steht im Gegensatz zu dem Reich dieser Welt, das von Dämonen beherrscht wird, und das Nirvana steht im Gegensatz zu der Welt des Scheins als die wahre Wirklichkeit.

Dennoch verneint Tillich die allgemeine Frage, ob die beiden maßgeblichen Symbole, Reich Gottes und Nirvana, einander ausschließen. Er begründet diese Verneinung mit seiner Ansicht, alle religiösen Typen seien aus Elementen der Erfahrung des Heiligen entstanden. Nun meint Tillich, daß die Geschichte beider Symbole konvergierende Tendenzen zeige. »Wenn Paulus das Reich Gottes mit dem Zustand identifiziert, in dem Gott in allem (oder für alles) sein wird, oder wenn das Symbol ›Reich Gottes‹ mit dem des ewigen Lebens vertauschbar ist, und als die ewige Schau Gottes und die Seligkeit in ihm bezeichnet wird, so erinnern diese Vorstellungen an die Lobpreisungen des Nirvana als eines Zustandes überzeitlicher Glückseligkeit, und Glückseligkeit setzt, symbolisch gesprochen, ein Subjekt voraus, das sie erlebt. Aber auch hier muß vor der Auflösung oder Abschwächung der konkreten Gestalt der beiden Religionen gewarnt werden.«

Am Ende seiner Ausführungen hat Tillich die zentrale Frage gestellt, ob als Ergebnis seiner Analyse das Ziel die Verschmelzung der verschiedenen Religionen oder die Herrschaft einer bestimmten Religion oder gar das Ende der religiösen Ära überhaupt sei. Diese Frage hat Tillich folgendermaßen beantwortet: »Keine dieser Alternativen ist die richtige. Eine Verschmelzung der Religionen würde die Konkretheit jeder einzelnen zerstören und damit ihre dynamische Kraft. Die Herrschaft einer bestimmten Religion würde allen anderen Religionen eine partikulare Antwort aufzwingen. Das Ende der religiösen Ära – man spricht bereits von dem Ende der christlichen oder der protestantischen Ära – ist eine unmögliche Vorstellung. Das religiöse Prinzip kann nicht aufhören; denn die Frage nach dem letzten Sinn des Lebens läßt sich nicht zum Schweigen bringen, solange Menschen leben. Religion als Religion kann nicht untergehen, aber eine partikulare Religion kann nur so lange am Leben bleiben, wie sie sich selbst als Religion transzendiert. So wird auch das Christentum Träger der religiösen Antwort bleiben, solange es die Kraft hat, seine Partikularität zu durchbrechen.«

3   BUDDHA UND CHRISTUS IM HEILSGESCHEHEN

Wir fragen nach der Bedeutung der beiden Religionsstifter, Buddha und Christus, für das von ihnen verkündete Heilsgeschehen.
Buddha versteht sich selbst als »Wegweiser«. In einem Text heißt es: »Genau so, Brahmane, ist da das Nirvana, und es ist da der zum Nirvana führende Weg und ich bin da als der Unterweiser. Aber von meinen Jüngern, die so von mir ermahnt, so belehrt werden, erreichen die einen das höchste Ziel, das Nirvana, die anderen erreichen es nicht. Was kann ich dagegen tun, Brahmane? Nur ein Wegweiser, Brahmane, ist der Tathagata.« Buddha hat viel weniger über das Heil selbst, das Nirvana, gesprochen, als über den Weg zum Nirvana, wie wir noch hören werden. Das hängt damit zusammen, daß die numinose Wirklichkeit des Nirvana, wie wir oben zeigten, nur umschreibbar aber nicht beschreibbar und aussagbar ist. Deshalb bezeichnet sich Buddha in jenem Textwort auch selbst als bloßen Wegweiser. Er ist also in seinem Selbstverständnis keine Heilandgestalt, kein Erlöser. Das aber bedeutet, daß Buddha selbst innerhalb des Heilsgeschehens im Hinayana keine wirkliche Heilsfunktion hat, durch die er Menschen zum Heil verhülfe. Er sagt ja selbst in dem zitierten Texte, daß er nichts dazu tun könne, daß die von ihm belehrten Menschen den von ihm gewiesenen Weg auch wirklich gehen. Wir wollen hier gleich be-

tonen, daß im Mahayana sich die Situation ändert. Da erscheint Buddha als Heilandgottheit, die zum Heil der Menschen tätig ist. Der historische Buddha verkündet eine zeitlose Heilswahrheit. Deshalb ist seine Verkündigung ohne Bezüge zu einer Geschichte.

Gemeinsam ist Jesus und Buddha, daß beide heimatlose Wanderprediger waren. Buddha berichtet über seinen Entschluß zur Weltentsagung: »So habe ich denn nach einiger Zeit, als ich noch ein zarter Knabe mit schwarzem Haar war, im Vollbesitze glücklicher Jugend, in der ersten Blüte des Lebens, gegen den Wunsch meiner weinenden und Tränen vergießenden Eltern mir Haar und Bart scheren lassen, gelbe Gewänder angetan und bin aus dem Hause in die Hauslosigkeit ausgezogen.« Und von Jesus stammt das Wort: »Die Füchse haben Gruben und die Vögel unter dem Himmel haben Nester; aber des Menschen Sohn hat nicht, da er sein Haupt hinlege.« (Matth. 8,20)

Jesus aber verkündet nicht einen Weg, wie wir sehen werden, sondern ein von Gott her erfolgendes Geschehen, nämlich den Hereinbruch des Reiches Gottes in nächster Zukunft. Nicht eine zeitlos ewige Wahrheit, wie es im Buddhismus aufgefaßt wird, wird von Jesus verkündet, sondern ein aktuelles Geschehen. Im Gegensatz zu Buddha erscheint Jesus als reformatorischer Prophet, der in das Heilsgeschehen der Endzeit selbst hineinhört. Zugleich ist Jesus ein Charismatiker, der heilend wirkt und in diesem Heilen den Beginn des Reiches sieht, weil er in seinen Heilkräften Charismata aus jener numinosen Welt des Reiches Gottes sieht.

Die Reichsidee, die Jesus verkündet, ist, wie wir sahen, kollektiv und individuell. Einerseits wird ein allgemeines Geschehen verkündet, das Eschaton, die allgemeine Katastrophe, die über die Welt kommt, und andererseits das individuelle Eingehen in das Reich. Jesu Heilsidee ist an die Geschichte gebunden, da sie sich ja innerhalb dieser geschichtlichen Welt verwirklichen soll. Geschichtlich gesehen ist das, was Jesus verkündete, der nahe Anbruch des Reiches Gottes, nicht eingetreten. Gleichwohl wird man sagen dürfen, daß in dieser zeitgeschichtlichen Vorstellungsform vom Gottesreich und seinem Anbruch überzeitliche Nähe und Wirklichkeit Gottes dargestellt ist. Der religiöse Gehalt der Verkündigung Jesu ist die drohende und heilende Nähe Gottes. Jesus ruft zur Bereitschaft für Gott und zu einem Sein vor Gott auf. Dieses von Jesus im einzelnen dargestellte Sein vor Gott ist die zeitlos gültige Haltung, die Jesus in die Welt brachte, abgesehen von dem irdisch-geschichtlichen Wandel der Welt, der nicht eingetreten ist.

Die buddhistische Heilsidee hat keine kollektive Seite, sondern nur eine individuelle: Gegenstand ist der Einzelne, der ins Nirvana eingeht unter Aufhebung seiner individuellen Existenz, so daß »von ihm zu reden, es keine Worte gibt«.

Zusammenfassend ist darauf hinzuweisen, daß die beiderseitige Heilswirklichkeit, die von Buddha und Christus verkündet wird, auf dem großen Strukturunterschied mystischer und prophetischer Heilsreligion hinsichtlich ihrer prinzipiellen Verschiedenheit beruht. Die mystische Heilsidee ist dominierend impersonal und neutral, die personale Heilsexistenz, die Jesus verkündet, wird erwartet in einer erneuerten und verwandelten Welt und beruht auf der intensiven und exklusiven Verbundenheit der personal existierenden Menschen mit dem persönlichen Gott. Das buddhistische Nirvana ist eine zeitlose Wirklichkeit, das Reich Gottes aber soll sich nach christlicher Auffassung in einer Endkatastrophe verwirklichen und zwar von Gott aus und ohne Mitwirkung des Menschen. Darum betet der Jünger Jesu im Vaterunser: »Dein Reich komme!« (Matth. 6,10)

VI
Das Unheil

1 Die buddhistische Unheilsidee

Die Dharma-Lehre

Wenn unter dem Begriff »Heil«, wie wir gesehen haben, ein existentieller Zustand positiven Kontaktes mit einer wie immer vorgestellten Wirklichkeit des Heiligen verstanden wird, dann ist demgegenüber die erlösungsbedürftige Situation als existentielles Unheil zu bezeichnen. Das ist die Ausgangssituation, bei der die Heilsverkündigung beider Meister ansetzt. Es handelt sich deshalb dabei nicht um konkrete und aktuelle Einzelheiten des Unglücks oder Ungemachs, sondern um etwas Existentielles vor aller Differenzierung in Taten und Gesinnungen. Das gilt ganz allgemein für beide Religionen.

Wir beginnen mit der Erörterung der buddhistischen Unheilsidee. Buddha verwendet zur Charakterisierung der Negativität des vorgefundenen, aus unerkennbaren Anfängen fortbestehenden Unheilszustandes vorzugsweise den allerdings mißverständlichen Begriff des »Leidens« (dukkha). Es ist kein Zweifel, daß im Buddhismus unter »Leiden« vielfach auch persönliches Ungemach, leidvolle Erfahrungen und Empfindungen verstanden werden: »Unbemerkt und unerkannt ist das Leben der Sterblichen hienieden, kummervoll, vergänglich und mit Leid verbunden. Es gibt keinen Ausweg, auf dem die Geborenen dem Tode entrinnen könnten; ist das Alter erreicht, da naht der Tod, so ist das Gesetz aller Lebewesen. Wie für unreife Früchte schon frühe die Gefahr des Abfallens besteht, so besteht für die Sterblichen die Gefahr des Sterbens... Die Jungen und die Großen, die Toren und die Weisen, alle gelangen in die Gewalt des Todes, aller Ende ist der Tod. Von denen, die vom Tod überwältigt, in das Jenseits gegangen sind – nicht rettet der Vater den Sohn, noch auch die Verwandten, die Angehörigen. Sieh, während die Verwandten zusehen und laut wehklagen, wird einer der Sterblichen nach dem andern hinweggeführt wie das zum Tode bestimmte Rind. Also ist

die Welt mit Tod und Altern behaftet.« Was hier geschildert wird, ist fraglos empirisches Leiden im natürlichen Sinne. Man muß jedoch wissen, daß
alle diese empirisch leidvollen Erfahrungen unter einem religiösen Gesichtspunkt bewertet werden, sie sind Symptome des eigentlichen »Leidens« im Sinne des Unheils. Das wird erkennbar, wenn es z. B. heißt:
»Das Leiden nicht erkennen…wird Nichtwissen genannt«, so ist hier
deutlich ein umfassenderer Begriff des Leidens verwendet; denn welcher
natürliche Mensch erkennte nicht, was ihm im normalen Sinne Leiden bereitet. Dem entspricht denn auch folgende Aussage: »Was immer empfunden wird, das gehört zum Leiden«, also auch die lustvolle Empfindung.
Hier liegt eine höhere Bewertung bzw. Abwertung vor, für die der Begriff
»Leiden« die zusammenfassende religiöse Kategorie ist. Wenn in dem
oben zitierten Text der Begriff »Nichtwissen« (avidya) verwendet wurde,
so ist darin nach buddhistischer Anschauung die letzte Wurzel aller unheilvollen Erscheinungen zu sehen, wobei unter »Nichtwissen« keine
theoretische Unkenntnis, sondern der fehlende Kontakt mit der Wirklichkeit des Numinosen verstanden wird.

Die fünf Gruppen der Daseinsfaktoren

In der ersten Predigt Buddhas im Gazellenhain bei Benares werden die
sogenannten »vier heiligen Wahrheiten« verkündet, deren erste vom Leiden handelt. Sie lautet: »Geburt ist Leiden, Alter ist Leiden, Krankheit ist
Leiden, Tod ist Leiden, mit Unliebem vereint sein ist Leiden, von Liebem
getrennt sein ist Leiden, nicht erlangen, was man begehrt, ist Leiden –
kurz, die fünf Gruppen der Daseinsfaktoren sind Leiden.« Dieser Text
verleitet wieder zu der irrigen Meinung, daß das Leiden im Buddhismus
mit den empirischen schmerzvollen Erfahrungen identisch ist. Das ist sicher nicht der Fall. Das Wort bedarf daher einer Interpretation von dem
letzten zusammenfassenden Satze aus, daß die »fünf Gruppen der Daseinsfaktoren Leiden sind«. Mit dieser Aussage nämlich ist die gesamte
irdisch-empirische Weltwirklichkeit einschließlich der menschlichen Persönlichkeit gemeint. Zugrunde liegt hier die Lehre von den »dharmas«,
den »Daseinsfaktoren«, die wir kurz darstellen werden. Daß die gesamte
Weltwirklichkeit unter der Kategorie des »Leidens« begriffen wird, zeigen folgende Texte, die sich mit der Welt als Ganzem beschäftigen: »Betrachte nur diese Welt weit und breit und die Wesen, die im Nichtwissen
ganz aufgehen und sich der (anderen) Wesen freuen: sie sind unerlöst. Alles, was es an Dasein irgendwo und irgendwie gibt, ist vergänglich, leidvoll, muß sich verändern. Wer dies, wie es wirklich ist, mit vollkommener

Weisheit betrachtet, der überwindet den Drang nach Lebensbejahung.« Sprechen wir zunächst von der Welt als Ganzem in der Auffassung des Buddhismus. Es gibt danach drei Welten, die nach ihrer Struktur unterschieden werden: die Sinnenwelt, in der einbegriffen sind die Höllen, das Tier-, Gespenster- und Dämonenreich, die Menschenwelt und das sechsstufige niedere Himmelreich. Danach gibt es die Welt der Formen, die die Bezirke der Himmelswelt umfaßt, in der die mit Körperformen ausgestatteten höheren Götter leben. Drittens gibt es die Welt des Gestaltlosen. Sie ist der Bereich des Immateriellen, in dem die höchsten Götter existieren. Alle diese Wesen haben ihre verschiedene Lebensdauer, die nach Weltaltern berechnet wird. Diese Welt mit all ihren Erscheinungsformen ist unheilvoll, d.h. in der Ausdrucksweise des Buddhismus dem »Leiden« unterworfen, weil die Wesen vom Durst nach Dasein (bhava-tanha) getrieben und vom »Nichtwissen« im oben erörterten Sinne gefesselt sind. Das gilt auch für die »langlebigen« Götter, die daher auch erlösungsbedürftig sind. Diese Götter, die in buddhistischen Texten vielfach vorkommen, sind daher nicht, was in anderen Religionen Götter sind, sondern eine höhere Daseinsform wiedergeborener Wesen, deren durch zahlreiche Wiedergeburten führender Weg aufgrund ihrer Taten (karma) in jene Himmelswelten führte, wie denn nach buddhistischer Mythologie auch Buddha vor seiner letzten Geburt in die Welt der »zufriedenen Götter« kam, aus der er zu seiner letzten Geburt auf der Erde erschien.

Alter und Tod sind natürlich die markantesten Formen der Vergänglichkeit, d.h. der Wesenlosigkeit und die verbreitetsten Anlässe irdisch-empirischen Kummers. Der Buddhismus hat nun diese Welt auf ihre Elemente hin analysiert und eine Weltanschauung entwickelt, die den modernen Atomismus vorwegnimmt. Es handelt sich um die »Dharma-Lehre«. Unter dem Begriff »dharma«, der auch »Lehre« und »Ordnung« bedeuten kann, ist hier »Träger« von Eigenschaften, Daseinsfaktor zu verstehen. Die Dharmas sind also letzte atomare Elemente der Daseinswelt. Alles, was existiert, sei es im weltlichen, sei es im überweltlichen Sinne, besteht aus Kombinationen dieser Daseinsfaktoren, die alle bis auf einen als bedingt bezeichnet werden. Diese Daseinsfaktoren werden nun in fünf »Gruppen« eingeteilt, von denen in der ersten heiligen Wahrheit die Rede ist. Es gibt nach buddhistischer Lehre 169 bedingte, von einander abhängige und vergängliche Daseinsfaktoren. *Ein* Dharma ist unvergänglich und wandellos, das Nirvana. Doch was sind diese fünf Gruppen? Es sind Daseinsfaktoren folgender Bereiche: des Körperlichen, der Empfindung, des Unterscheidungsvermögens, der Triebkräfte, des Bewußtseins.

Unter den körperlichen Dharmas versteht man zunächst die vier Elemente: Erde, Wasser, Feuer, Luft, aus denen alles Materielle besteht. Ferner die aus diesen Elementen gebildeten Daseinsfaktoren, die zum Körper gehören: wie Sinnesvermögen, wie Auge = Sehvermögen, Leib = Tastvermögen, die Sinnesdaten (Farben, Töne, männliche und weibliche Geschlechtscharaktere) und die am Körper auftretenden Eigenschaften.
Zur Empfindung gehört das Erleben angenehmer, unangenehmer oder indifferenter Gefühle.
Das Unterscheidungsvermögen besteht aus den Dharmas, die die Fähigkeit haben, etwas, das man wahrnimmt oder vorstellt, von anderem zu unterscheiden.
Bewußtsein, auch Geist oder Denken genannt, ist reines Bewußtwerden ohne Inhalt.
Die fünfte Gruppe bilden die »Triebkräfte« (sanskara), die als objektive Realitäten vorgestellt werden. Sie bedingen den Lebensprozeß und veranlassen die Kombinationen der verschiedenen Dharmas zu Erscheinungen dieser Vielheitswelt. Dazu gehören: Wollen, Konzentration, Haß, Gier, Verblendung, Trägheit, Zweifelsucht. Sie sind die Ursache der Karma-Erzeugung, d. h. des Gewinns des aus den Taten entstehenden guten oder schlechten Stoffes, aus dem in der nächsten Existenz der Körper mit seinen Anlagen entwickelt wird. In diesen Bereich gehören noch die sogenannten »fünf Hemmungen«: Sinnenlust, Übelwollen, Stumpfheit, Mattheit, Aufgeregtheit, Gewissensunruhe und Zweifel. Alle bedingten Dharmas sind vergänglich und ohne Selbst (anatta). Das heißt also, daß alle individuellen Erscheinungen vorübergehende Kombinationen der bedingten Dharmas sind: »Das Körperliche und die anderen Gruppen – keines von diesen ist ein Selbst.«
Wir verstehen also, daß in der ersten heiligen Wahrheit von diesen fünf Gruppen der Daseinsfaktoren die Rede ist, und daß sie und ihre Kombinationen »Leiden« = »Unheil« sind. Das aber bedeutet, daß die gesamte Welt bzw. alle individuell gestalteten Welten, die aus den Dharmas bestehen, unheilvoll und erlösungsbedürftig sind.
Wir stießen eben bereits auf die Idee des Selbst (atta). Im Hinayana spielt das Problem des Ich eine wichtige Rolle. Die abendländische Forschung ist sich nicht völlig einig über das in der originalen Buddha-Lehre Gemeinte: Wird jegliches Selbst geleugnet oder will der Buddha das auch von ihm angenommene eigentliche Selbst nur der Welt der Erscheinungen bzw. der Dharmas und damit jeder Benennbarkeit entziehen? Ich halte meinerseits diese letztere Ansicht für zutreffend und glaube, daß

auch die Texte diese Auffassung stützen. Unter Persönlichkeitswahn, von dem oft die Rede ist, wird eindeutig der im Individuum zusammengefaßte Komplex der »fünf Gruppen« der Daseinsfaktoren verstanden. Abgesehen von diesen die Persönlichkeit konstituierenden Faktoren gibt es keine Persönlichkeit. Buddha hat diesen Zustand im Bilde eines Wagens veranschaulicht, der aus verschiedenen Teilen (Deichsel, Räder, Wagenkasten usw.) besteht, aber abgesehen von diesen Elementen nicht existiert. Immer wieder wird in den Texten der »Irrglaube an die Individualität« in seinem Entstehen und in seiner Struktur beschrieben. So etwa in folgendem Text: »Da ist ein unwissender, gemeiner Mann…: der betrachtet die Körperlichkeit als das Ich, oder das Ich als mit Körperlichkeit versehen, oder er sieht in dem Ich die Körperlichkeit, oder in der Körperlichkeit das Ich… (Dasselbe wird dann auch von den vier anderen Gruppen der Daseinsfaktoren wiederholt.) So… entsteht der Irrglaube an die Individualität.« Der unerlöste Mensch – das wird hier sichtbar gemacht – identifiziert irrtümlich die Daseinsfaktoren bzw. ihre Kombinationen mit dem Ich. Die berühmte Predigt vom Nicht-Ich (anatta) läuft darauf hinaus, daß der Buddha klarstellt, daß keines der endlichen und vergänglichen Daseinselemente »mein Selbst« ist. Damit ist eindeutig die Existenz eines letzten Absoluten hinter den vergänglichen Faktoren ausgesagt. Die Verweigerung einer Aussage über die Existenz bzw. Nichtexistenz eines eigentlichen Selbst hat den Sinn, daß die aus der endlichen Welt stammenden und nur auf sie beziehbaren Kategorien des Seins bzw. des Nichtseins auf das Absolute, aller Endlichkeit Enthobene keine Anwendung haben.

Der Unheilscharakter der endlichen und vergänglichen Individualexistenz wird im einzelnen dadurch charakterisiert, daß zehn Fesseln angenommen werden, deren erste fünf zu niederer Wiedergeburt, und deren sechste bis zehnte, sofern die ersten fünf gelöst sind, zu höherer, aber selbstverständlich ebenfalls erlösungsbedürftiger Existenz führen: »Welches sind die fünf zu niederer Wiedergeburt führenden Fesseln? Der Glaube an die Persönlichkeit als das Ich, Zweifel, das Hängen am Ritualismus, sinnliche Lust, Übelwollen. Dies sind die fünf zu niederer Wiedergeburt führenden Fesseln. Und welches sind die fünf zu höherer Wiedergeburt führenden Fesseln? Das Verlangen nach Dasein in der Formwelt, das Verlangen nach Dasein in der Nichtformwelt, Dünkel, innere Unruhe, Nichtwissen. Dies sind die fünf zu höherer Wiedergeburt führenden Fesseln.«

Die Karma-Lehre

Das Werden zu neuer Existenz ist von dem Karma-Gesetz bestimmt, das im Buddhismus im Lehrsatz von der zwölffachen Ursachenverknüpfung in detaillierter Form ausgesprochen wird. Während die Lehre vom Nicht-Ich durch Analyse die Scheinhaftigkeit endlichen Daseins zeigt, wird nun hier, gewissermaßen umgekehrt, das bedingte Werden aller dieser endlichen Phänomene aus bedingten zwölf Ursachen erklärt. Die buddhistische Kausalitätstheorie lehrt, daß nichts durch sich selbst oder durch ein anderes Selbst etwa durch einen Gott oder durch einen Zufall entstehen könne.

Der Text dieses Lehrsatzes lautet: »Das Entstehen in Abhängigkeit will ich euch darlegen: Durch *Nichtwissen* als Vorbedingung entstehen karmagestaltende *Triebkräfte*, durch Triebkräfte ein *Bewußtsein*, durch ein Bewußtsein eine geistig-leibliche *Individualität*, durch eine Individualität die sechs *Sinne* (fünf Sinne und der Denksinn), durch die sechs Sinne *Berührung*, durch Berührung *Empfindung*, durch Empfindung *Gier* (Durst), durch Gier *Lebenshang*, durch Lebenshang karmisches *Werden*, durch Werden *Wiedergeburt*, durch Wiedergeburt *Altern, Sterben, Wehklagen, Gram* und *Verzweiflung*. So ist die Entstehung dieser ganzen Masse von Leiden.«

Diese Lehre von der zwölffachen Ursachenkette (paticca samuppada) gibt die Antwort auf die nun zu stellende Frage nach der Ursache des Leidens, also des Unheils in buddhistischer Sicht. Der Sinn dieser Lehre, über die im Abendlande viele kontroverse Deutungen versucht worden sind, ist folgender: genauer als in den vier heiligen Wahrheiten soll das Entstehen des Leidens, also der erlösungsbedürftigen Individualexistenz, aufgewiesen werden. Die letzte Wurzel alles in diesem buddhistischen Sinne leidvollen Daseins ist das Nichtwissen (avidya), d. h. die Unkenntnis der wahren Natur des vorgefundenen irdischen Daseins wie sie in den vier heiligen Wahrheiten ausgesprochen ist. Der zweite Begriff »karmagestaltende Triebkräfte« meint vor allem Willensregungen, die sich auf die Objekte der Sinnesorgane richten. Diese gestaltenden Kräfte erwachsen also in der vergangenen Existenz aus dem Nichtwissen. Nun beginnt eine neue Existenz, die gegenwärtige, mit dem aus den beiden in der vergangenen Existenz gegebenen Ursachen erwachenden »Bewußtsein«, dem zentralen psychischen Organ, das den Kern des im Mutterleib entstehenden Lebewesens bildet. Dieses Bewußtsein also geht in den Mutterleib ein. Das nächste aus dem Bewußtsein entspringende Glied heißt »geistig-leibliche Individualität«. Daraus entstehen die sechs Sinnesorgane, die ihrerseits die »Berührung« mit den Objekten bedingen. Die Berührung ruft die »Empfindung« hervor und diese wiederum weckt die »Gier« bzw. den Durst, durch den man sich an das Dasein klammert und die fünf Gruppen der Daseinsfaktoren, die die Individualität konstituieren, ergreift. Das ist mit dem »Lebenshang« gemeint. Das »karmische Werden«, das aus dem Lebenshang folgt, sind die Taten des gegenwärtigen Individuums, die Wesen und Schicksal des neuen Individuums bestimmen; denn nun greift die Kausalreihe auf eine dritte, die künftige Existenz über mit ihrem elften Glied »Wiedergeburt«, durch die dann abermals das »Reich des Leidens«, d. h. die unheilvolle Existenz bedingt ist, die mit den Begriffen »Altern, Sterben, Wehklagen, Gram, Verzweiflung« umschrieben wird. In kürzerer Form hat die zweite der in Benares verkündeten heiligen Wahrheiten die Ursache der Entstehung des Leidens erklärt. Sie lautet: »Was ist nun, ihr Mönche, die edle Wahrheit von der Entstehung des Leidens? Es ist jener Wiedergeburt erzeugende, von Wohlgefallen und Lust begleitete Durst (tanha), der bald hier bald dort sich ergötzt, das will sagen: der Durst nach Sinnenlust, der Durst nach Werden, der Durst nach Vernichtung.«

Die vier Menschengruppen

Überblickt man unter diesen Gesichtspunkten die unerlöste, im Unheil lebende Menschenwelt, so lassen sich nach buddhistischer Auffassung entsprechend der Art ihres Wandels vier Gruppen von Menschen unterscheiden. Die einen in niedriger Daseinsform Geborenen und darin haltungsmäßig Verharrenden wandern vom Dunkel dieser Existenz zum Dunkel neuer Existenz. Andere, ebenfalls in niederer Existenz Geborene, führen einen guten Wandel und gelangen in eine lichte Existenz. Die dritte Menschenart wird in lichter Existenz geboren, führt aber darin einen schlechten Wandel und gelangt daher in eine dunkle Wiedergeburt. Die vierte Gruppe endlich wird in heller Existenz geboren, und befleißigt sich weiter eines guten Wandels, sie geht vom Licht zum Licht. Himmel und Hölle aber sind die extremen Möglichkeiten der durch Werke, Worte und Gedanken bedingten Wiedergeburt: »Ist jemand, ihr Mönche, mit drei Dingen belastet, dann fährt er, wie er es verdient, zur Hölle. Mit welchen drei? Mit unheilsamen Taten in Werken, Worten und Gedanken. …Ist jemand, ihr Mönche, mit drei Dingen ausgerüstet, dann geht er, wie er es verdient, zum Himmel ein. Mit welchen drei? Mit heilsamen Taten in Werken, Worten und Taten.« In einem anderen Text, den wir seiner Länge wegen hier nicht zitieren können, wird von Maudgalyayanas Wan-

derung durch die leidvollen Welten (siehe: G. Mensching, Buddhistische
Geisteswelt, 1955, S. 80 ff.) berichtet und gezeigt, daß den in unheilvoller
Existenz lebenden Menschen ihren negativen Taten gemäß verschiedene
Höllen und verschiedene Strafarten bestimmt sind. Dieser Text hat eine
erstaunliche Ähnlichkeit mit der von Dante im ersten Teil seiner Divina
Commedia gegebenen Beschreibung der Höllen und ihrer Strafarten.

In einem anderen Text wird behauptet, daß den in unheilvoller Existenz
lebenden Menschen bestimmte »Götterboten« gesandt werden, die ihn zu
heilvollem Streben und Wirken veranlassen sollen. Die hier ausgesprochene tief religiöse Erkenntnis liegt darin, daß diese »Götterboten« nicht
von jedem Menschen als solche erkannt werden; denn es sind die natürlichen irdischen Phänomene der Vergänglichkeit, die zwar jedem Menschen begegnen, deren Unheilscharakter aber von nichtwissenden und
am Dasein haftenden Menschen nicht erkannt wird. Religiöse Erkenntnis
setzt also auch nach buddhistischer Ansicht ein sehendes Auge voraus,
das – wie es im Gleichniswort dieses Textes heißt – die irdischen Vergäng-
lichkeitsphänomene als »Götterboten« erkennt und den Menschen ver-
anlaßt, sich dem Heilsweg aus dem Unheil der vorgefundenen Existenz
zuzuwenden. Wir weisen hier auf die interessante Parallele Matthäus
25,38 ff. hin, wo ebenfalls bei dem Gerichtsakt am Ende der Tage den
Verfluchten vorgeworfen wird, den König des Gerichts auf Erden nicht in
der Gestalt notleidender Mitmenschen erkannt und daher liebevolles
Handeln an ihnen unterlassen zu haben. Die Ähnlichkeit dieser beiden
Geschichten, die inhaltlich durchaus in einer für die Lebensmitte beider
Religionen charakteristischen Weise verschieden sind, liegt darin, daß in
beiden Texten die natürliche irdische Lebenswirklichkeit von den Unerlösten nicht in ihrer wahren Bedeutung verstanden wird und daher heil-
volles Verhalten versäumt wurde.

2   DIE CHRISTLICHE UNHEILSIDEE

Natürliches Leiden in der israelitischen Religion
Wir gehen bei der Erörterung der christlichen Unheilsidee aus von der
Untersuchung der in der israelitischen Vergangenheit vorhandenen Betrachtungsweise des natürlichen Leidens. Zunächst ist zu konstatieren,
daß auch in der Frömmigkeit des Alten Testaments das allgemeine natürliche Leiden des der Vergänglichkeit unterworfenen Menschen bekannt
ist. In ergreifenden Worten spricht das Buch Hiob die Hoffnungslosigkeit

der menschlichen Situation aus: »Der Mensch, vom Weibe geboren, lebt kurze Zeit und ist voll Unruhe, geht auf wie eine Blume und fällt ab, flieht wie ein Schatten und bleibt nicht... ein Baum hat Hoffnung, wenn er schon abgehauen ist, daß er sich wieder erneuere und seine Schößlinge hören nicht auf ... aber des Menschen Hoffnung ist verloren.« (Hiob 14,1 ff.) Das natürliche Leiden im Sinne irdischen Mißgeschicks ist durchaus bekannt und wird in bestimmtem Sinne gedeutet.

Fragen wir aber zuvor nach der hier angenommenen Ursache des natürlichen Leidens nicht im Einzelleben, sondern in der Welt überhaupt, so stoßen wir auf eine sehr charakteristische Antwort, die besonders interessant ist durch ihr Verhältnis zu der Interpretation des Buddhismus. Die Lösung dieser Frage enthält der Sündenfall-Mythos (1. Mose 3); denn in dieser Geschichte wird die Antwort gegeben auf die Frage, warum heute der Acker »Dornen und Disteln« trägt, und warum der Mensch selbst »unstet und flüchtig« ist. Diese Begriffe umschreiben das dem Menschen zufallende Schicksal des Verstricktseins in mannigfaches natürliches Leid, das auch hier das Schicksal der Vergänglichkeit und irdischen Ungemachs ist. Erinnern wir uns hier an den Buddhismus, so sehen wir, daß das Leiden dort, so ähnlich äußerlich es dieser israelitischen Anschauung ist, eine übernatürliche, nur in religiöser Erkenntnis erfaßbare Größe war. Die Antwort ist nun in beiden Religionen einerseits ähnlich, andererseits charakteristisch verschieden. Hier im Sündenfall-Mythos lautet die Antwort auf die Frage nach dem Ursprung irdischen natürlichen Leidens: sündhaftes, d. h. dem Gottesgebot widerstrebendes Begehren und Handeln. Die Ähnlichkeit der Antwort des Buddhismus mit dieser israelitischen liegt darin, daß hier wie dort das Begehren verantwortlich gemacht wird für das vorhandene Leiden. Im Buddhismus aber wird lediglich ein Kausalzusammenhang bis auf das uranfängliche »Nichtwissen« bzw. auf den »Durst« zurückgeführt. Es wird weder gesagt, ob es immer so war, noch wird, was damit zusammenhängt, von einer Schuld gesprochen, die dem unheilvollen Begehren anhaftet. Zwei Momente also unterscheiden das buddhistische Problem des Leidens vom israelitischen. Einerseits denkt der Buddhismus nicht daran, daß dem gegenwärtigen Zustand des Leidens je ein anderer der Leidlosigkeit vorangegangen sein könnte, in dem dann also die jetzt konstatierbare Ursache des Leidens noch nicht vorhanden war. In der israelitischen Problemstellung wird dagegen ein Urzustand paradiesischer Leidlosigkeit angenommen, weil auch seine Wurzel noch nicht existierte. Schon durch diese Problemstellung ist es bedingt, daß der Übergang von dem leidfreien in den leidvollen Zustand mit

Schuld belastet ist; denn darin, daß Menschen jenen primären Zustand störten, liegt ihre Schuld, für die sie mit irdischem Leiden bestraft werden. Zweitens fehlt im Buddhismus der Gedanke, daß der gegenwärtige Leidenszustand Strafe ist; denn hier ist das gegenwärtige Leid Folge, aber nicht Strafe. Das Verhältnis von Folge und Strafe bedarf dabei der Klarheit der Unterscheidung wegen einer näheren Deutung. Selbstverständlich ist auch die leidvolle Strafe eine Folge der Sünde. Aber diese Folge ist durch zweierlei charakterisiert: Einerseits ist diese Folge gesetzt, nicht durch die immanente Logik der Tatsachen, durch ein aus sich ablaufendes Kausalgeschehen, wie es im Buddhismus gesehen wird, sondern durch eine urteilende göttliche Intelligenz. Konkret gesprochen: Im Buddhismus fehlt der urteilende persönliche Gott, der aufgrund ungehorsamen Verhaltens einen leidvollen Strafzustand herstellt. Das aber ist in der israelitischen Vorstellung gegeben. Andererseits ist die israelitische Idee dadurch charakterisiert, daß die von Gott gesetzte Folge eine Strafe sein soll, ein Leiden also, das als Sühne für begangenes Unrecht auferlegt wird. Auch diese Gedanken fehlen natürlich im Buddhismus völlig: das vorgefundene Leiden hat keinen Sinn. Es läßt sich nur seine Ursache erkennen, aber nicht sein Zweck und damit nicht sein Sinn; denn beides gibt es nicht. Noch ein Gesichtspunkt muß bei diesem Vergleich hervorgehoben werden: Wir sahen, daß das natürliche Leiden wie »Alter, Krankheit und Tod« sowie die anderen in der ersten heiligen Wahrheit genannten Leidensphänomene nur als Symptome des universellen und existentiellen Unheils betrachtet werden, zu dem auch Empfindungen der Freude und des Glücks gehören. Im Alten Testament aber geht es hier ausschließlich um irdisches Leid und Ungemach, nach dessen Ursache gefragt wird. Eine universelle Unheilsidee fehlt hier; denn das Alte Testament hat aus dem Sündenfall-Mythos nicht die Konsequenz gezogen, die im Christentum, d. h. schon bei Paulus sich findet, nämlich daß der Tod, also das grundlegende Leidensschicksal »der Sünde Sold« ist. (Röm. 6,23)

Von diesen allgemeinen Voraussetzungen aus ist nun auch die Frage nach dem Sinn des natürlichen Leidens im Einzelleben zu beantworten in der Sicht der israelitischen Religion. Es galt in Altisrael als anerkannte Lehre, daß natürliches Leid Strafe für eigene oder fremde Schuld sei. So suchen bekanntlich die Freunde Hiobs als Ursache seines natürlichen Unglücks nach verborgener Schuld in seinem Leben; denn es ist nach ihrer Ansicht unmöglich, daß Gott nicht gerecht richtet und Leiden schickt für den, der ohne Schuld ist. (Hiob 15,18 usw.) So heißt es an einer Stelle: »Meinst du, wegen deiner Gottesfurcht strafe er (Gott) dich und gehe mit dir ins Ge-

richt? Nein, deine Bosheit ist zu groß und deiner Missetaten kein Ende.«
(Hiob 22,4 f.) Die Verbindung von Schuld und Schicksal, die in dem Sündenfall-Mythos im allgemeinen gegeben ist, wird auch für jedes Einzelleben aufrechterhalten. Wir wissen ja, daß auch die Jünger Jesu von ihren
israelitischen Glaubensanschauungen aus fragten, als sie einen Blindgeborenen sahen »Meister, welcher hat gesündigt, dieser oder seine Eltern,
daß er blind geboren ist?« (Joh. 9,2)
Bereits das Buch Hiob ist der Beweis dafür, daß diese Art der Betrachtung
notwendig zu schweren Problemen führen mußte; denn wenn Leiden
notwendig in irgendwelcher Schuld des Subjekts seine Ursache hat, dann
ergibt sich eine doppelte Frage: Einerseits ist es denkbar (wie bei Hiob),
daß jemand sich keiner Schuld bewußt ist und trotzdem von schwerem
Leiden geplagt wird. Dieses Problem ist noch am leichtesten zu lösen
durch den Hinweis auf die Möglichkeit unerkannter Sünde. Es muß indessen bemerkt werden, daß auf dem Boden israelitischer Gesetzesfrömmig-
keit Sünde immer durch den Vergleich mit den Forderungen des Gesetzes
festgestellt werden kann, also immer etwas rational Feststellbares ist. Es
ist also durchaus möglich, daß jemand sich als »gerecht« ansieht und daher dann in schwerste Konflikte kommt, weil sein ganzes Denken am Begriff der Gerechtigkeit Gottes orientiert ist. Die andere Frage, die sich aus
jener Deutung des Leidensschicksals ergibt, ist schwerer zu lösen. Es ist
die umgekehrte Frage, warum es den offenkundig Gesetzwidrigen so gut
geht. Diese Frage ist einfach nicht zu beantworten und ist auch nicht beantwortet worden auf dem Boden der alttestamentlichen Religion; denn
die im Psalm 73 gegebene Lösung klärt nicht die Frage nach dem Grund
so lange während Glückes der Gottlosen, wenn es heißt: »Es verdroß
mich der Ruhmredigen, da ich sah, daß es den Gottlosen so wohl ging.
Siehe, das sind die Gottlosen, die werden glücklich in der Welt und reich.
Soll es denn umsonst sein, daß mein Herz unsträflich lebt und ich meine
Hände in Unschuld wasche? ... Ich dachte ihm nach, daß ich es begreifen
möchte; aber es war mir zu schwer, bis daß ich ging in das Heiligtum Gottes und merkte auf ihr (der Gottlosen) Ende ... Wie werden sie so plötzlich
zunichte, sie gehen unter und nehmen ein Ende mit Schrecken.« (Ps. 73,3
usw.) Hier ist also die Lösung dieses spezifisch israelitischen Leidenspro-
blems verschoben bis zum Ende des Lebens der Gottlosen, an dem dann
die Strafe erfolgen soll. Das aber ist keine Lösung des lange Zeit währen-
den Glückes der Gottlosen und andererseits tritt das Problem sogleich
wieder zutage, wenn das »Ende mit Schrecken« im Leben der Gottlosen
ganz ausbleibt. Wir werden auf die Kritik dieser Ideen auf dem Boden des

Christentums später zu sprechen kommen. An dieser Stelle bedarf es noch des Hinweises, daß diese ganze Problematik im Buddhismus nicht vorhanden ist; denn das Leiden trägt hier zwar wie im Buddhismus Symptomcharakter, aber im Buddhismus ist das auch anders aufgefaßte und erfahrene Leiden Symptom für den Gesamtzustand der Unerlöstheit, hier dagegen Symptom bzw. Folge konkreter Verschuldung. Ein Problem der Theodizee, also der Rechtfertigung Gottes hinsichtlich seiner zweifelhaft gewordenen Gerechtigkeit, wie in Altisrael, kann im Buddhismus natürlich nicht entstehen, da das Leidensschicksal universal ist, also ausnahmslos alle betrifft, und Ungerechtigkeit deshalb ausgeschlossen ist, zumal andererseits die strafende Gottheit fehlt.

Endlich muß eine spezifisch israelitische Idee des Leidens erwähnt werden, die hernach nicht ohne Einfluß auf das Christentum gewesen ist, das stellvertretende Leiden. Bekanntlich handelt es sich hier vornehmlich um die deuterojesaianische Idee des leidenden Gottesknechtes (Jes. 53): der Gerechte leidet für die Sünden der anderen »Die Strafe liegt auf ihm, auf daß wir Frieden hätten und durch seine Wunden sind wir geheilt.« Letzten Endes kommt somit das Judentum zu keiner theoretischen Lösung der Frage nach dem Grunde des Leidens und die Stellungnahme der tiefsten Geister ist schließlich die des heroischen »Dennoch« des Glaubens: »Dennoch bleibe ich stets bei dir (Gott); du hältst mich bei meiner rechten Hand.« (Ps. 73,23)

Das natürliche Leiden im Christentum

Wir fragen nun weiter nach der Stellung des Christentums zu diesem natürlichen Leiden. Daß es vorhanden ist, wird auch im Christentum nicht geleugnet, aber es hat zunächst keine metaphysische Beziehung wie im Buddhismus und keine Beziehung zu begangener Schuld wie in Altisrael. Wir berührten oben bereits die Frage der Jünger Jesu nach der Ursache natürlichen Leidens hinsichtlich des Blindgeborenen. Johannes 9,3 antwortet Jesus auf die oben gestellte Frage: »Es hat weder dieser gesündigt, noch seine Eltern, sondern daß die Werke Gottes offenbar würden an ihm.« Dieses Leiden hat danach keinen metaphysischen Grund, sondern einen Zweck, nämlich den, daß es geheilt wird und Gottes Herrlichkeit darin offenbar wird. Jesus leugnet hier also den Zusammenhang von Schuld und Leidensschicksal, den Altisrael annahm.

Das natürliche Leiden hat nach christlicher Auffassung einen Sinn, wiederum im Unterschied zum Buddhismus, wo das Leiden völlig sinnlos ist. Was aber ist der Sinn des natürlichen Leidens? Es soll überwunden werden. Wir erinnern uns wieder an den Buddhismus: Hier sollte das Leiden, natürliches wie religiöses Leiden, »aufgehoben« werden. Darin sah man geradezu das Wesen der Erlösung. Hier dagegen handelt es sich nicht darum, daß das Leiden getilgt wird, sondern daß es »überwunden« werden soll. Diese Überwindung aber besteht darin, daß Werte aus ihm und durch es gewonnen werden. Hier müssen wir Paulus zitieren. Er ist unerschöpflich in der Angabe solcher aus dem Leiden zu gewinnender Werte. Wir stellen einige solcher Texte, in denen solche Werte genannt werden, nebeneinander: »Wir rühmen uns auch der Trübsale in der Gewißheit, daß Trübsal Geduld bewirkt, Geduld aber Bewährung, die Bewährung aber Hoffnung, die Hoffnung aber läßt nicht zu Schanden werden.« (Röm. 5,3 ff.) »Gelobt sei Gott...., der uns tröstet bei all unserer Trübsal, so daß wir zu trösten vermögen, die da sind in irgendwelcher Trübsal mit dem Trost, mit dem wir selbst von Gott getröstet sind.« (2. Kor. 1,3 f.) »Denn unsere Trübsal, die zeitlich und leicht ist, schaffet eine ewige und über alle Maße wichtige Herrlichkeit.« (2. Kor. 4,17) »Ich halte es dafür, daß dieser Zeit Leiden nicht wert sei der Herrlichkeit, die an uns soll offenbart werden.« (Röm. 8,18) Aus dem fortdauernden Leiden werden somit Werte gewonnen, Bausteine inwendigen Lebens. Es gibt einen Zweck, den nach christlicher Auffassung Gott mit diesem Leiden erreichen will. Leiden dieser natürlichen Art ist also keine Frage von Sünde, sondern soll gerade Ursache zu neuem ethischen Leben sein. Das erkennen und diese Werte realisieren heißt »Überwindung des Leidens«, ein Standpunkt, der von dem des Buddhismus grundlegend verschieden ist, da dieser das konkrete Leiden »aufheben« will.

Das Unheil als Leiden im Christentum
Die bisher besprochene Art des natürlichen Leidens ist in keiner Weise die entscheidende; denn es gibt ein völlig anders geartetes »Leiden«, das im Mittelpunkt der christlichen Erlösungsidee steht. Wir nennen es einstweilen das übernatürliche Leiden und meinen damit nicht, daß dieses Leiden selbst übernatürlich sei, sondern daß es im Unterschied zum natürlichen Leiden nicht von den natürlichen Organen des normalen natürlichen Menschen erkannt werden kann, sondern zu seiner Bewußtwerdung einer Erfahrung bedarf, die transzendente Objekte zu ihrem Inhalt hat. Mit anderen Worten: Dieses übernatürliche Leiden steht auf derselben Stufe und ist prinzipiell von derselben Art wie das »Leiden« im Buddhismus, das, wie wir sahen, auch nicht zusammenfällt mit natürlichen Schmerzempfindungen. Das Leiden im Buddhismus war das Erlebnis der Wesen-

losigkeit von Welt und Leben aufgrund der vorgefundenen Trennung des Menschen von der Heilswirklichkeit des Nirvana. Das christliche Leiden ist insofern ähnlich orientiert, als es durch die Erfahrung der Trennung bzw. Isolierung des Menschen von einer transzendenten Wirklichkeit entsteht. Wir nennen den Grund dieses Leidens »Sünde«.

Damit taucht nun gleich eine Fülle von Unterschieden zum Buddhismus auf. Wir stellen noch einmal das Gemeinsame fest: Das hier gemeinte Leiden ist nicht natürlicher Art und kann nicht von jedem Menschen ohne weiteres, d. h. mit seinen normalen Sinnesorganen erfahren werden wie natürlicher Schmerz; ferner verdankt es seine Entstehung innerhalb des Subjekts der primären Erfahrung einer transzendenten Wirklichkeit, von der man sich getrennt fühlt. Nun aber beginnen die großen Unterschiede: Der Bezirk, innerhalb des Menschen, in dem das Leiden entsteht, ist ein anderer als im Buddhismus. Luther spricht hier von der »conscientia perterrita«, von dem erschrockenen Gewissen, als »Ort« dieses Leidens. Das ist natürlich völlig anders als im Buddhismus, wo das Leiden durch die Trennung vom Absoluten, dem Nirvana, jedenfalls nicht das Gewissen belastet. Das hat nun einen klar erkennbaren Grund; denn das Faktum, über das man im Christentum Leid empfindet, ist nicht die Trennung allein, sondern die darin liegende Schuld. Wir nennen dieses Faktum Sünde. Luther versteht darunter vornehmlich im Sinne des peccatum essentiale (im Unterschied zum peccatum actuale) eine seinsmäßige Gesamthaltung schuldhafter Art, die als selbstsichere Isolierung von Gott bezeichnet werden kann. Diese Realität der Sünde erweckt im Gewissen des Menschen das spezifische Leiden des Christen, die Qual des unerlösten, durch die existentielle Sünde von Gott getrennten Menschen.

Sünde ist also in christlicher Sicht das wesensmäßige Analogon zu dem existentiellen Leiden im Buddhismus. Die Analogie liegt darin, daß beiderseits eine generelle und existentielle Situation und nicht Einzelmomente an der Peripherie als erlösungsbedürftige Voraussetzung angesehen werden. Im Christentum aber handelt es sich um die Selbstbehauptung vor Gott, um die ich-süchtige Existenz im Unterschied zur ich-haften Existenz, die im Buddhismus als Unheil angesehen wird. Auch im Christentum ist die Unheilsidee am Ich orientiert, hier aber nicht in dem Sinne, daß das Ich selbst als eine unheilvolle Wahnvorstellung aufgefaßt würde, sondern daß alle Kräfte des Menschen auf das Ich gerichtet sind, um ihm zu dienen unter gleichzeitiger Abwendung des Menschen von Gott. Die christliche Idee des Unheils in der Sicht Jesu ist nirgends eindrucksvoller und eindeutiger dargestellt als in dem Gleichnis vom verlo-

renen Sohn. (Luk. 15) Der verlorene Sohn wendet sich von Gott ab und
zieht in die Ferne im Vertrauen auf die eigenen Kräfte. In der Ferne aber
erlebt er die Abwendung vom Vaterhaus als Schuld gegenüber seinem
Vater und wendet sich um, kehrt zu seinem Vater zurück und bekennt
seine Schuld: »Vater, ich habe gesündigt gegen den Himmel und vor dir,
ich bin hinfort nicht mehr wert, daß ich dein Sohn heiße.« (Luk. 15,21)
In israelitischer Betrachtung besteht ein absoluter Gegensatz zwischen
dem Sünder und dem »Gerechten«. Jesus dagegen hat beide insofern auf
eine Stufe gestellt, als beide des Schulderlasses bedürfen; denn auch der
Gerechte ist in Jesu Augen vor Gott ein sündiger Mensch wie der Pharisäer im Gleichnis neben dem Zöllner. (Luk. 18,10 ff.) Der ältere Sohn im
Gleichnis vom verlorenen Sohn war solch ein »Gerechter«, der dem Vater
gegenüber seine Verdienste aufzählt, die er dem Gesetz gemäß erworben
hat, jedoch ohne innere Beziehung zum Vater. Eine formale Gerechtigkeit zeichnete den »gerechten« Sohn aus, während der »verlorene« Sohn
sich existentiell umwandte und zu seinem Vater kam und seine Schuld bekannte, worauf der Vater ihm verzieh und sagen konnte: »Lasset uns essen und fröhlich sein; denn dieser mein Sohn war tot und ist wieder lebendig geworden, er war verloren und ist gefunden worden.« (Luk. 15,23 f.)
Das Tot-Sein des verlorenen Sohnes, von dem der Vater spricht, ist die
existentielle Unheilssituation, von der wir sprachen. Dem steht das »Le-
bendig-Geworden-Sein« als Heilssituation gegenüber. An anderer Stelle,
im Gleichnis vom verlorenen Schaf, sagt Jesus: »Ich sage euch, also wird
auch Freude sein im Himmel über einen Sünder, der Buße tut vor neunundneunzig Gerechten, die der Buße nicht bedürfen.« (Luk. 15,7)
Letzten Endes ist natürlich die Gotteserfahrung die entscheidend bestimmende Größe für die Heilsidee in beiden Religionen. Im Buddhismus
war es das Nirvana, die absolute Realität. Das Ausgangserlebnis ist daher
ein Realitätserlebnis bzw. gegenüber der empirischen Wirklichkeit das
Erlebnis ihrer Irrealität. Im Christentum aber ist es das Erlebnis des Vatergottes, der heilig ist nicht nur im Sinne des Tremendum, d.h. des Zittern erregenden Geheimnisses, sondern in Jesu Verkündigung vornehmlich im Sinne des »fascinans« als der Sünder suchende, liebevolle Hei-
landgott, der Gnade walten läßt und Unheil abwendet. Die Signatur unerlösten menschlichen Daseins ist das von Gott Abgewandt-Sein. Paulus
drückt das folgendermaßen aus: »Sie (die unerlösten Menschen) wußten,
daß ein Gott ist und sie haben ihn nicht gepriesen als einen Gott, noch ihm
gedankt, sondern sie sind in ihrem Dichten eitel geworden und ihr unver-
ständiges Herz ist verfinstert.« (Röm. 1,21)

Zusammenfassender Vergleich

Leiden ist in beiden Religionen nicht im empirischen Sinne die entscheidende Grundlage der Erlösungssehnsucht. In beiden Religionen ist das empirische, natürliche Leiden auch religiös interpretiert, aber verschieden. Im Buddhismus ist das natürliche Leiden im Sinne von Schmerz und Ungemach Symptom (neben anderen Symptomen) einer generellen Unerlöstheit, die in individueller und ichhafter Existenz besteht.

Im Christentum ist das natürliche Leiden ohne metaphysische Wurzel, wie wir sahen, aber es hat einen religiösen Sinn für den Erlösten. Es soll der Erziehung dienen und ethische Werte können durch die Leidensüberwindung (nicht durch die Leidensaufhebung) gewonnen werden.

Das eigentliche Leiden ist die Grundlage der Erlösungssehnsucht wiederum in beiden Religionen. Es ist beiderseits ein generelles, existentielles Isoliertsein von einem Transzendenten, neutral gesprochen, aber eben wiederum in einem verschiedenen Sinne. Im Buddhismus ist es die ichhafte Existenz, Glaube und Handeln im Sinne individuellen Daseins. Die Unheilsexistenz bezieht sich im Buddhismus nicht nur auf das gegenwärtige individuelle Dasein, sondern auf die gesamte Kette der vorangegangenen und folgenden Daseinsformen im Samsara, im Geburtenkreislauf. Unheil ist das immer neue Geborenwerden, in dem jedesmal wieder die Orientierung am Ich der Unheilsfaktor ist.

Im Christentum dagegen handelt es sich nur um die einmalige gegenwärtige Existenz. Sie wird als unheilvoll aufgefaßt wegen der Ichsüchtigkeit, die in ihr waltet, d. h. im Sinne der Richtung aller Kräfte auf das Ich unter Abwendung von Gott und der Bindung an ihn. Leiden ist hier die Schuld der Gottesferne.

Die Bewertung der Welt

Vom Unheilserlebnis aus ist auch die Bewertung der Welt in beiden Religionen verständlich. Der Buddhismus sieht die Welt als solche als leidvoll, als wesen- und sinnlos an. »Alles Wirkliche ist individuell«, heißt es in einem Text. Und alles Individuelle ist unheilvoll, weil es abgespalten ist von der großen Einheit des Nirvana, des absoluten Seins. Also wird die Welt negativ bewertet vom Heil der undifferenzierten Einheit aus beurteilt. Ein Text drückt das folgendermaßen aus: »Wie wenn, ihr Mönche, dieser Gangesstrom eine große Schaummasse mit sich führte; die sähe ein Mann mit scharfem Auge an, dächte darüber nach und prüfte sie gründlich, und wenn er sie ansieht, erscheint sie ihm leer und nichtig und ohne Kern, denn was für einen Kern hätte wohl eine Schaummasse? Ebenso, ihr

Mönche, steht es mit aller Körperlichkeit, die es immer geben mag, vergangener, künftiger, gegenwärtiger, in uns und außerhalb, stark oder zart, gering oder hoch, in der Ferne oder Nähe: Die sieht ein Mönch an und denkt darüber nach und prüft sie gründlich, und wenn er sie ansieht... erscheint sie ihm leer und nichtig und ohne Kern; denn was für einen Kern hätte wohl die Körperlichkeit?« Dieser Text also spricht von der Wesenlosigkeit abgespaltenen individuellen Seins. So ist die gesamte Weltwirklichkeit »leidvoll« im besprochenen Sinne. Sie ist ja auch keine echte Wirklichkeit, sondern sie ist wesenlos, wie wir hörten.

Die Welt erfährt in christlicher Sicht sowohl in der Verkündigung Jesu als auch im späteren Christentum eine doppelte Bewertung; denn einerseits ist diese irdische Welt nach christlicher Anschauung von Gott geschaffen und es gilt von ihr, was im Schöpfungsbericht (1. Mose 1,31) von Gott gesagt wird: »Und Gott sah, daß alles, was er gemacht hatte, sehr gut sei.« Das ist das Erbe aus der alttestamentlichen Religion. Von dieser Welt sagt der Prolog des Johannesevangeliums (Joh. 1,3): »Alle Dinge (dieser Welt) sind durch dasselbige (ewige Wort, den Logos) gemacht, und ohne dasselbe ist nichts gemacht, was gemacht ist.« Und Johannes 3,16 wird gesagt, daß Gott die Welt geliebt habe. Allerdings ist hier bereits davon die Rede, daß die Welt nicht verlorengehen solle, sondern durch den von Gott gesandten »Sohn« selig werden solle. Sie ist also – und das ist die andere Seite der Bewertung der Welt – im Unheilszustand. Der Wille Gottes ist also auf diese Welt gerichtet als ein Heilswille.

Andererseits wird, wie wir eben schon sahen, der Begriff »Welt« zu einer negativen Wertkategorie. Im 1. Johannesbrief (2,15) heißt es: »Habt nicht lieb die Welt und was in der Welt ist. Wer die Welt lieb hat, in dem ist nicht die Liebe des Vaters.« Zahlreiche Aussagen des Neuen Testaments bekunden, daß diese Welt negativ zu sehen ist; denn sie steht unter der Herrschaft des Satans: »Die ganze Welt liegt im Argen.« (1. Joh. 5,19) »Wir haben hier keine bleibende Stadt, sondern die zukünftige suchen wir.« (Hebr. 13,14) Nicht die Welt an sich wird negativ bewertet; denn sie ist Gottes Schöpfung. Die Richtung ist, wie beim Einzelmenschen, der Unheilsfaktor. Es handelt sich um eine autarke Welt und damit um eine gottabgewandte Diesseitigkeit. Die Welt lieb haben, wie es oben heißt, bedeutet, hängen an der gottentfremdeten Diesseitigkeit und ihren Werten. In diesem Sinne ist dann »Welt« nicht eine raum-zeitliche Kategorie, sondern eine religiöse Unwertbezeichnung, die Dinge und Personen umfaßt, insofern alles dieses gottentfremdet ist und sich selber lebt.

Interessant ist, daß wiederum einheitlich vom Unheilserlebnis aus, der spezifischen Art dieses Erlebnisses gemäß, die Welt bewertet wird: Buddha sieht das *Sein* der Welt als »leidvoll«, also als unheilvoll an. Im Christentum ist es nicht das Sein der Welt an sich, sondern die *Richtung der Welt* von Gott weg, die negativ bewertet wird.

Die Ursache des Unheils in christlicher Sicht

Wir erörterten oben (S. 130) die Frage nach der Ursache des Leidens im Buddhismus und erfuhren, daß es der Durst (tanha), der Werde-Durst, der Wille zum Leben, ist, der das Leiden im Sinne des existentiellen Unheils bewirkt. Was nun die Frage nach der Entstehung und Ursache des Unheils im Christentum betrifft, so muß festgestellt werden, daß Jesus selbst keine ausdrückliche Darlegung der Ursache der Sünde, also des existentiellen Unheils gegeben hat. Daß Jesus letzten Endes auch im Willen den Grund und das Wesen der Abwendung von Gott sah, zeigt das griechische Wort metanoia = »Sinneswendung«, was auf den innersten Persönlichkeitskern hindeutet, der sich von Gott abgewandt hat. Ohne uns auf eine genauere Untersuchung der dogmengeschichtlichen Entwicklung der christlichen Sündenidee einzulassen, sei hier lediglich die Confessio Augustana (Art. IX) zitiert, in der »de causa peccati«, über die Ursache der Sünde, gesagt wird: »Über die Ursache der Sünde lehren sie, daß, obwohl Gott die Natur schafft und erhält, dennoch die Ursache der Sünde der Wille der Bösen, wie des Teufels und der Gottlosen ist, der ohne Unterstützung Gottes sich von Gott abwendet.« Es ist also eindeutig der Wille, dessen Abwendung von Gott hier als Sündenursache bezeichnet wird. Während im Alten Testament auf den Sündenfall-Mythos nicht zurückgegriffen wird, um das Böse-Sein der Menschen zu erklären, ist das bei Paulus geschehen und in der weiteren Theologie fortgesetzt worden. Sünde und damit auch der Tod der Menschen werden hier auf die Ursünde Adams zurückgeführt. Paulus sagt im Römerbrief (5,12), daß »durch einen Menschen (Adam) die Sünde in die Welt gekommen ist und durch die Sünde der Tod und hat sich so auf alle Menschen verbreitet«. Von dem biblischen Mythos des Sündenfalls gehen gedankliche Konstruktionen z. B. Augustins aus, die von dem unentrinnbaren Zwang der Sünde sprechen. Die Menschheit ist nach Augustin »massa perditionis« (= die dem Verderben preisgegebene Masse), die aus dem ursprünglichen Zustand des »posse non peccare« (= Fähigkeit nicht zu sündigen) gefallen ist durch die von Adam her vermittelte Urtat. Die dabei zugrunde liegende Idee ist die der vollständigen Knechtung des Willens (de servo arbitrio), das »nonposse non peccare« (= die Unfähigkeit nicht zu sündigen).

Vergleich und Unterscheidung

Gemeinsam ist hinsichtlich der Ursache des jeweiligen Unheilszustandes in beiden Religionen, daß die Ursache im Subjekt und in dessen Willen gesehen wird. Darin sind Buddhismus und Christentum einig. Aber nun beginnen sogleich die fundamentalen Unterschiede: im Buddhismus ist der bhava-tanha, der Werde-Durst, der nach buddhistischer Lehre die atomhaften Dharmas zu individuellen Gestalten zusammenführt, an sich unheilvoll; denn der Wille will etwas Konkretes und Individuelles, er hält also durch sein Fortbestehen die Abgespaltenheit und Differenziertheit des Einen aufrecht. Träger und Ziel ist das imaginäre Ich. Wollen in ungebrochener Stärke setzt die Ich-Illusion voraus. Wir zitieren hier einen Text aus dem japanischen Buddhismus: »Gier, Haß und Wahn, diese drei sind die sogenannten drei Gifte, von denen alles Unrecht kommt. Diese drei Gifte hinwiederum aber, und mit ihnen also alle bösen Taten, quellen letztlich aus dem Ich-Gedanken, aus des Herzens Selbstsucht. Dies oder das mag ich nicht, dies möchte ich haben... jedes Reden dieser Art ist eine Prätension des Ich oder Selbst. Weg mit diesem Ich-Trug, dem törichten Glauben an die Realität des Seelenphantoms, und der Spiegel des Geistes ist wieder klar. Je dichter dagegen die Wolke des Ich auf dem Geist lagert, desto trüber wird derselbe.«

Im Christentum aber liegt das Unheil zwar auch im Willen, aber nicht in seiner Tatsächlichkeit, in seinem Bestehen und Funktionieren an sich. Nicht daß der Wille etwas will, noch daß er die konstituierende Grundkraft der individuellen Persönlichkeit ist, wird als unheilvoll angesehen, sondern in der Richtung dieses Willens von Gott weg auf die Welt, und d. h. auf das Ich und seine Gelüste, ist der bestimmende Beweggrund des Willens. Persönlichkeit, Ich und die individuellen Objekte des Willens sind somit an sich nicht unheilvoll; denn sie sind ja geschaffen und so gewollt von Gott, der ein Willensgott ist und daher Individuelles will. Unheilvoll ist die Welt also nur insofern sie in sich selbst ruht, abgewandt von Gott.

VII
Die Wege zum Heil

Wir müssen zuvor feststellen, daß der Begriff »Weg« nicht ohne weiteres auf die Verkündigung Buddhas und Jesu in gleicher Weise anwendbar ist. Buddha war ein Mystiker, der, wie andere Mystiker auch, einen regelrechten Weg zum Heil angibt. Er nannte sich ja auch selbst, wie wir oben hörten, einen »Wegweiser«. Er, wie andere Mystiker auch, legte Wert auf die Beschreibung der einzelnen Stufen zum Heil unter weitgehender Inanspruchnahme der Kräfte des Menschen, der diesen Weg geht.

Jesus dagegen kennt in diesem Sinne keinen Heilsweg mit Stufen, auf denen Menschen zu Gott emporsteigen können. Jesus meint eine Haltung, eine Bereitschaft für Gott. Nicht menschliches Wirken, sondern Gottes Wirken ist entscheidend. Forderungen werden zwar auch hier gestellt, wie wir sehen werden, aber es ist ein Mißverständnis, wenn man meint, Jesus habe den Menschen einen Heilsweg gezeigt, von dessen Erfüllung die Erlösung abhänge.

1   DER WEG ZUM HEIL BEI BUDDHA

Die Antwort auf die Frage nach der Aufhebung der Leidensursache gibt die dritte heilige Wahrheit. Sie lautet: »Dies, ihr Mönche, ist die heilige Wahrheit von der Aufhebung des Leidens: die restlose Vernichtung dieses Durstes durch restlose Vernichtung des Begehrens, ihn fahren lassen, sich seiner entäußern, sich von ihm lösen, ihm keine Stätte gewähren.« Da die Ursache des Leidens, wie die zweite heilige Wahrheit (S. 126) lehrte, der Durst, das Begehren war, wird konsequenterweise die Aufhebung des Leidens in der Vernichtung dieses Durstes gesehen. Was aber ist »der Weg zur Aufhebung des Leidens«? Darauf antwortet die vierte heilige Wahrheit mit der Mitteilung des »achtfachen Weges«: »Dies, ihr Mönche, ist die heilige Wahrheit von dem Wege zur Aufhebung des Leidens: es ist dieser heilige achtteilige Pfad, der da heißt: rechtes Glauben, rechtes Entschließen, rechtes Wort, rechte Tat, rechtes Leben, rechtes Streben, rechtes Gedenken, rechtes Sichversenken.« Diese acht Glieder lassen sich indessen auf drei reduzieren, da mehrere der in der vierten heiligen Wahrheit verwendeten Begriffe synonym sind.

Dieser dreigeteilte Heilsweg umfaßt folgende Stufen:

1. Ethisch-asketische Zucht. Diese Stufe ist in dem achtteiligen Weg mit »rechtes Wort«, »rechte Tat«, »rechtes Leben« bezeichnet.

2. Die zweite Stufe ist die der Versenkung, die mit den Worten »rechtes Streben«, »rechtes Gedenken«, »rechtes Sichversenken« gemeint ist.

3. Die höchste Stufe ist die der Erkenntnis. Sie wird mit den Worten bezeichnet: »rechtes Glauben«, »rechtes Entschließen«.

Diese drei Stufen des Heilswegs sollen nun betrachtet werden.

Ehe wir uns der Erörterung des Inhalts der buddhistischen Ethik zuwenden, die ja das Bemühen der ersten Stufe zum Heil, die ethisch-asketische Zucht, bildet, sei eine wichtige Vorfrage beantwortet nach der persönlichen Verantwortung und Freiheit inmitten dieser determinierten Welt, in der nach Buddhas Lehre nur ein »Entstehen in Abhängigkeit« möglich ist. Wie ist – so fragen wir – Erlösung bzw. zunächst als erste Stufe zum Heil sittliches Handeln möglich, wenn jene automatische Verknüpfung zwischen den Existenzen angenommen werden muß. Der Buddhismus antwortet: Die Determination ist nicht restlos wirksam, das Karma, d. h. der in der vergangenen Existenz angehäufte Tatenstoff, bestimmt zwar die äußere Situation des neuen Lebens, also z. B. wo, in welcher Kaste oder Existenzform (Mensch, Tier, Gott, Gespenst usw.) das Wesen wieder geboren wird, auch welchen Charakter das Wesen bekommt, aber es bleibt die Freiheit der Wahl innerhalb der gegebenen und determinierten Existenz. In dem, was wir empfangen aus dem vergangenen Leben, sind wir also abhängig, in dem, was wir mit dem Erbe machen, sind wir frei. So ist also eine sittliche Vervollkommnung innerhalb einer vorgefundenen Existenz möglich, so daß besseres Karma vererbt werden kann als in der gegenwärtigen Existenz empfangen wurde. Neue bessere Dharma-Kräfte können auftauchen bzw. zum Auftauchen gebracht werden, so daß in stufenweisem Aufstieg schließlich erreicht werden kann, daß überhaupt keine Daseinsfaktoren mehr auftauchen und gewissermaßen Meeresstille im Zustand des Nirvana eintreten kann.

Die Ethik des Buddhismus

Die erste Stufe auf dem von Buddha gelehrten Heilsweg ist, wie gesagt, die ethisch-asketische Zucht, deren Forderungen den Inhalt der buddhistischen Ethik bilden. Doch ehe wir von ihnen zu sprechen beginnen, sei von den Grundprinzipien dieser buddhistischen Ethik die Rede.

Sittliches Leben gilt im Buddhismus als Voraussetzung eines glücklichen Lebens innerhalb der Geburtenfolge, also innerhalb der irdischen, religiös gesehen unheilvollen Weltwirklichkeit. Durch sittliches Leben kann man also zwar ein glücklicheres, in besserer Existenzform verlaufendes Leben gewinnen, die Erlösung ist durch sittliches Tun nicht zu erwerben. Das sittlich vollkommene Leben führt in die Welt der Götter, wie das des werdenden Buddha, der durch seine Tugendwerte und -taten im Laufe seiner Geburtenkette in den Himmel der »zufriedenen Götter«, in den Tushita-Himmel, gelangte, von dem er zu seiner letzten Geburt auf die Erde kam. Hier gewann er die erlösende Erleuchtung, womit dann seine Geburtenwanderung beendet war. Der Wert der sittlichen Handlung ist nach Buddhas Ansicht nicht durch den Erfolg bestimmt, sondern durch die Gesinnung. Unter Karma als Tat versteht man also nicht das äußere Tun nur, sondern jedes vorbedachte Wollen. Aus dieser Perspektive wendet sich Buddha gegen alle Veräußerlichung auch des Kultwesens, indem er z.B. die äußerlichen Reinigungszeremonien der Brahmanen ablehnt. Wichtig zur Kennzeichnung des Grundcharakters der buddhistischen Ethik ist ferner, daß alle Wesen einbezogen werden in das Karma-Gesetz und auch in das Sittengesetz: d. h. auch die Tierexistenz ist karmabedingt. Um allerdings den Heilsweg beschreiten zu können, ist sittliche Verantwortung und bewußtes Wollen nötig. Dazu sind die Tiere nicht fähig. Deshalb ist das bewußte Beschreiten des Heilswegs erst auf der Existenzstufe des Menschen möglich. Die Tiere sind aber insofern in das Sittengesetz einbezogen, als sie als Objekte der Sittlichkeit von der buddhistischen Ethik in besonderer Weise in Betracht gezogen werden. Der Kaiser Ashoka (um 250 v. Chr.) baute die ersten Hospitäler für Tiere.

Die buddhistische Ethik ist universal gültig, d. h. für alle Menschen in allen Kasten, für alle Völker und Organisationen. Dabei spielt wieder die Idee des Geburtenkreislaufes (samsara) eine Rolle; denn Buddha betrachtete alle Gemeinschaftsformen (Kaste, Nation, Staat usw.) als einen jeweils vorübergehenden Zusammenschluß, dem jeder Mensch im Verlauf seines Geburtenkreislaufes nur vorübergehend angehört. In der gegenwärtigen Existenz ist er etwa ein Inder, in der nächsten vielleicht ein Europäer, in niedriger Kaste heute und in hoher Kaste morgen. Das Sittengesetz aber gilt absolut und kennt daher keine kasten- oder volksmäßige Differenzierung, wie es in der brahmanischen Ethik der Fall ist.

Im übrigen kennt die buddhistische Ethik einen Gradualismus, der sich nicht auf die vorübergehende Gemeinschaftszugehörigkeit bezieht, sondern auf das jeweilige Stadium der Vollkommenheit, das der Mensch erreicht hat. Gut ist, was das Heil fördert, böse ist, was das Heil hindert. So sind also Gut und Böse im Buddhismus keine absoluten Gegensätze, sondern Gradunterschiede. Das Gute ist Minderung der heilswidrigen Dharma-Kräfte. Diese Minderung geschieht in verschiedenen Vollkommenheitsstadien. Aus diesem Grunde kennt der Buddhismus eine Mönchs- und eine Laienethik, wie wir sehen werden. Das widerspricht nun nicht der oben behaupteten absoluten Gültigkeit der ethischen Werte; denn wenn man nur *ein* Leben annimmt, kann man keine stufenweise differenzierte Ethik lehren, ohne den Absolutheitscharakter der ethischen Gebote aufzuheben. Sie gelten dann eben nicht für alle Menschen, sondern nur für bestimmte Stufen: Die Perfecti haben höhere ethische Verpflichtungen als die Durchschnittsmenschen. Im Buddhismus aber ist die absolute Gültigkeit der ethischen Verpflichtungen dadurch gewahrt, daß ja nicht nur *ein* Leben, sondern viele Existenzen nacheinander angenommen werden. Das Gute gilt also für alle, aber nicht für alle gleichzeitig; denn nicht alle sind gleichzeitig, d. h. im gegenwärtigen Leben im gleichen Reifestadium. Niemand wird also das Ethos in seinen höheren und schwierigeren Verpflichtungen erlassen; denn alle zur Erlösung strebenden Wesen müssen in irgendeiner ihrer Existenzen sich auch den höheren ethischen Verpflichtungen unterwerfen.

Aus dem gleichen Grunde hat die buddhistische Ethik einen eigentümlichen Doppelcharakter: Sie ist asketisch und weltfeindlich einerseits, aber zugleich weltzugewandt. Diese sich logisch ausschließenden Charakterzüge sind verständlich, wenn man bedenkt, daß Buddha die verschiedenen Vollkommenheitsstadien berücksichtigte: Für die unmittelbar vor der Erlangung des Heils Stehenden ist diese Welt und alles irdische Leben »Leiden«, also »Unheil«, wesenlos und vergänglich und daher wertlos. Für den aber, der noch im Stadium des Weltlebens sich befindet, gilt es, Pflichten gegen Eltern, Gatten, Freunde, Staat und Gesellschaft zu erfüllen. Alle diese sozialen Größen haben ihr relatives Recht. Der Buddhismus hat denn auch überall, wohin er kam, eine kulturelle Blüte zur Folge gehabt, besonders z. B. in Japan.

Die inhaltlichen Werte der buddhistischen Ethik
Wir wenden uns der inhaltlichen Seite der buddhistischen Ethik, den sittlichen Werten zu, die auf der ersten Stufe des Heilsweges zu verwirklichen sind. Wir sprachen oben von dem relativen Recht des Weltlebens in der

Anschauung des Buddhismus. Dem entspricht nun auch, daß dem Tugendhaften weltliche Vorteile als Lohn seines Verhaltens in Aussicht gestellt werden. Daß überhaupt mit der Ethik das Lohnmotiv verbunden wird, ist nicht verwunderlich; denn der Buddhismus ist, wie wir sahen, auf allen Gebieten seiner Lehre auf Kausalität gegründet. Es ist daher verständlich, daß auch die vorteilhaften Folgen ethischen Verhaltens dargestellt werden, um den Täter zu entsprechendem Handeln zu motivieren: »Folgende fünf Vorteile, ihr Hausherren, gibt es für den Tugendhaften wegen der Vollkommenheit seiner Tugend. Welche fünf? Da gelangt, ihr Hausherren, der Tugendhafte, der in der Tugend vollkommen ist, infolge der Achtsamkeit zu großer Reichtumsmenge... Ferner aber, ihr Hausherren, kommt der Tugendhafte, der in der Tugend vollkommen ist, in guten Ruf... Ferner aber, ihr Hausherren, wenn der Tugendhafte, der in der Tugend vollkommen ist, in was immer für eine Versammlung eintritt... so tritt er heiter und unbesorgt ein... Ferner aber, ihr Hausherren, ist der Tugendhafte, der in der Tugend vollkommen ist, in seiner Todesstunde völlig gefaßt... Ferner, ihr Hausherren, gelangt der Tugendhafte, der in der Tugend vollkommen ist, nach der Auflösung des Körpers, nach seinem Tode zu einem glücklichen Dasein in einer Himmelswelt.«

Die ethischen Ideale haben keinen absoluten Selbstwert. Wenn sie ihren Dienst im Läuterungsprozeß als erste Stufe auf dem Heilsweg erfüllt haben und nach Überschreitung der zwei weiteren Stufen die Erlösung gewonnen ist, hört die Ethik auf. Der Erlöste steht, impersonal geworden, im Hinayana jenseits von Gut und Böse.

Was nun die konkreten sittlichen Werte betrifft, so kennt der Buddhismus in erster Linie als Tafel der Werte zehn Gebote, von denen die ersten fünf auch für Laien, die zweiten fünf in erster Linie für Asketen und nur einige davon auch zu bestimmten Zeiten für Laien gelten:

»Man soll nicht töten, noch irgendein lebendes Wesen töten lassen, noch es billigen, wenn andere eines töten; sondern man soll sich enthalten, den Wesen ein Leid anzutun, sowohl denen, die stark sind, als denen, die in der Welt zittern.

Ein verständiger Jünger des Buddha soll an keinem Orte etwas nehmen, was ihm nicht gegeben worden ist; er soll auch keinen anderen veranlassen, etwas zu nehmen, noch billigen, daß jemand etwas nimmt. Er soll nichts nehmen, was ihm nicht gegeben ist.

Der Verständige meide ein unkeusches Leben wie einen Haufen (brennender) Kohlen. Wenn er nicht imstande ist, ein keusches Leben zu führen, so vergreife er sich nicht an der Frau eines anderen.

Weder vor Gericht noch in einer Versammlung soll einer den anderen be-
lügen. Man soll niemanden zur Lüge verleiten, noch es billigen, daß einer
lügt, sondern jede Art der Lüge vermeiden.

Der Hausherr, der dieser Lehre (Buddhas) folgt, soll nicht berauschende
Getränke trinken, noch andere veranlassen, sie zu trinken, weil er weiß,
daß Wahnsinn das Ende ist. Denn in der Trunkenheit begehen die Toren
Frevel und machen andere Leute trunken. Man soll diesen Frevel vermeiden, der Wahnsinn erzeugt, zur Torheit verleitet und nur Dummen schön
erscheint.«

Zu diesen allgemein verbindlichen Idealen kommen nun noch ausgesprochene Mönchsgelübde: Nicht essen zu unerlaubter Zeit, nicht an Lustbar-
keiten wie Tanz, Gesang, Musik und Schauspiel teilnehmen, sich keiner
Kränze, Parfüms und Schmucksachen bedienen, nicht in hohen und breiten Betten schlafen und kein Gold oder Silber annehmen.

Der Sinn der buddhistischen Ethik ist in allen Bereichen die Befreiung
von den heilhindernden Faktoren im Leben. Solche Hindernisse werden
in den Texten wiederholt aufgezählt, z. B. Liebe zur Welt, Böswilligkeit
und Lust zu schaden, Trägheit und Schlaffheit, Ängstlichkeit, Unruhe und
Zweifel. Bezüglich des Zweifels sagt ein Text ausdrücklich: »Von Zweifeln hat er sich freigemacht und ist fortan über sie hinaus, er kennt kein
Schwanken gegenüber dem Guten, er läutert sein Inneres so weit, daß er
keiner Skepsis wieder anheimfällt.«

Diese Forderungen der buddhistischen Ethik sind negativen Charakters,
sie beziehen sich auf das Vermeiden des als Böses Erkannten. Dem steht
nun aber eine durchaus positive Ethik zur Seite, die das Vollbringen des
Guten zum Ziel hat. Alle negativen Verbote, von denen oben die Rede
war, haben bei Buddha zugleich einen positiven Sinn: Das Nichtschädigen
(ahimsa) bedeutet positiv die Fürsorge für alle Wesen einschließlich der
Tiere. Diese Fürsorge kann bis zur Selbstaufopferung für andere gehen.
In den Geschichten, die von Buddhas früheren Existenzen handeln (Jatakas), wird berichtet, daß der künftige Buddha, also der Bodhisattva, sich
von einem Felsen herabstürzte, um einer Löwin Speise für ihre hungern-
den Jungen zu verschaffen. Dem Verbot des Stehlens entspricht positiv
die geforderte Freigebigkeit auch für Anhänger fremder Lehren. Die positive Seite des Nichtlügens besteht darin, daß man Gutes von den Menschen redet.

Buddha kennt sechs Grundbeziehungen, die ethischer Gestaltung unterworfen werden: Eltern – Kinder, Lehrer – Schüler, Mann – Frau, Freund
– Freund, Herr – Diener, Mönch – Laie.

Über die Pietät den Eltern gegenüber finden wir folgende Worte des Meisters: »Den Eltern kann man das Gute nie vergelten, das sie uns getan haben. Selbst wenn man hundert Jahre den Vater auf der einen, die Mutter auf der anderen Schulter tragen würde, selbst wenn man sie durch Baden und Massieren pflegen würde ohne Rücksicht darauf, daß sie dabei ihre Notdurft verrichten, selbst wenn man für sie die Herrschaft auf der Erde gewönne, nicht hätte man damit vergolten, was sie getan haben. Denn die Eltern ziehen die Kinder auf, sie ernähren sie und zeigen sie der Welt.« In der Ehe soll der Gatte für den Unterhalt der Gattin sorgen. Ehegatten von tugendhaftem Wandel sollen sich in der nächsten Existenz wiedersehen. Von den Frauen sagt Buddha: »Fünf Kräfte haben die Frauen: die der Schönheit, des Reichtums, der Verwandtschaft, der Söhne und der Tugend. Mit diesen fünf Kräften unterwirft sich die Frau ihrem Gatten; aber nur die Kraft der Tugend gibt Eintracht in der Familie und nur durch die Kraft der Tugend wird eine Frau in einer Himmelswelt wiedergeboren.«
In ähnlicher Weise interpretiert Buddha das Verhältnis von Freund und Freund, Herr und Diener, Mönch und Laie. Das Verhältnis der beiden letzteren Paare wird im gegenseitigen Dienst gesehen: »Viel Gutes tuen euch, ihr Mönche, die Brahmanen und Hausväter, indem sie euch mit Kleidung, Speise, Lagerstatt, Arzneien und anderem versorgen. Ihr aber tut ihnen Gutes, indem ihr ihnen die Lehre darlegt und sie den heiligen Wandel erkennen läßt. So vollendet ihr, aufeinander gestützt, den heiligen Wandel, um über die Flut (des Samsara, des Geburtenkreislaufes) hinüberzugelangen und dem Leiden ein Ende zu machen.«
Ein im Buddhismus besonders wichtiger Tugendwert, den man gelegentlich mit der christlichen Idee der Liebe (agape) gleichgesetzt hat, ist metta (sanskr.maitri), das grenzenlose Wohlwollen: »Wie eine Mutter ihr Kind, ihren einzigen Sohn, selbst mit ihrem Leben beschützt, also hege er grenzenloses Wohlwollen für alle Wesen. Einen grenzenlosen Geist der Liebe für alle Welt pflege er: nach oben, nach unten, nach allen Seiten, unbehindert, ohne Haß, ohne Feindschaft.« Es läßt sich leicht zeigen, daß die christliche Liebesidee grundsätzlich von dieser buddhistischen unterschieden ist; denn man darf sie nicht als Hingabe an den Nächsten verstehen, sondern als asketische Läuterungsübung, um selbst von den affektiven Fesseln befreit zu werden: »Wer bedachtsam unendliche Liebe empfindet, bei dem werden, indem er die Vernichtung der Daseinsgrundlagen erschaut, die Fesseln dünn.« Der Buddhismus nennt zehn Fesseln, die zu lösen sind: »Irrglaube an das Ich, gute Werke und Zeremonien, Sinnen-

lust, Feindseligkeit, Lust nach der Welt der Formen, Lust nach den form-
losen Himmelswelten, Stolz, Hochmut und Unwissenheit.«

Aus diesen Vorschriften ergibt sich, daß im Buddhismus die Ethik Askese
ist und dem Heilserwerb dient, indem sie bzw. ihre Befolgung die erste
Bedingung herstellt für den Erwerb der erlösenden Erkenntnis, die erste
Stufe auf dem Heilsweg. Alles Ethische ist daher im Buddhismus (wie übrigens in aller Mystik) nur vorläufig, zumal es ja die Dauer der sichtbaren
Welt und das Bestehen der Ichvorstellung voraussetzt. Welt und Ich aber
sind vergänglich und wesenlos. Folglich hat die Ethik nur solange Sinn,
wie der Schein der Existenz von Welt und Ich fortbesteht. Wir haben oben
dargestellt, daß die Ursache des »Leidens« der Lebenswille ist. Natürlich
gilt auch als Ursache des Bösen die Begierde: »Was, ihr Freunde, ist die
Wurzel des Bösen? Begierde ist die Wurzel des Bösen, Haß ist die Wurzel
des Bösen, Verblendung ist die Wurzel des Bösen.« Der »Durst« (tanha)
also, der verantwortlich ist für die Bildung der Individualitäten, ist auch
die Ursache der bösen Tat, die ja mit dem Ichwahn eng verbunden ist;
denn alle Begierde ist ichbezogen. Zugleich aber ist deutlich, daß ethi-
sches Bemühen zur unerlösten Welt gehört. Buddha sagt das in aller Klarheit: »Die Übeltäter fahren zur Hölle; in den Himmel gehen die Guten
ein; völliges Nirvana (also die eigentliche Erlösung) erreichen diejenigen,
welche von den Grundübeln frei sind.« Die Guten werden somit mit einer
guten Wiedergeburt in einer Himmelswelt belohnt, aber auch die Himmelswelten gehören in den Kreislauf des Lebens und bedürfen der Erlösung. Gut und Böse haben folglich nur innerhalb der unerlösten Welten
Bedeutung und Geltung. Der Erlöste steht also jenseits von Gut und
Böse.

Obwohl also die Ethik im Buddhismus nur eine relative und zeitweilige
Gültigkeit hat, vollzog doch Buddha gegenüber der brahmanischen Religion eine Ethisierung; denn er kritisierte vom Ethos aus die kultischen
Praktiken der Brahmanen. Das zeigt sich einerseits an der ethischen Vertiefung der brahmanischen Reinheitsidee und andererseits an der Kritik
der Opferidee vom Ethos aus: Gegenüber der brahmanischen Praxis,
Reinheit durch Untertauchen im heiligen Strom zu erreichen, sagt Buddha: »Nicht durch Wasser wird der Mensch rein, mag er auch noch so viel
baden; in dem Wahrheit und Tugend wohnt, der ist rein.« Kultbräuche
werden hier also dem Primat des Ethos unterstellt. Ähnlich steht es mit
der Kritik am Opfer: »Nicht jedes Opfer, Brahmane, billige ich, aber ich
mißbillige auch nicht jedes Opfer. Ein Opfer, Brahmane, bei welchem
Rinder getötet werden, Ziegen und Schafe getötet werden, Hühner und

Schweine getötet werden und allerlei Lebewesen zugrunde gehen, ein derartiges von Gewalttat begleitetes Opfer, Brahmane, billige ich nicht.« Das ethische Gebot des ahimsa, des Nichttötens, wird hier also von Buddha auf den Kultus angewandt und als verbindlicher betrachtet als das traditionelle Kultgebot. An anderer Stelle hat Buddha eine Stufenfolge der Bewertung verschiedener Opferarten ausgesprochen und die erlösende Erkenntnis als die höchste Form des Opfers bezeichnet.

Wie wir später ausführlich darstellen werden, entwickelt sich aus dem Hinayana-Buddhismus das Mahayana, das »große Fahrzeug«. Wir sprechen später von den neuen religiösen Ideen des Mahayana. Die ethischen Ideen bleiben dieselben, aber es kommen neue ethische Motive hinzu, die wir an dieser Stelle schon charakterisieren wollen. Vor allem ist das in neuer Weise in den Mittelpunkt gerückte Bodhisattva-Ideal und der Ausbau der universalen Mitleids- und Liebesethik zu nennen. Das große Mitleid, ein Wert, den, wie gezeigt wurde, schon der Urbuddhismus kannte, wird im Mahayana zur zentralen Tugend eines Bodhisattva, d. h. eines Wesens, das, gemäß der universalen Heilsidee des Mahayana, das Ziel verfolgt, nicht nur für sich selbst die Erlösung zu gewinnen, sondern auch möglichst viele Mitmenschen im »großen Fahrzeug« aus dem brennenden Hause der Unheilswelt zu retten: »Ein Bodhisattva (ein Anwärter auf die Buddhaschaft) sollte, o Herr, nicht in allzu vielen Tugenden unterwiesen werden. *Einer* Tugend, o Herr, sollte der Bodhisattva sich ganz hingeben und ganz in ihr aufgehen. Dann sind alle Bodhisattva-Tugenden von selbst vorhanden. Welches ist diese Tugend? Es ist das große Mitleid.« Dieses Mitleid weckt die Absicht, alle Wesen aus dem Geburtenkreislauf zu retten. Deshalb gelobt ein Bodhisattva: »Die Rettung aller Wesen ist mein Gelöbnis: Von mir müssen alle Wesen befreit werden, von mir muß die ganze Welt der Lebenden gerettet werden. Ich bemühe mich nicht nur um meine eigene Erlösung (wie im Hinayana). Denn alle diese Wesen müssen von mir mit dem Boot des Gedankens an die Allwissenheit aus der Flut des Samsara herausgeholt werden... Besser ist es ja, daß ich allein leide, als daß alle Wesen in die Stätte der schlechten Daseinsformen gelangen.«

Die Versenkung

Die zweite Stufe des Heilsweges, die die erste der ethisch-asketischen Zucht voraussetzt, ist die Versenkung, die keine einheitliche Größe ist, sondern eine Stufenleiter darstellt, die nach psychologischen Kategorien gestaffelt ist. Wir finden solche Versenkungsskalen allenthalben in der

Mystik. Jamblichos z. B., der Neuplatoniker, spricht von den drei »eide« (Ideen) des mystischen Gebetes, al-Ghazali unterscheidet »drei Hüllen« des Gebetes, Johann vom Kreuz unterscheidet »drei Stufen« des Gebetes und Teresa kennt »vier Stufen« des inneren Gebetes, der oratio mentalis. Diese wichtigste Stufe auf dem Heilswege fordert allgemeine Voraussetzungen und innere. Zunächst einmal heißt es in einem Text: »Er (der Meditierende und Sichversenkende) unterdrückt die Liebe zur Welt und hält sein Herz dauernd frei von ihr. Er läutert sein Inneres, daß es ihr nicht anheimfällt. Er tut von sich ab Böswilligkeit und Lust zu schaden und verschließt ihnen fortan sein Herz; nur bewegt von der Sorge um aller Kreaturen Wohlsein, läutert er sein Inneres, daß Bosheit und Schadenfreude ihm fernerhin fremd bleiben. Trägheit und Schlaffheit legt er ab und hält sie hinfort von sich fern, lichten Geistes, besonnen und vollbewußt läutert er sein Inneres von Trägheit und Schlaffheit. Übertriebene Ängstlichkeit und Unruhe überwindet er, ist innerlich ruhig und abgeklärt und läutert sein Inneres, daß übertriebene Ängstlichkeit und Unruhe keine Gewalt mehr über ihn gewinnen. Von Zweifeln hat er sich frei gemacht und ist fortan über sie hinaus. Er kennt kein Schwanken des Urteils gegenüber dem Guten, er läutert sein Inneres so weit, daß es der Skepsis nicht wieder anheimfällt.«

Ein »Edler« (arya) ist ein auf einem der vier »überweltlichen Pfade« (des Stromeintritts, der Einmalwiederkehr, der Nichtwiederkehr, der Heiligkeit) befindlicher Buddha-Jünger. Ein solch Edler also bereitet sich in folgender Weise auf die Meditation vor, abgesehen davon, daß er die »fünf Hemmungen«, von denen eben die Rede war, abgelegt hat, »Ausgerüstet mit den Eigenschaften eines Edlen: dem Schatz der Moral, der Wachsamkeit am Tor der Sinne, der Besonnenheit und Vollbewußtheit und der Zufriedenheit, sucht der Mönch einen einsamen Aufenthaltsort auf: eine Einöde, oder einen Platz unter einem Baume, oder einen Berg, oder eine Schlucht, oder eine Felsenhöhle, oder einen Bestattungsplatz, oder einen Platz unter freiem Himmel, oder einen Strohhaufen. Dort setzt er sich, wenn er vom Speisesammeln zurückgekehrt ist, nach der Mahlzeit mit gekreuzten Beinen nieder, mit gerade aufgerichtetem Oberkörper, und übt sich mit ernster Miene in besonnenem Denken.«

Zu den äußeren Vorbereitungen gehört also in erster Linie die immer wieder von allen Mystikern gepriesene Einsamkeit. In den Thera- und Theri-Gathas, den buddhistischen Psalmen der Mönche und Nonnen, wird immer wieder die stille Schönheit solcher Einsamkeit besungen:

»Wenn die Donnerwolke die Trommel rührt,
Auf der Vögel Pfade der Regen rauscht,
Und in stiller Bergesgrotte der Mönch
Der Versenkung pflegt, – kein Glück wie dieses.«

Das zweite äußere Moment der Vorbereitung ist die Körperhaltung. Die unbewegliche, ruhige Haltung in kontemplativer Hockerstellung wird in den Lehrschriften des buddhistischen Kanons folgendermaßen beschrieben: »Da sitzt ein Bettelmönch im Walde oder an der Wurzel eines hohen Baumes oder in einem menschenleeren Haus, hat die Beine übereinandergeschlagen, den Körper gerade aufgerichtet, wachen Geistes vor sich hinblickend.«

Ein drittes Moment der Vorbereitung ist die Atemregulierung. Im Buddhismus, wie im Yoga, gilt der Atem als verborgene Bildkraft des Körpers, der es beizukommen gilt. Das geschieht nun nicht, wie im Yoga, durch gewaltsame Atemhemmung, sondern durch geistige Kontrolle und Beherrschung des Atems in »besonnenem Bewußtsein«. Die Atemregulierung heißt geradezu die »besonnene Beachtung des Ein- und Ausatmens«. Ein Text sagt: »Der Mönch atmet bewußt ein, er atmet bewußt aus; wenn er lang einatmet, erkennt er: ich atme lang ein; wenn er kurz einatmet, erkennt er: ich atme kurz ein.« So begleitet also der Mönch jeden Atemzug mit bewußter Aufmerksamkeit. Die sonst zumeist unbewußte Atemtätigkeit wird also in die Sphäre des klaren Bewußtseins gehoben.

Ehe wir die Stufen der Versenkung im einzelnen betrachten, wie sie der Buddhismus lehrt und praktiziert, sei von den Objekten der Meditation die Rede; denn auf der ersten Stufe der Versenkung hat der Mönch eine materia meditandi, ein Objektgebiet, dem er seine meditierende Aufmerksamkeit zuwendet. Zahlreiche Texte beschreiben diese Meditationsobjekte. In erster Linie sind es die Bilder der Vergänglichkeit und Nichtigkeit alles irdisch-individuellen Lebens. So heißt es z. B.: »Die Gestalt des Körpers – so soll der Meditierende denken – gleicht den Wogen des Meeres, die sich für einen Augenblick erheben und ebenso rasch wieder verschwinden; die Empfindung entsteht wie der Schaum, welcher von den aufeinander stoßenden Wogen spritzt; der Gedanke geht ebenso schnell vorüber wie der Blitz; die Vorstellung ist aller inneren Kraft bar, wie der Stamm der Banane; die Wahrnehmung der äußeren Gegenstände durch unsere Sinnesorgane verdient nicht mehr Vertrauen wie die Worte eines Quacksalbers... alle Wesen dieser Welt sind der Vergänglichkeit unterworfen und schwanken unaufhörlich hin und her, wie eine Planke auf den Wellen des Meeres dahintreibt.«

»Der Leib existiert nur einen Augenblick; kaum ist er geboren, wird er zerstört; er ist wie die Flamme des Blitzes, wenn sie den Himmel durchzuckt, wie der Schaum, wie das Salzkorn, das ins Wasser geworfen wird, oder wie Feuer bei trockenem Stroh, oder wie eine Welle des Sees, oder wie eine Flamme, die im Winde zittert, oder wie der Tau auf dem Gras.«

»Der Leib ist unwirklich genau so wie die Luftspiegelung, die im Sonnenschein sich zeigt, oder ein gemaltes Bild, oder eine Speise, die man im Traume schaut, oder ein Blitz, der am Himmel tanzt, oder der Lauf eines Pfeiles, der vom Bogen abgeschossen ist.«

»Durch die stete Wiederholung von Geburt und Tod ist das fühlende Wesen Gegenstand steten Leidens; es ist wie ein Wurm inmitten eines Ameisennestes, wie eine Eidechse in einer Bambushöhle die an beiden Enden brennt, wie ein noch lebendes Gerippe, beraubt von Händen und Füßen und in den Sand geworfen; wie ein Kind, das, weil es nicht geboren werden kann, stückweise aus dem Mutterleibe herausgeschnitten wird.«

Abgesehen von diesem weiten Feld der Lebensbetrachtung unter dem Gesichtspunkt der Vergänglichkeit und Wesenlosigkeit spielt die Leichenbetrachtung eine besondere Rolle: »Gleichsam als sähe da ein Mönch einen Leichnam auf der Leichenstätte liegen, einen Tag nach dem Tode oder zwei Tage nach dem Tode oder drei Tage nach dem Tode, aufgequollen, mit bläulichen Leichenflecken, in beginnender Verwesung, so zieht er daraus die Anwendung auf diesen seinen Körper: Auch dieser mein Körper ist so beschaffen, ist solcher Art, bildet hiervon keine Ausnahme.« Friedrich Heiler machte in seiner Schrift »Die buddhistische Versenkung« (1922) darauf aufmerksam, daß auch christliche, sogar moderne christliche Asketen solche Leichenbetrachtungen angestellt und empfohlen haben. Der Sinn dieser »Betrachtung des Häßlichen«, wie es in der buddhistischen Terminologie heißt (asuba bhavana), liegt darin, den elementaren Lebenswillen, der ja, wie wir sahen, im Buddhismus als die entscheidende Ursache des Unheils angesehen wird, zu ertöten und die Lebensfreude zu dämpfen. Mit Hilfe der hernach genauer zu besprechenden Meditationsübungen erreicht der Mönch nacheinander vier Versenkungsstufen (jhana), die sich dadurch voneinander unterscheiden, daß in jeder folgenden Stufe bestimmte Elemente, die vorher noch vorhanden waren, erloschen sind. Wir wollen diese vier Stufen uns durch einen Text des buddhistischen Kanons beschreiben lassen: »Sobald der Meditierende sieht, daß die fünf Hemmungen entschwunden sind (aufgrund der

ethisch-asketischen Zucht der ersten Stufe), entsteht in ihm eine frohe
Stimmung, dann freudige Verzückung, dann wird sein Körper ruhig, dadurch empfindet er ein Glücksgefühl, und dann sammelt er sein Denken
zur Konzentration: Losgelöst von Sinnenlüsten und den unheilvollen
Dingen (dharma), erreicht er die erste Versenkung, die aus der Loslösung
geborene, welche durch Erwägen und Erfassen, durch Freude und
Glücksgefühl gekennzeichnet ist.« Den Sinn dieser ersten Versenkungsstufe gibt Friedrich Heiler in dem oben genannten Buche folgendermaßen
an: »Der Mönch sammelt sich, er wendet sich von der zerstreuenden
Mannigfaltigkeit äußerer Wahrnehmungen und innerer Vorstellungen
ab, dämmt die Fülle der Gestalten zurück, konzentriert seine Aufmerksamkeit in willentlicher Wahl auf einen bestimmten Gegenstand, beginnt
ihn zu betrachten und über ihn zu sinnen.« Hier also hat jene Meditation
der oben genannten Objektgebiete ihre Stelle. Auf dieser ersten Stufe
sind also Freude und freudige Gefühle noch durchaus vorhanden.
Der Text fährt fort: »Dann erreicht er, nachdem er Erwägen und Erfassen
zur Ruhe gebracht hat, den inneren Frieden, die Einung des Denkens, die
von Erwägen und Erfassen freie, aus der Sammlung geborene, von Freude
und Glücksgefühl begleitete zweite Versenkung.« Wir folgen weiter der
Interpretation Friedrich Heilers, der sagt: »Die sanfte Luststimmung, die
aus der Erhebung über die Welt des Vergänglichen hervorgeströmt war,
erlangt die Alleinherrschaft; die konkreten Objekte der Meditation, mit
denen sich der Mönch zuerst intensiv beschäftigt hatte, sind dem Bewußtsein entschwunden oder stehen nur als dunkle, schattenhafte Erinne-
rungsbilder im Hintergrunde des geistigen Blickfeldes; die frohe Stimmung allein ist geblieben. Der Betrachtende ist ganz in sich gekehrt, ruht
in sich selbst, findet sein Glück in der tiefen Versunkenheit und inneren
Einheit.« Und: »Nachdem er sich von der Freude frei gemacht hat, ver-
harrt er gleichmütig, besonnen und vollbewußt und empfindet mit dem
Körper ein Glück, wie es die Edlen in die Worte fassen: ›Er ist gleichmütig, besonnen und verweilt im Glück‹, so erreicht er die dritte Versenkung.« Friedrich Heiler interpretiert: »Die Intensität des Wonnegefühls
vermindert sich, die Luststimmung blaßt ab, wird vager, unbestimmter;
das Seligkeitsgefühl sinkt herab zum heiteren Gleichmut. Die Lustfär-
bung dieser Stimmung ist matt, die Lust wird nicht, wie auf den vorausge-
henden Stufen, als tiefgehende seelische Befriedigung, sondern als dump-
fes physisches Wohlbehagen erlebt. Die Seele hat sich schon zur heiligen
Indifferenzstimmung erhoben, aber im Körper strömt noch das weiche
Lustgefühl, von dem die Seele im zweiten jhana erfüllt war.«

Der Text fährt fort: »Nach dem Aufgeben von Glück und Leid, nachdem Frohsinn und Trübsinn vergangen, erreicht er die von Glück und Leid freie vierte Versenkung, die rein ist durch Gleichmut und besonnenes Überdenken.« Wieder hören wir Friedrich Heilers Interpretation: »Das vierte jhana ist nach der physischen Seite völlige Bewegungslosigkeit; die Atemzüge sind nicht mehr wahrnehmbar. Nach der psychischen Seite ist das vierte jhana die Erstorbenheit aller Empfindungen und Gefühle, völlige Apathie; der Betrachtende ist beim Zustand der gänzlichen geistigen Leere und Einförmigkeit angelangt. Über Lust und Unlust erhaben, frei von Liebe und Haß, gleichgültig gegen Freude und Leid, gleichgültig gegen die ganze Welt, gegen Götter und Menschen, ja gegen sich selbst, weilt der Mönch auf der Höhe der sancta indifferentia, des vollendeten Gleichmuts, an der Schwelle des Nirvana.« Wir haben hier auf eine eigene Interpretation der Versenkungsstufen verzichtet, weil nach meiner Auffassung kaum sonst eine so feinsinnige Einfühlung in das innere seelische Geschehen der Versenkung gefunden wird wie sie von Friedrich Heiler geboten wurde.

Neben der Stufenreihe der vier jhana findet sich im Buddhismus eine zweite Versenkungsleiter, die ebenfalls vier Glieder hat und zum gleichen Ziele des Gleichmutes (upekkha) hinführt: die sogenannten »vier Unermeßlichen« (appamanna). Es handelt sich um vier Gefühle: Wohlwollen (metta), Mitleid (karuna), Mitfreude (mudita) und Gleichmut (upekkha), die nacheinander erweckt und dann schrittweise über die nächsten Objekte und dann grenzenlos auf alle Wesen und Weltgegenden ausgeweitet werden.

Ist der Zustand des Gleichmutes auf dem Wege der Versenkungsskalen erreicht, so ist damit die Voraussetzung gegeben für das Eintreten der dritten Stufe des Heilsweges, der Erkenntnis.

Die erlösende Erkenntnis

Die dritte Stufe des Heilsweges ist die Erkenntnis (panna). Die Versenkung bewirkt den geistigen Zustand, in dem Erkenntnis möglich ist. Wer zum Gleichmut gelangt ist, kommt zur Erfassung der verborgenen Ursachen und Zusammenhänge und zur Erkenntnis, die dreigestaltig ist (tevijja). Es handelt sich erstens um das Wissen um die früheren Geburten, zweitens um das in den Wiedergeburten sich vollziehende Karma-Gesetz und drittens um die Erkenntnis der »vier heiligen Wahrheiten«. Die erste der drei Erkenntnisse richtet sich also auf die früheren Geburten, die in verschiedenen Daseinsformen durchlaufen sind. In der zweiten Erkenntnis wird das Gesetz der automatischen Tatvergeltung, das Karma-Gesetz, das in den Wiedergeburten waltet, erkannt. In einem Text wird diese Gesetzlichkeit folgendermaßen beschrieben: »Nachdem so mein Geist (Buddha berichtet über seine eigene Erkenntnis) gesammelt, gereinigt, geläutert, fleckenlos...geworden war, lenkte ich meinen Geist hin zur Erkenntnis des Abscheidens und Wiederentstehens der Wesen: da sah ich mit meinem himmlischen, reinen, über das Menschliche hinausreichenden Auge die Wesen abscheiden und wiederentstehen; und ich erkannte wie die Wesen, niedrige und hohe, schöne und häßliche, glückliche und unglückliche, je nach ihren Taten (karma) ihr Geschick erreichten. Da sind Wesen mit schlechtem Verhalten in Taten, Worten und Gedanken behaftet, Schmäher der Edlen, Anhänger von Irrlehren und die mit den Irrlehren verbundenen Werke auf sich nehmend – die gelangen nach der Vernichtung des Körpers, nach dem Tode, auf den bösen Weg, den Unglücksweg, ins Verderben, in die Hölle. Und andere Wesen sind da, mit gutem Verhalten in Taten, Worten und Gedanken ausgestattet, die keine Schmäher der Edlen sind, Anhänger der rechten Anschauung, und die mit der rechten Anschauung verbundenen Werke auf sich nehmend – die gelangen nach der Vernichtung des Körpers, nach dem Tode, auf den guten Weg, in die Himmelswelt.« In diesem Text sind die beiden ersten Erkenntnisse zusammengefaßt: die Erkenntnis der früheren Geburten und die darin waltende Karma-Gesetzlichkeit.

In der dritten Erkenntnis dieser dritten Heilsstufe vollzieht sich, wie schon gesagt, die Schau der »vier edlen Wahrheiten«, deren vierte, wie wir hörten, den »edlen achtteiligen Pfad« weist, den wir bereits zugrunde gelegt haben. Damit schließt sich der Kreis, ohne daß hier ein Widerspruch vorläge; denn was zunächst autoritativ gelehrt wurde, wird nun eigene intuitive Schau. Von diesem Vorgang sagt Buddha: »Indem er so erkennt und so schaut, wird sein Geist befreit vom Wahn des Begehrens, vom Wahn des Weltenseins, vom Wahn des Nichtwissens. Und in dem Erlösten kommt die Erkenntnis: ›Die Erlösung ist vollzogen, entwurzelt ist die Geburt, vollendet der heilige Wandel, getan ist das zu Tuende, nicht gibt es eine weitere Wiedergeburt.‹« Wir haben oben vom Heilsziel des Nirvana ausführlich gesprochen, das auf dem beschriebenen Heilsweg gewonnen wird. Friedrich Heiler schreibt über das Verhältnis der vierten Versenkungsstufe zur vollendeten Erlösung: »So ist Nirvana nichts anderes als die Vollendung jenes großen Prozesses des ›Entwerdens‹, mit der die innere Loslösung von der Welt anhebt und in der Versenkung immer weiter fortschreitet, es ist nichts anderes als die Vertiefung jenes hehren Zustandes der reinen, affektlosen upekkha (Gleichmut), zu dem der jhana (Versenkung) übende Mönch sich emporarbeitet. Nur ein Gradunterschied, nicht ein Artunterschied trennt…das vierte jhana (die vierte Versenkungsstufe) von dem Ziel der buddhistischen Erlösungssehnsucht, vom Nirvana.«

2   Der Weg zum Heil in der Verkündigung des historischen Jesus

Wir fragen zunächst, da wir uns hier auf der Ebene geschichtlichen Forschens befinden, nach dem Erlösungs- und Heilsweg, den der historische Jesus seinen Jüngern verkündete. Wir haben oben (S. 113ff.) dargestellt, was als Unheil in der Verkündigung Jesu angesehen wird und haben festgestellt, daß es sich um die existentielle Isolierung des Menschen von Gott handelt, um die ichsüchtige Existenz, wie sie in vollkommener Klarheit im Gleichnis vom verlorenen Sohn (Luk. 15) von Jesus dargestellt ist. Wir unterscheiden was Jesus selbst über die Heilsmöglichkeit des Menschen verkündet hat von dem, was in der Urgemeinde und der späteren Kirche als Heilsweg betrachtet wurde. Bei Jesus dreht sich alles um die Lösung, nicht nur aus der faktischen Situation des Unheils, also der existentiellen, ichsüchtigen Isolierung von Gott, sondern um das Loskommen von der Schuld gegenüber Gott, die auf der Unheilssituation lastet. Das allgemeine, in allen Universalreligionen anzutreffende Unheilsmoment besondert sich also im Christentum durch das Schuldmoment. Nicht nur die Isolierung von Gott, sondern die schuldhafte Trennung, wie sie mythologisch im alttestamentlichen Sündenfall (1. Mose 3) ausgedrückt ist, bestimmt die Situation des Menschen als Unheil und Verderben.

Die schuldhafte Existenz
Wir stellen noch einmal (vgl. oben S. 139) an Hand des Gleichnisses vom verlorenen Sohn fest, was Jesus selbst offenbar unter der existentiellen Unheilssituation verstanden hat. Der verlorene Sohn hat sich getrennt vom Vater, ging in die Fremde, um mit eigener Kraft über sein Leben zu verfügen. Sein Leben aber war daraufhin gezeichnet vom Unheil, vom Elend in äußerer und innerer Beziehung. Da wacht die Wirklichkeit Gottes, also des Vaters, in seiner Vorstellung auf: »Wieviel Tagelöhner hat mein Vater…« und damit zugleich die Erkenntnis der eigenen Situation als Elend: »und ich verkomme im Elend.« Der erste Gedanke aber ist das

Bewußtsein der Schuld: »Vater, ich habe gesündigt gegen den Himmel und vor dir«; denn darin liegt ausgesprochen die Realität der Schuld, die der Sünder Gott gegenüber empfindet. Sünde ist nicht nur subjektives Unheil, weil sie vom Heil trennt, sondern, weil sie eine Verschuldung Gott gegenüber bedeutet, die das Gewissen als Fluch belastet. Das »erschrockene Gewissen« (perterrita conscientia) wird durch Vergebung der Schuld getröstet. So geschieht es auch im Gleichnis; denn der Vater kommt seinem Sohne in verzeihender Liebe entgegen. Es ist zu beachten, daß dieser biblische verlorene Sohn sein unheilvolles Leben nicht etwa als im Gegensatz zu sittlichen Normen befindlich ansieht, sondern daß er es unmittelbar mit Gott in Verbindung bringt und als Schuld ihm gegenüber leidvoll erkennt. Wir können also, wenn wir uns auf das zunächst beschränken, was wir über Jesu Einstellung zum Geschehen der Erlösung wissen, sagen: Es handelt sich darum, daß der von Jesus verkündete Vatergott die Sünder liebt und sucht. Jesus verkündete, daß der »Heilige in Israel« in all seiner unnahbaren Hoheit und weltüberlegenen und weltrichtenden Majestät zugleich und vor allem der liebende Vater unser aller ist. Dieser Gott ist nicht nur mitleiderfüllt, sondern er liebt geradezu die Sünder. Es handelt sich dabei nicht um eine allgemeine Menschenliebe, sondern um die suchende Liebe, die dem Verlorenen nachgeht. Das ist ausgesprochen in dem Gleichnis vom verlorenen Schaf, Groschen und natürlich im Gleichnis vom verlorenen Sohn: »welcher Mensch ist unter euch, der hundert Schafe hat, und so er deren eines verliert, der nicht lasse die neunundneunzig in der Wüste und dahin gehe nach dem Verlorenen, bis daß er es finde« (Luk. 15,4) und danach die bezeichnenden Worte: »Also wird auch Freude sein im Himmel über einen Sünder, der Buße tut (dem Urtext zufolge: »der seinen Sinn umwendet«, der »metanoia« übt), vor neunundneunzig Gerechten, die der Buße nicht bedürfen.« In diesen Worten ist die Grundhaltung Jesu in der Frage der Erlösung eindeutig angegeben. Folgende Momente sind dabei zu unterscheiden: Zunächst ist die Einstellung auf den Einzelnen zu beachten, der der großen Masse der »Gerechten« als wertüberlegen gegenübergestellt wird. Es handelt sich um ein jeweils neu in Aktion tretendes Handeln Gottes, das sich dem Einzelnen zuwendet. Dieser Einzelne aber ist »verloren« im Sinne genereller und existentieller Sünde. Er ist isoliert vom transzendenten Gott und Gott gegenüber in einer Schuldsituation. Gerade dem Sünder gilt die Liebe Gottes, aber nicht dem korrekten Gerechten. Hier liegt der tiefe Grund der Polemik Jesu gegen die Pharisäer und dieser gegen ihn. Die Sündlosigkeit und die Behauptung ihrer Möglichkeit ist gerade Symptom des Unheils. Der Gott Jesu geht in suchender Liebe gerade denen nach, die sich bewußt in der Situation der Sünde fühlen, wie es das Gleichnis vom Pharisäer und Zöllner (Luk. 18,10 ff.) zeigt. Er ist kein Gott der »Gerechten«, sondern der Sünder, mithin derer, die unter dem Gewissensfluch der Sünde leiden. Diese Gottesvorstellung war das Ärgernis für die israelitische Gesetzesreligion wie für jede Art gesetzlich orientierter Frömmigkeit. Die Idee aber der Liebe Gottes zu den Menschen im Unheil ist das Neue in Jesu Verkündigung.

Die Urgemeinde sah schon früh in Jesu Leben und Sterben ein Mittel der Sühne für die Sündenschuld der Menschen. Ob Jesus selbst sich und sein Leben und Sterben so aufgefaßt hat, ist wissenschaftlich umstritten. Wir teilen den Standpunkt derer, die ein Selbstverständnis Jesu im Sinne der Sühnopfertheorie bestreiten; denn nur an zwei Stellen des Evangeliums begegnet uns dieser Gedanke: Markus 10,45 lesen wir: »Des Menschen Sohn ist nicht gekommen, daß er sich dienen lasse, sondern daß er diene und gebe sein Leben zum Lösegeld (lytron) für viele« (die Parallelstelle findet sich bei Matth. 20,28). Markus 14,24 begegnet uns in den Einsetzungsworten des Herrenmahles das Wort von dem »für viele vergossenen Blut«. In der Parallelstelle Matthäus 26,28 heißt es ausdrücklich: »Das ist mein Bundesblut, das für viele vergossen wird zur Sündenvergebung.« Die Echtheit dieser singulären Jesusworte ist, wie gesagt, umstritten. Wir werden später (S. 205 ff.) von diesen Interpretationen des Lebens und Wirkens Jesu sprechen. Hier dagegen bemühen wir uns, nur das festzustellen, was der historische Jesus selbst als Möglichkeiten des Heils in seiner Verkündigung bezeichnet hat, soweit uns die Quellen das erlauben.

Jesu neues Ethos

Jesus war kein Gesetzgeber, der eine detaillierte Ethik verkündet hätte. Er gab nur Beispiele für eine neue innere Haltung vor Gott angesichts des Kommens des Reiches Gottes, und das heißt: angesichts der Nähe Gottes. Jesus wollte in seiner Verkündigung antworten auf die Frage: Wie müssen wir sein, wenn Gottes Reich kommt? Er gab also keine Gebote für ein Leben in der unverwandelten Welt, sondern er verkündete ein ideales Sein in einer nach dem Kommen des Reiches verwandelten Welt. Dieses Ideal wird nicht als Imperativ für den Willen und das Tun des Menschen aufgestellt, es ist vielmehr ein Sollen als ideales Sein. Daher wird es von Jesus in radikaler Form gezeichnet, in der es für Menschen unerfüllbar ist. Jesus gebietet nicht etwas, *damit* dadurch das Reich Gottes und damit das Heil kommt, sondern er stellt ein Ideal vor Augen, *weil* das Reich Gottes kommt. Er sagt nicht, daß die Menschen aus ihren Kräften dieses Ideal des Reiches Gottes realisieren sollen. Das Reich Gottes kommt von selbst, wie das Gleichnis von der selbstwachsenden Saat (Mark. 4,26 f.) zeigt. Die neue Haltung, die Jesus verkündet, wäre also der »Weg«, den wir hier aufzuzeichnen haben. Dieser Weg ist Bereitschaft. Weg und Ziel sind eigentlich nicht zu trennen. Auch der »Weg« ist schon, wo er durch Gottes Gnade beschritten wird, heilvolle Erfüllung.

Wir wollen einige Beispiele für diese Zeichnung idealen Seins durch Jesus nennen. Da ist z. B. das Fasten. Matthäus 6,16 ff. lesen wir: »Wenn ihr aber fastet, so sollt ihr nicht trübselig dreinschauen wie die Heuchler; denn sie entstellen ihr Angesicht, um sich den Menschen vorzustellen mit ihrem Fasten. Wahrlich, ich sage euch: sie haben ihren Lohn dahin. Du aber, wenn du fastest, salbe dein Haupt und wasche dein Angesicht, um dich nicht den Menschen vorzustellen mit deinem Fasten, sondern deinem Vater, der im Verborgenen ist; so wird dein Vater, der im Verborgenen sieht, dir vergelten.« Wenn man die Frage stellt, ob die Fastenden bereit sind für Gottes Reich, dann wird man diese Frage verneinen müssen, weil viele negative Momente das Fasten begründen können bei den Menschen, nämlich, wie Jesus sagt, das Geltung- und Ansehen-Gewinnen vor den Leuten. Demgegenüber spricht Jesus von der Ehrlichkeit vor Gott. Keine äußerlichen Verpflichtungen sollen den Menschen binden und zu äußeren Handlungen veranlassen.

Auch die Stellung zur bindenden Tradition ist für die Haltung, die Jesus meint, charakteristisch. Es ist die Haltung der Freiheit und Selbständigkeit, die Haltung persönlichen Urteilens und eigener Entscheidung aus unmittelbarer Bindung an Gott, wie es z. B. Matthäus 12,10 ff. anläßlich einer Heilung am Sabbath geschildert wird. Das Handeln aus unmittelbarer Bindung an Gott ist es, was hier geschieht. Hilfe, wo sie notwendig ist; auch am Sabbath soll man Gutes tun. Nicht aus der Bindung an die Sabbath-Vorschriften soll man das Notwendige unterlassen.

Besonders deutlich ist Jesu Grundhaltung in der Beurteilung von Pharisäern und Zöllnern. Dem frommen Tun mit dem Anspruch vor Gott stellt Jesus die Demut vor Gott gegenüber. Frömmigkeit darf nicht Selbstzweck werden. Hier besteht also die ständige Gefahr des Absinkens echter frei entscheidender Haltung in eine kasuistische, äußerlich motivierte Scheinfrömmigkeit. In Jesu Kampf gegen den Pharisäismus handelt es sich um den Gegensatz dynamisch unmittelbarer Frömmigkeit gegenüber statischer Mittelsreligion. An den Begriffen »rein« und »unrein« läßt sich dieser Gegensatz erkennen. Für die Pharisäer gibt es kultische Unreinheit wie sie im Gesetz statisch festgeschrieben ist für bestimmte Dinge, Tiere und Handlungen, die ihnen äußerlich anhaftet. Jesus dagegen tritt Matthäus 23,24 f. ein für eine ethische Interpretation der Gesetzesvorschriften und für ihren Primat vor der kultischen Deutung. »Was aus dem Munde hervorgeht, das kommt aus dem Herzen, und das verunreinigt den Menschen; denn aus dem Herzen kommen hervor böse Gedanken, Mord, Ehebruch, Unzucht, Diebstahl, falsch Zeugnis, Lästerung. Das sind die Dinge, die den Menschen verunreinigen. Das Essen mit ungewaschenen Händen aber verunreinigt den Menschen nicht.« (Matth. 15,18 ff.) Ähnlich ist es in den Sabbath-Konflikten: Fällt ein Esel am Sabbath in einen Brunnen, dann wird jedermann ihn herausholen (Luk. 14,5); denn nach Jesu Meinung ist »der Sabbath um des Menschen willen gemacht, und nicht der Mensch um des Sabbath willen«. (Mark. 2,27) Die konkrete Situation fordert sittliche Entscheidungen, die den kultischen Heiligungsvorschriften vorgehen. Jesus ist also frei vom Gesetz als einer absolut verpflichtenden, das Handeln, abgesehen von der inneren Haltung und der immer wieder wechselnden einmaligen Situation, mechanisch von außen lenkenden Größe. Jesus ist daher ein Gegner jeder Kasuistik, die das flutende Leben vergewaltigen muß, weil kein casus, keine Situation wie die andere ist.

So stehen sich in Jesus und den Pharisäern zwei grundsätzlich verschiedene, durchaus typische und keineswegs auf jene Zeit beschränkte Haltungen gegenüber: Die Pharisäer vertreten das absolut, d.h. bedingungslos gültige, weil heilige, von Gott selbst gegebene Gesetz, das von außen fordert, was in jedem Falle (casus) zu tun ist. Nur die äußere Tat kann befohlen werden, Gesinnung und innere Lebensbewegungen sind von einem statischen Gesetz nicht erfaßbar, weil es innere situationsgemäße Notwendigkeiten nicht berücksichtigen kann. Deshalb muß eine starre Durchführung verlangt werden, widrigenfalls das Gesetz in seinem Kern aufgehoben wird.

Jesus dagegen vertritt den Primat der persönlichen Bindung an Gott und damit die persönliche Verantwortung vor Gott und dem an Gott gebundenen eigenen Gewissen in jeder Situation des Lebens. Das aber bedeutet die Aufhebung der starren Forderung im Vertrauen auf die reife Urteilsfähigkeit der handelnden Menschen. Darin liegt ohne Zweifel eine doppelte Gefahr: einerseits die, daß die Last des Gesetzes durch die für viele zu große Last der eigenen selbständigen Entscheidung und Verantwortung ersetzt wird. Das meint der Großinquisitor in Dostojewskis geistvoller Legende, wenn er darauf hinweist, daß die katholische Kirche den

Menschen die für sie untragbare Last der eigenen Verantwortung und Freiheit wieder abgenommen habe, um sie glücklich zu machen, wenn sie, wie eine Herde, dem Gebot des Hirten folgt. Die andere Gefahr, die jede Botschaft der Freiheit in sich birgt, liegt darin, daß von oberflächlichen Menschen zwar die Lösung aus der gesetzlichen Zwangsbindung gern angenommen wird, daß ihr aber nicht die neue Bindung an Gott korrespondiert, sondern eine Bindung an die Willkür und die eigenen Triebe. Das aber bedeutet die Aufhebung der Sittlichkeit. Letzten Endes führt die Problematik der Freiheit, die in Willkür absinken kann, zu der Frage: Was soll aus der Masse, die der Freiheit nie fähig ist, werden? Jesus jedenfalls hat offenbar diese Masse nicht berücksichtigt: denn er hat höchste Ideale und Maßstäbe verkündet und hat schon zeitlebens erlebt, daß viele, sogar manche seiner Jünger, ihn nicht verstanden. Die organisierte Kirche aber hat es ganz wesentlich mit Massen zu tun, denen gegenüber dann doch wieder das fordernde Gesetz mehr oder minder in Anwendung kam und kommt.

Grundsätzlich aber muß nun von Jesu Bedeutung für die Ethik gesagt werden: Jesus gab keine neuen Gebote und keine neue Ethik, sondern er deutete in Gebotsform ein Ethos an, d. h. eine Haltung des Menschen in der Nähe des anbrechenden Reiches Gottes, also in der Nähe Gottes. Martin Dibelius hat in eindrucksvoller Weise in seiner Schrift »Geschichtliche und übergeschichtliche Religion im Christentum« (1925) gezeigt, daß zwar der eschatologische Glaube Jesu und der Urgemeinde an den nahen Anbruch des auch die äußeren Weltverhältnisse ändernden Gottesreiches zeitgeschichtlich bedingt und, da er sich ja nicht verwirklichte, von relativer Gültigkeit ist, daß aber in diesen zeitgeschichtlich bedingten Vorstellungsformen überzeitliche Wahrheit von der gegenwärtigen Nähe Gottes auch heute erfaßbar ist.

Auf das Gebiet der Ethik angewandt, ergibt sich von hier aus ein Verständnis der oft paradoxen Gebote Jesu und ihrer vielfach kritisierten Undurchführbarkeit. Nehmen wir als Beispiel etwa die Stelle Matthäus 5,21 ff.: »Ihr habt gehört, es ist den Alten gesagt: du sollst nicht töten; wer aber tötet, soll dem Gericht verfallen sein. Ich aber sage euch: jeder, der seinem Bruder zürnt, soll dem Gericht verfallen sein. Wer aber seinen Bruder einen Taugenichts heißt, soll dem Synhedrium, und wer ihn einen Gottlosen heißt, soll für die Feuerhölle verfallen sein.« Was ist der Sinn dieser Gebote? Handelt es sich nur um eine Verschärfung der sittlichen Forderung? Sie ist ja gar nicht mehr möglich, wenn schon ein Schimpfwort mit dem Tode bestraft werden soll. So wird sichtbar, daß darin nicht der

Sinn dieser Worte liegen kann. Vielmehr wird deutlich, daß Jesus mit der paradoxen Ausmalung der Strafen einen Impuls geben und ein Ethos andeuten will. Das Gebot ist nur die Form, in der eine letzte Haltung angedeutet wird.

Ähnlich steht es mit der von Jesus in den Mittelpunkt gerückten Nächsten- und Feindesliebe. Das Gebot der Feindesliebe ist oft als utopisch bezeichnet worden. Auch hier handelt es sich nicht um eine ethische Sonderleistung, sondern darum, die Größe des Liebesaffektes und die Unbedingtheit der Liebe eindrucksvoll und unmißverständlich anschaulich zu machen, indem gefordert wird, daß auch menschliche Feindschaft keine Grenze der Liebe bedeuten darf. Die konkreten Gebote sind variabel. Unbedingt ist nur der Grund, aus dem gehandelt wird. Man könnte Jesus, wenn man nur auf die Einzelgebote achtet, sogar der Inkonsequenz bezichtigen: er gibt Gebote für das Fasten und fastet selbst nicht; er lehrt das Gesetz zu beachten und bricht es z. B. in der Frage der Sabbath-Heiligung selbst. Hier aber gilt, was oben bereits angedeutet wurde, daß nämlich die konkrete Situation über das praktische Handeln entscheidet, daß aber, wie immer die Handlung auch ausfällt, stets aus letzter Gottverbundenheit gehandelt werden soll. Man kann diese Haltung auch unter dem von Jesus verwendeten Symbol des Kindes verstehen und aussprechen: »Wer das Reich Gottes nicht empfängt als ein Kind, der wird nicht hineinkommen« (Luk. 18,17), sagt Jesus und kennzeichnet damit die von den Menschen zu erwartende Haltung vertrauender Offenheit für Gott. Alle Gebote aber, die Jesus ausgesprochen hat, und die im einzelnen zu erörtern hier nicht möglich ist, sollen ein ideales Sein anschaulich machen, das sich ergibt, wenn man in der Nähe Gottes lebt und zu leben sich bewußt ist. Es wird damit also den Geboten Jesu der Charakter neuer Gesetzlichkeit abgesprochen. Das bedeutet aber, daß die Forderungen Jesu nicht leichter, sondern schwerer werden. Sie sind überhaupt keine an den Willen gerichteten Gebote, sondern Richtlinien, an denen die unbedingte Haltung in der Tiefe erkennbar wird. Diese Haltung aber herzustellen ist Sache der Gnade Gottes. Jesus hat also inhaltlich keine neuen ethischen Ideale verkündet, wie oft angenommen wird. Sein Postulat der Liebe kannte man auch im Alten Testament bereits und auch außerhalb des biblischen Religionsbereiches. Aber alle ethischen Postulate erscheinen in einem neuen Geist. Das ist das entscheidend Neue in der Ethik Jesu. Bestimmend ist also nie das Tun, sondern stets das Sein, die Haltung vor Gott, vor dem der Mensch immer steht.

Fassen wir also zusammen, worin das neue Sein und damit die Erlösung besteht. Hier ist zunächst an den Glauben zu denken. Nur der Glaubende erfährt Heilungen (Matth. 8,10; Mark. 2,5) und erhält Vergebung ohne eigenes Verdienst, aus Gnade. Zum Verdienst vor Gott aber ist der Mensch grundsätzlich unfähig wie das Wort von den »unnützen Knechten« (Luk. 17,10) besagt. Ausdruck der neuen Haltung ist das Gebet, wie es im »Vater unser« vorbildlich von Jesus gelehrt wurde, das keine Leistung ist und daher auch nicht durch Häufung wirksamer gemacht werden kann. (Matth. 6,7)

Ferner ist im Zusammenhang mit der Reichsbotschaft die Liebe als entscheidende neue Haltung zu nennen. Sie ist nicht Mitleid, wie im Buddhismus. Der Ursprung der menschlichen Liebe ist vielmehr Gottes Liebe zu den Menschen, wie sie in Jesus erfahren wird: Johannes 17,26. Wer Gottes Liebe empfing, darf nicht lieblos sein. Der barmherzige Samariter (Luk. 10,30 ff.) ist ein Beispiel dafür; denn hier wird die Fraglosigkeit der Liebe gegenüber dem Nächsten exemplarisch dargestellt. Es gibt keine Grenzen für die Liebesverpflichtung. (Matth. 5,38)

3   WEGE ZUM HEIL BEI BUDDHA UND CHRISTUS – IM VERGLEICH

Selbsterlösung und Erlösung durch Gnade

Wir haben die »Wege« zum Heil bei Buddha und Christus im einzelnen dargestellt und wollen sie nun miteinander vergleichen. Dabei zeigt sich, daß bei Buddha eine Skala der Versenkung auf der Basis der asketischen Ethik zur Aufhebung der entscheidenden Unheilsursache, des »Durstes« (tanha) führt. Im Hinayana-Buddhismus ist die Erlösung also weitgehend autosoteristisch, sie ist weitgehend Selbsterlösung. Buddhas letzte Worte sollen gewesen sein: »Seid euch selber Leuchte, seid euch selber Zuflucht!« Das bedeutet, daß jedenfalls eine eigene Disposition zur Erleuchtung mit eigener Kraft geschaffen werden muß unter Ausschaltung der personalen Grundkraft des Willens, also des spezifisch Menschlichen, im Sinne der Entpersönlichung. Wir müssen aber hinzufügen, daß auch schon im Hinayana bei Buddha selbst das Wissen darum vorhanden ist, daß die eigentliche heilbringende Erleuchtung (bodhi) nicht in die Verfügungsgewalt des nach dem Heil Strebenden fällt. Nathan Söderblom hat daher bereits hinsichtlich des buddhistischen Heilsereignisses von einem »Gnadengeschenk ohne Schenker« gesprochen.

Bei Jesus dagegen findet sich keine Forderung der Askese als Grundlage des Heilsgewinns. Das bedeutet, daß hier keine Selbsterlösung ange-

nommen, auch keine Weltabgewandtheit gefordert wird, und keine moralischen Voraussetzungen werden bei dem Jünger gemacht. Es wird keine
Korrektur des moralischen Verhaltens als Bedingung des Heilsgewinns
vorausgesetzt. Auch wird der Lebenswille nicht an sich als negativ betrachtet, sondern nur die Richtung dieses Willens auf das eigene Ich soll in
der »metanoia« umgewendet werden auf Gott hin. Dispositionen zum
Heil können nicht vom Menschen selbst geschaffen werden. Ausgang ist
vielmehr das Bewußtsein der gottgelösten Existenz und ihrer für den
Menschen gegebenen Unaufhebbarkeit.

Buddha selbst ist für das Heilsgeschehen völlig bedeutungslos im Hinayana. Die Lehre ist das Entscheidende, sie zeigt den Weg und Buddha
selbst bezeichnet sich daher auch als »Wegweiser«, der selbst nichts dazu
tun könne, daß Menschen den von ihm gewiesenen Weg auch wirklich gehen. Buddha ist im Hinayana also keine Heilandgestalt, die sich selbst gegenüber »Nachfolge« gefordert hätte.

Jesus aber sagt im Johannesevangelium (14,6): »Ich bin der Weg.« Was
Jesus erwartet, ist die Nachfolge, wie es etwa Matthäus 16,24 heißt: »Will
mir jemand nachfolgen, der verleugne sich selbst und nehme sein Kreuz
auf sich und folge mir.« Zwar wird hier auch eine Abwendung vom Ich gefordert, aber entscheidend ist ein neues Menschsein, eine neue »Geburt«,
wie es Johannes 3,3 gesagt wird: »Es sei denn, daß jemand von neuem geboren werde, so kann er das Reich Gottes nicht sehen.« Ein anderer Ausdruck für das, was hier gemeint ist, ist, wie wir oben schon sagten, metanoia, Sinneswendung, die zwar in imperativischer Form auftritt (metanoeïte, Matth. 4,17), aber nur im Sinne der Normfixierung, die nicht an
den Willen gerichtet ist. Zu dieser Haltung gehört auch die Sorglosigkeit,
die Jesus erwartet (Matth. 6,25): »Sorget nicht für euer Leben!« Wer sich
um die vielen Dinge des Lebens sorgt, zeigt damit mangelndes Vertrauen
zu Gott und findet nie »das Eine, das nottut«. (Luk. 10,42) Sorglosigkeit
ist nicht Sorgenlosigkeit, sie ist vielmehr die Absage an alles, was die heitere Vertrauenshaltung des Jüngers hindert. Zuerst kommt das Leben im
Reich Gottes, dann alles andere. So ist also ein neues Lebenszentrum gemeint: »Trachtet am ersten nach dem Reiche Gottes und nach seiner Gerechtigkeit, so wird euch solches alles zufallen.« (Matth. 6,33) Das ist die
Armut im Geist, die Jesus in der Bergpredigt (Matth. 5,3) seligpreist. Jesu
Selbstverständnis ist, soweit wir das beurteilen können, erfüllt vom Bewußtsein seiner Sendung durch den Vatergott: »Wer mich aufnimmt, der
nimmt den auf, der mich gesandt hat.« (Matth. 10,40) Wenngleich wir erst
im nächsten Abschnitt von dem urchristlichen Glauben an das »Erlö

sungswerk« Jesu sprechen werden, so ist doch schon hier darauf hinzuweisen, daß Jesus selbst sich als einen Gesandten Gottes verstand. Und so ist im Unterschied zum Buddhismus zu sagen, daß es sich im Evangelium um eine Bewegung handelt, die von Gott ausgeht, während der Buddhismus kein solches Geschehen kennt, sondern Buddha hat, wie er gelegentlich sagt, einen alten Weg in eine vergessene Stadt (des Nirvana) wiederentdeckt. Daß Buddha auftritt, ist zwar insofern auch im transzendenten Bereich verankert, weil er ja dem Mythos zufolge aus dem Himmel der »zufriedenen Götter«, dem Tuschita-Himmel, herabkam in seine letzte Wiedergeburt, aber die Götter sind ja hier an der durch Buddha zu erwirkenden Erlösung interessiert, da sie selbst im Geburtenkreislauf sich befinden und erlösungsbedürftig sind. Darüberhinaus aber gibt es im Hinayana nur impersonale Notwendigkeiten der Dharma-Kombinationen und sicher keinen Gnadenwillen Gottes.

Dennoch ist, wie wir gesehen haben, auf der Seite des Menschen in der Verkündigung Jesu etwas notwendig, nämlich der Glaube als ein persönliches vertrauendes Ergreifen Gottes in der Nachfolge Christi. So heißt es z.B. Markus 5,36: »Fürchte dich nicht, glaube nur!« Im Johannesevangelium werden Glaube und Leben eng miteinander verbunden, z.B. Johannes 5,24: »Wer mein Wort hört und glaubt dem, der mich gesandt hat, der hat das ewige Leben und kommt nicht in das Gericht, sondern er ist vom Tode zum Leben hindurchgedrungen.« Leben aber ist nicht vitale Existenz, sondern ein Sein im Heil, an dem schon im gegenwärtigen irdischen Leben Anteil gewonnen werden kann durch das Wort und durch den Glauben.

Wie steht es nun mit der Universalität der beiderseitigen Heilswege? Buddhas Heilsweg ist dem Anspruch nach universal. Dennoch ist er es praktisch nicht; denn es ist der Heilsweg nicht nur an die Askese, sondern entscheidend an das Leben als Mönch (nicht als Nonne) gebunden. Dennoch ist die Universalität der buddhistischen Lehre zufolge insofern gewahrt, als ja nicht nur mit *einem* Leben gerechnet wird, sondern mit zahlreichen Daseinsformen. Grundsätzlich ist der Heilsweg also für jedermann, wenngleich nicht in jedem Stande des gegenwärtigen Lebens, gangbar.

Obgleich in Jesu Verkündigung fraglos ein universelles Heilsangebot des Vatergottes vorliegt, das Jesus verkündet, ist es praktisch doch nicht universell, da die Heilswirksamkeit nicht vom Menschen abhängt und nicht in seiner Verfügungsmacht steht. Gottes Heilswille ist universal, aber seine Aktualisierung im konkreten und individuellen Leben ist nicht vom Willen des Menschen abhängig; denn, wie Jesus sagt (Matth. 22,14): »Viele sind berufen, aber wenige sind auserwählt.« Wir stoßen hier auf die rational nicht lösbaren Widersprüche, die entstehen, wenn man Erfahrungen religiösen Lebens in theoretische Lehrsätze faßt. Philipperbrief 2,12 heißt es: »Schaffet, daß ihr selig werdet mit Furcht und Zittern, denn Gott ist, der da wirket beides, das Wollen und das Vollbringen nach seinem Wohlgefallen.« Während im Buddhismus ein komplizierter Heilspfad gelehrt wird und differenzierte Möglichkeiten der mehrfachen oder der einmaligen Wiederkehr in ein irdisches Leben in der Geburtenfolge angenommen werden, ist demgegenüber im Christentum ein schlichter und einfacher »Weg« verkündet, nämlich der Glaube, mit dem nach Jesu Meinung das Eingehen in das Reich Gottes, also die Erlösung gegeben ist. Andere Voraussetzungen hat Jesus den Evangelien zufolge nicht gefordert im Unterschied zu den später, wie wir sehen werden, aufgestellten Heilslehren der Kirche. Hier gibt es keine Gradierung der Nähe Gottes und alle Reflexion wird hier ausgeschaltet. In Jesu Verkündigung ist es der blinde Glaube im Sinne unerschütterlichen Vertrauens, der zum Heil führt.

Vergleich beiderseitiger Ethik

Vergleichen wir die Ethik in beiden Religionen, so ist zu sagen, daß im Buddhismus die Ethik, wie wir sahen, asketisches Mittel zum Heilserwerb und erste Stufe dazu ist. Die ethischen Werte, die hier gefordert werden, sind keine Selbstwerte, die um ihrer selbst willen zu realisieren sind, sondern Mittelswerte auf dem Wege zum Heil. In Jesu Verkündigung aber sind die aufgestellten Normen Selbstwerte, so vor allem die Liebe. Einen aufschlußreichen Vergleich zwischen den beiden einander korrespondierenden Werten der Liebe, von maitri und agape, im Buddhismus und Christentum hat F. Weinrich in seiner Schrift »Die Liebe im Buddhismus und Christentum« (1935) durchgeführt. Wir folgen seinen Gedanken, indem wir die wichtigsten Momente hervorheben und jeweils dem buddhistischen Begriff der im Sanskrit maitri, im Pali metta genannten Liebe die Momente der im Neuen Testament agape genannten Liebe gegenüberstellen.

Maitri (metta) ist die Liebe des Menschen zur gesamten Kreatur. Agape aber ist die Liebe Gottes zu den Menschen und die Liebe des Menschen zu Gott. Der Buddhismus in seiner Hinayana-Form kennt weder die Liebe Gottes, noch die Liebe zu Gott.

Maitri als Liebe zur Kreatur unterscheidet sich von der Agape als Nächstenliebe dadurch, daß der Maitri jeder praktische Lebensbezug fehlt, sie

also keine aktive Brüderlichkeit kennt. Maitri-Übung ist eine meditative und asketische Praxis zur Läuterung, also zum Nutzen des Menschen.
Agape als Liebe zu Gott und zum Nächsten im Neuen Testament ist dort oberster Wert, unüberbietbar durch sonstige Tugend. Maitri aber ist nur eine Stufe, zwar die oberste Stufe im sittlichen Verhalten, aber die unterste im Heilsprozeß; denn upekkha, der Gleichmut, steht höher.
Die Maitri-Übung erfolgt im Hinblick auf religiösen Lohn und Erfolg. Als Werk bringt sie entsprechenden Nutzen, als Heilsstufe bereitet sie upekkha, Gleichmut, die letzte Stufe vor der Erleuchtung, vor. Agape aber schließt jeden Lohn und Nutzen als Anspruch aus, bietet keine Heilsgarantie.
Maitri ist keine leidende, dienende und opfernde Liebe. Buddha opfert sich nicht, jedenfalls nicht in seiner letzten Existenz, für die Menschen, wenn auch in den Geburtslegenden aus den früheren Daseinsformen Buddhas als Bodhisattva, wie schon erwähnt, erzählt wird, er habe sich einmal für eine hungernde Tierfamilie als Nahrung geopfert. In der Lehre Buddhas ist die Liebe noch egozentrisch, da sie auf die eigene Erlösung gerichtet ist als Mittel. Agape aber sucht nicht das Ihre.
Maitri ist ein negatives Verhalten zur Welt; denn es wird eine kühle Distanz der Welt gegenüber gefordert. Agape dagegen ist eine positive Einstellung zur Welt durch die Hingabe an den Nächsten und seine Lebensumstände.
Maitri ist eine fast magisch beruhigende Kraft, wie die Geschichte von dem wilden Elefanten Nalagiri zeigt, der von dem verräterischen Jünger Buddhas, Devadatta, gegen den Buddha geleitet wurde. Buddha konnte den Angriff des Elefanten durch die Übung der Maitri abwehren. Im Text heißt es: »Buddha richtete gegen den Elefanten die Kraft seines grenzenlosen Wohlwollens.« Da kehrte der Elefant um. Agape ist helfend, rettend, lebenfördernd.

Die Erlösungsziele
Hinsichtlich des Zieles des Erlösungsweges besteht zwischen beiden Verkündigungen eine gewisse formale Gemeinsamkeit: Sie besteht in der Aufhebung der unheilvollen existentiellen Isolierung vom Numinosen dadurch, daß dieses Numinose einbricht in das gegenwärtige Leben. Das aber geschieht in beiden Verkündigungen auf verschiedene Weise, nämlich in der Erkenntnis und Erleuchtung einerseits im Buddhismus und im Glauben andererseits im Christentum.
Im Buddhismus handelt es sich inhaltlich dann um ein Entnommensein

dem Kreislauf der Wiedergeburten, um eine Unberührtheit von der Welt und ihren Aufgaben, um vollkommenen Gleichmut und um ein fortdauerndes Scheinleben auf der Erde in persönlicher Gestalt, aber in der Tiefe bereits um ein unpersönliches Sein im Nirvana »der diesseitigen Ordnung«. Buddhas Verkündigung zeigt nur den Weg. Inhalt der Verkündigung ist die Erkenntnis des Unheils, in dem der Mensch sich befindet, und der Weg zur Aufhebung des Unheils, das als »Leiden« bezeichnet wird. Dieses in der Erleuchtung gewonnene Sein ist unaussagbar. Eigenschaften und Heilsabsichten gibt es hier auf der Seite des Transzendenten nicht. Das buddhistische Evangelium verkündet die Aufhebung des Unheils durch Aufzeigung des Weges bis zur Erkenntnis, in der dann diese Aufhebung im Nirvana stattfindet.

Bei Jesus ist vielmehr »Leben« und zwar »ewiges Leben«, das erwartet wird. Spender aber ist der Vatergott in seinem Reiche. Was als Heil gegeben wird, ist Gemeinschaft mit Gott. Jesus betrachtet seine Aufgabe als von Gott gestellt: »Was ich von ihm (Gott) gehört habe, das rede ich vor der Welt.« (Joh. 8,26) So zeigt also die Verkündigung Jesu im Unterschied zu der Buddhas nicht einen Weg für die Menschen, sondern einen Weg Gottes zu den Menschen.

Meditation – Gebet – Glaube

Ein weiteres Gegensatzpaar zwischen der Verkündigung beider Religionsstifter sind Meditation und Gebet. Die zweite Heilsstufe auf dem Weg zum Heil war bei Buddha die Versenkung, die Konzentration, nicht auf Gott, sondern auf Objekte zunächst der äußeren Welt, wie wir sahen, mit dem Ziel der Stillegung der inneren Funktionen, der Aufhebung der Distanz und des Versinkens in ein neutrales Ewiges. Auch in der letzten Lebensstunde hat Buddha diesen Weg beschritten und ist auf der Skala der Versenkung Stufe für Stufe schließlich in das ewige ruhende Sein, in das Nirvana eingegangen.

Demgegenüber ist Jesus zweifellos nicht ein Meister der Meditation, sondern des Gebetes. Wie die entscheidenden Augenblicke in Buddhas Leben der Versenkung gehörten, so in Jesu Leben dem Gebet. Wir nennen einige Stellen des Neuen Testaments, denen zufolge Jesus seine Jünger beten lehrte: Matthäus 6,9; Markus 11,22.

Wir entnehmen der wichtigen Studie Friedrich Heilers »Buddhistische Versenkung« (1922) einige Gegensatzpaare des Verhaltens bei beiden Persönlichkeiten: bei Buddha ein stilles Versunkensein, bei Jesus ein lautes Rufen und Schreien Gott gegenüber. Bei Buddha ein langsames, planmäßiges Aufsteigen des Geistes zu höherer und reinerer Atmosphäre. Bei Jesus ein kühnes, leidenschaftliches Sich-Herandrängen an Gott. Bei Buddha ein allmähliches Einsinken in tiefen Frieden, in kühle Ruhe, in bewußtlose Wonne. Bei Jesus ein leidenschaftliches Verlangen nach dem Kommen der Gottesherrschaft. Bei Buddha ein leidloser, freudloser Gleichmut aus Meditation erwachsend. Bei Jesus eine starke und frohe Ergebung in Gottes Vaterwillen. Bei Buddha ein Ruhen im impersonalen Sein, bei Jesus eine lebendige Zwiesprache, ein wirklicher Umgang, ein persönlicher Verkehr mit Gott. Bei Buddha schließlich die Läuterung von Affekten und Willensregungen und ein Ersterben aller Lebenstendenzen, bei Jesus dagegen ein spontaner, gewaltsamer Durchbruch des übermächtigen Affektes, ein Aufjauchzen im höchsten Glück, ein Aufschrei aus tiefer Not, ein Ausschütten des Herzens.

Wir erörtern noch einen letzten Gegensatz im Verhalten beider Persönlichkeiten: den Gegensatz von Erkenntnis und Glaube. Der Begriff der Erkenntnis bei Buddha ist vielfacher Mißdeutung ausgesetzt gewesen im Sinne dessen, daß es sich hier um eine weltanschaulich theoretische Einsicht in objektive Sachverhalte handele. Das ist ein Irrtum. Erkenntnis ist vielmehr im Buddhismus eine Seinsverwirklichung im Subjekt. Im Akt der Erkenntnis bzw. der Erleuchtung (bodhi) geschieht die Aufhebung der für alle rationale Erkenntnis charakteristischen Subjekt-Objekt-Spaltung. Der Grundcharakter ist also der, daß eine Wirklichkeit auftaucht. Daher der ontologische Ton, wenn ein Sein gegenüber dem Nichtsein der Erscheinungswelt im Nirvana erfaßt wird. Erkenntnis ist ein typisch mystischer Begriff für eine spezifische Form der Verwirklichung des Numinosen im Subjekt.

Bei Jesus ist das Grundmoment der Glaube, eine von der Erkenntnis verschiedene Sache. Auch im Neuen Testament, besonders bei Johannes, wird oft von Glaube und Erkenntnis gesprochen; denn der Glaube trägt stets ein Erkenntnismoment in sich. So heißt es z. B. Johannes 6,69: »Wir haben geglaubt und erkannt, daß du bist Christus, der Sohn des lebendigen Gottes.« Das ist indessen nicht jene Erkenntnis im mystischen Sinne, sondern ein Sachverhalt wird hier auf der Basis der Glaubenserfahrung erkannt. Wenn es bei Buddha heißt im Akte der Erleuchtung und Erkenntnis: »Und Erkenntnis ging mir auf und Schauen ging mir auf, unverlierbare Erlösung des Geistes ist mein, ein Wiedergeborenwerden gibt es für mich nicht mehr«, so ist hier Erkenntnis ohne Objektbezug; denn es gibt den Gegensatz von Subjekt und Objekt nicht mehr. Es ist aber eine Seinsveränderung geschehen.

Glaube aber ist bei Jesus die entscheidende Grundhaltung. Im Hebräerbrief (12,2) wird Jesus der »Anfänger und Vollender unseres Glaubens« genannt. Die Struktur des Glaubens ist, wie wir gesehen haben, nicht eine Haltung der Seele, sondern primär ein Ergriffensein von Gott, von Gottes Pneuma, aber dann natürlich ein persönliches Vertrauen. Im Glauben wird Gott selbst gegenwärtig, aber nicht eine Seinsverwirklichung eines neutralen Numinosen geschieht, sondern die Erfassung einer personalen göttlichen Lebenskraft und heiligender Mächte, so daß dieser Glaube einen Lebensbezug hat, dynamisch und aktiv, und Mut und Kraft zur Arbeit wirkt. Der Wille zur Welt- und Lebensgestaltung entspringt diesem Glauben. Hier wird also keine anihilatio des Ich im Sinne der Mystik vollzogen, sondern eine einfache, naive und unmittelbare Verbundenheit in persönlicher Gemeinschaft mit Gott.

Wir stellen noch einmal zusammenfassend fest, daß der historische Buddha ein Wegweiser war und sein wollte, wichtig als Lehrer des Heilswegs, aber als Person ohne wesentliche Bedeutung für den Vorgang der Erlösung. »Wer mich sieht, der sieht die Lehre« hat der Buddha gesagt. Jesus dagegen sagte nach einer Stelle im Johannesevangelium (14,9): »Wer mich sieht, der sieht den Vater.« Das bedeutet also, daß Jesus der Verkünder einer Botschaft war, aber – so sah es die Gemeinde und wohl auch er selbst – daß er darüber hinaus auch Träger war numinoser Wesenheit und göttlicher Kräfte des kommenden Reiches, die in seinen Taten sich auswirkten. So konnte er also für sich die »Nachfolge« von seinen Jüngern verlangen. So wurde er in der Urgemeinde als eine Heilandgestalt aufgefaßt, abgesehen von allen christologischen Theorien, von denen wir später (S. 202 ff.) sprechen werden.

VIII
Stellung zu Welt und Leben

Buddhas Stellung zu Welt und Leben

Wir haben zwar schon oben (S. 140) über die Bewertung der Welt durch Buddha und Jesus gesprochen, wollen aber aufgrund der inzwischen erfolgten Darstellung ihrer beiderseitigen Verkündigungen noch einmal etwas ausführlicher und begründeter die beiderseitige Stellung zu Welt und Leben darstellen.

Die Grundeinstellung Buddhas ist fraglos eine pessimistische der Welt gegenüber aufgrund der metaphysischen Bewertung der Welt als Illusion, als scheinhafte Kombination der flüchtigen Dharma-Elemente, als »Leiden« und damit als Unheil. Ein Text drückt diese Einstellung folgendermaßen aus: »Ich sehe in der Welt die Kreaturen, die Durstgequälten, sich durchs Werden winden. Sie jammern elend in des Todes Rachen. Dem Durst nach Sein im Sein sie nicht entrinnen. Schau hin auf die, die ›mein‹ zum Dasein sagen, zuckend gleich Fischen, wenn der Fluß versiegt ist. Drum wandle man von allem ›mein‹ sich lösend mit seinem Wunsch an keinem Dasein haftend.« In diesen Worten ist der Unheilscharakter weltlicher Existenz und ichhaften Daseins ausgesprochen durch das verurteilte Haften an dem »Mein«. Alles weltliche Dasein ist wesenlos: »Der Leib ist unwirklich genauso wie die Luftspiegelung, die im Sonnenschein sich zeigt, oder ein gemaltes Bild, oder eine Speise, die man im Traume schaut, oder ein Blitz, der am Himmel tanzt.« Darum sind auch alle weltlichen Beziehungen letzten Endes wert- und wesenlos. Der Erlöste ist von ihnen befreit und wandelt in völliger Einsamkeit: »Der einsam Wandelnde sich nie vergessend, bei Lob und Tadel unbewegten Sinnes, dem Löwen gleich, vor keinem Laut erzitternd, dem Winde gleich, in keinem Netz gefangen, dem Lotos gleich, an dem kein Tropfen haftet, der anderen Führer, nicht geführt von andern. Er ist es, den man mag als Weisen rühmen.«

Wir sahen, daß die Ethik im Hinayana als vorläufige Stufe zur Erlösung von der Welt betrachtet wird und nicht etwa einen Weg in die Welt hinein zeigt, nur aus ihr heraus. Weltliche Arbeit ist daher nur von vorläufiger Bedeutung.

Typisch ist auch die Stellung zu den Frauen: Es ist die asketisch negative Einstellung; denn die Frau steht hier niedriger als der Mann als Verkörperung der Sinnlichkeit. Frauen sind, wie es in buddhistischen Texten heißt: »Fallstricke des Teufels«. Und an anderer Stelle lesen wir: »Unergründlich verborgen, wie im Wasser des Fisches Weg, ist das Wesen der Weiber, der vielgewitzten Räuberinnen, bei denen Wahrheit schwer zu finden ist.« Und Buddhas Gespräch mit seinem Lieblingsjünger Ananda gegen Ende seines Lebens gab auf die Frage »Wie sollen wir uns zu den Frauen verhalten?« die Antwort: »Nicht ansehn, Ananda!« Die Frauen sind es nach buddhistischer Ansicht, die am »Gewebe des Samsara spinnen«, mehr als der Mann. Daher wurden auch die Frauen zunächst von Buddha nicht in seinen Orden aufgenommen. Später aber, auf Bitten seiner Pflegemutter Mahapajapati, gestattete Buddha die Aufnahme von Frauen, aber unter Bedingungen, die deutlich ihre niedrigere Stellung gegenüber den Mönchen zeigen. So heißt es: »Ein Mönch darf unter keinen Umständen von einer Nonne geschmäht oder gescholten werden. Von heute an ist den Nonnen der Pfad der Rede gegenüber den Mönchen verboten, nicht verboten ist den Mönchen der Pfad der Rede gegenüber den Nonnen.« Wie wenig diese Aufnahme der Frauen in den Orden dem Buddha im Grunde gefiel, zeigt seine Äußerung, daß wenn die Frauen nicht in den Orden aufgenommen wären, die Lehre Buddhas lange Zeit Bestand gehabt haben würde, da aber die Frauen aufgenommen wurden, würde der Orden nach 500 Jahren aufhören zu bestehen. Hier irrte Buddha. Aber auch nach der Aufnahme der Frauen in den Orden waren sie nur in demütiger Unterordnung unter die Mönche zugelassen.

In Buddhas Leben aber haben die Frauen nie eine Rolle gespielt. Er war verheiratet und hatte einen Sohn, Rahula, aber beide verließ er und ging »aus der Heimat in die Heimatlosigkeit«. Ein späterer Vers sagt von seinem Verhältnis zu den Frauen: »Ihr Kommen weckt ihm nicht Freude, ihr Gehen bringt ihm keinen Schmerz, Brahmane mag er wohl heißen... von Fesseln frei.« Nur Männer sind zunächst seine eifrigen Hörer und Jünger.

Die Stellung Jesu zu Welt und Leben

Jesu eschatologische Einstellung bedeutete keine Entwertung der Welt an sich, sondern nur angesichts des Reiches Gottes, das im Kommen ist. Alle weltlichen Werte und Bindungen haben daher für Jesus nur eine relative Bedeutung. Dieser Äon steht, wie wir hörten, auch nach Jesu Meinung unter der Herrschaft des Satans: »Wir wissen, daß...die ganze Welt im Argen liegt.« (1. Joh. 5,19) Daher gibt es bei Jesus auch keine Bestimmungen über das Leben in der fortbestehenden, unverwandelten Welt, keine Betrachtungen über den Staat und das bürgerliche Leben, über die Ehe. Alles dieses ist bedeutungslos.

Andererseits ist aber auch für Jesus die Welt Gottes Schöpfung und er hat Freude an ihr gehabt, wie die Bilder von dem Vatergott zeigen, der die Blumen schmückt und für die Vögel unter dem Himmel sorgt. Jesus hat also keine prinzipielle Askese im Sinne einer Weltabkehr gelehrt. Das Leben soll kein Mönchsleben sein. Daher wird Jesus (Matth. 11,19) der Vorwurf gemacht, ein »Fresser und Weinsäufer, der Zöllner und Sünder Geselle« zu sein, weil er eben ein normales Leben führte. Jesus hat die Menschen nicht aus der Welt herausgeführt, sondern vielmehr in eine neue Welt hinein: »Wie du (Gott) mich gesandt hast in die Welt, so sende ich sie (die Jünger).« (Joh. 17,18) Im Unterschiede zu Buddha hat Jesus zu den Frauen eine positive Einstellung gehabt; denn für ihn war die Asketenhaltung, die die Frauen ablehnt, nicht verbindlich. Eine bedeutsame Rolle spielten nämlich in Jesu Leben die Jüngerinnen, die ein tiefes Verständnis für seine Botschaft zeigten.

Diese Einstellung Jesu blieb indessen in späterer Zeit nicht erhalten. Schon bei Paulus beginnt die asketisch-dualistische Abwertung der Frau und der Ehe: 1. Korintherbrief 7. Wir haben hier nicht die wechselvolle Geschichte der Stellung der Frau in der christlichen Kirche zu erörtern. Bei aller Wertschätzung der weiblichen Heiligen, der vielen Mystikerinnen und der im Dienste der Nächstenliebe tätigen Diakonissinnen ist doch nie eine gewisse Abwertung der Frau bis in die Gegenwart hinein überwunden worden.

Vergleich der Welteinstellungen

Bei Buddha finden wir einen in letzter Hinsicht unbedingten Pessimismus der Welt gegenüber, geboren aus dem mystischen Weltverstehen. Die gesamte Weltwirklichkeit, also alle Kreaturen, befinden sich durch ihr individuelles Dasein im Unheil der Wesenlosigkeit. So wird also diese Welt radikal abgelehnt und keine erneuerte Welt wird erwartet. Das Nirvana ist das Ende jeder Art von Weltgestaltung. Askese aber ist der Weg der Befreiung von der Welt und des Aufstiegs zur Erleuchtung, wie wir es beschrieben haben.

Jesus dagegen hat keinen unbedingten Pessimismus vertreten, sondern einen bedingten Optimismus. Grundsätzlich bejahte Jesus die Welt seines

Vaters in Verkündigung einer »frohen Botschaft«, eines »euangelions« (Luk. 2,10) für alles Volk. Ein bedingter Optimismus ist das insofern, als auch hier ja eine Unheilssituation vorgefunden wird, die überwunden wird, nicht durch Auslöschung von Leben und Welt, sondern durch eine Erneuerung und Verklärung dieser Welt, wie es dann später (2. Petr. 3,13) heißt: »Wir warten neuer Himmel und einer neuen Erde, in welchen Gerechtigkeit wohnt gemäß seiner Verheißung.«

IX
Buddha und Christus
als Heilandgottheiten

Wir wenden uns nun, nachdem wir nach Möglichkeit die geschichtliche Erscheinung Buddhas und Christi dargestellt haben, dem gemeinsamen Phänomen einer Hypostasierung der geschichtlichen Persönlichkeiten, also ihrer Erhebung in eine übergeschichtliche Wirklichkeit als Heilandgottheiten zu. Weder ist es der historische Buddha, der in dem später entstandenen Mahayana-Buddhismus Gegenstand der Verehrung wird, noch ist es der historische Jesus, der nach seinem Tode in der palästinensischen Urgemeinde und in der paulinischen Theologie als »Kyrios« verehrt wird.

1 Buddha im Mahayana

Die Entstehung des Mahayana
In Indien, wo der Theravada-Buddhismus durch Buddha gestiftet wurde, entstand auch jene grundlegend neue Bildung des Mahayana, des »großen Fahrzeuges«, das für das spätere Schicksal des Buddhismus als Weltreligion entscheidend wurde; denn nicht als Hinayana, sondern als Mahayana hat der Buddhismus Weltgeltung erlangt. Natürlich wandelte sich nicht aller Theravada-Buddhismus zum Mahayana, vielmehr gibt es noch heute Theravada-Länder, in denen also die relativ ursprüngliche Form des Buddhismus weiterlebt, auch wenn sie in den verschiedenen Ländern Elemente der dort ursprünglich heimischen Religionen übernommen hat. So drangen z. B. im ceylonesischen Buddhismus Beschwörungen böser Geister, Heilpraktiken für allerlei Krankheiten und zahlreiche Hindu-Götter ein. Auch in Burma, wo als Reliquie acht Haare Buddhas verehrt werden, findet sich neben dem Kultus von Brahma, Indra und Garuda auch der der siebenunddreißig Nats (Geister), Beschwörungen und mancherlei Tänze, also ein typischer Synkretismus. Aber auch der thailändische Buddhismus, der hier Staatsreligion ist, hat zahlreiche hinduistische

Elemente in sich aufgenommen: brahmanische Riten und die Hindu-Gottheiten Shiva, Vishnu, Indra, Ganesha und Yama, die als Gefolgsleute Buddhas in den Tempeln dargestellt sind.

Die Frage, die sich nun stellt, ist, wie es zur Entstehung dieser Neubildung neben dem alten Buddhismus kam, die man unter dem Namen Mahayana in ihren mannigfachen Richtungen zusammenfaßt. Zu Beginn der christlichen Zeitrechnung trat eine neue Richtung des Buddhismus hervor, die nicht mehr aus der Interpretation des hinayanistischen Kanons, des Tripitaka, gebildet wurde, sondern die eine eigene Literatur entwickelte: die Mahayana-Sutras wie z. B. Prajnaparamita-Sutra, Sukhavativyuha usw. Was aber sind die Motive des Entstehens dieser neuen Richtung?

Hier müssen wir zunächst auf Indien zurückgreifen. Im Hinduismus entstand etwa zu Beginn der christlichen Zeitrechnung der Glaube an Ishvara, einen persönlichen, allmächtigen und alleinigen Weltenherrn. »Ishvara« heißt »Herr«. Als ein völlig neues Motiv erscheint nun in der indischen Religionsgeschichte die »Liebe«, Bhakti, als Haltung Ishvara gegenüber. Zugleich aber erscheint hier auch der Gedanke der Erlösung durch Gnade, also nicht, wie bisher, durch Erkenntnis oder asketische Anstrengung. Diese Idee eines liebevoll verehrten Herrn gewann Einfluß auf den Buddhismus. Daß aber ein solcher Einfluß sich auswirken und eine starke religiöse Bewegung auslösen konnte, hat folgende Gründe. Das Hinayana war und ist eine aristokratische Religion der Selbsterlösung und, wie wir hörten, nur für Mönche (nicht für Nonnen) zum Erlösungsziel führend. Der Theravada-Buddhismus wollte bereits eine Universalreligion sein; denn er erhob von Anfang an den Anspruch, für alle gültig zu sein, aber de facto war er, sollte der Heilsweg zum Ziele führen, doch nur von Mönchen realisierbar im gegenwärtigen Leben. Das Heil, das an sich jedem und in jedem Stande zugänglich sein sollte, wurde jedoch nur in der Form angeboten, daß zwar Menschen aus jedem Stande sich zum Buddhismus bekennen konnten, daß aber nur im Stande des hauslosen Asketen das volle Heil zu erreichen ist. Praktisch also war das Hinayana für die breite Masse, die zu solchem radikalen Verzicht auf das weltliche Leben nie bereit ist, unbefriedigend. Deshalb erlosch der Buddhismus in Indien. So ist verständlich, daß im Buddhismus eine neue Form entstand, die aus den indischen Gnadenreligionen Anregungen empfing. Die Idee eines Weltschöpfers paßte nicht in die Grundkonzeption des Buddhismus mit seiner strengen Kausallehre, aber eine numinose Heilandgestalt war möglich, also ein Wesen, dessen Wirken sich nur auf die Erlösung, nicht aber auf Schöpfung und Weltgeschehen bezieht. Auch konnte diese Heilandgestalt kein von Ewigkeit her existierendes Wesen sein. Es mußte vielmehr eine menschliche Persönlichkeit sein, die ihre numinose Würde durch eigenes Streben erworben hat, wie einst Buddha seine Erleuchtung. Dafür bot sich aus dem Hinayana die Bodhisattva-Idee an. Die wörtliche Übersetzung von Bodhisattva ist »ein Wesen« (sattva), dessen Bestimmung die »Erleuchtung« (bodhi) ist.

Buddha selbst war ehe er durch die Erleuchtung zum Buddha, dem »Erleuchteten« wurde, ein Bodhisattva durch viele Lebensläufe hindurch, von denen in den Jatakas, den Geburtslegenden, berichtet wird. Aber auch das Hinayana weiß von einem künftigen Nachfolger, Maitreya, der noch als Bodhisattva im Himmel weilt. An ihn konnte sich der Gläubige um Hilfe wenden. Aber auch er brauchte nicht der einzige Bodhisattva zu sein. Er hat Nachfolger. Und so entstand hier in den Mahayana-Texten die Vorstellung von zahlreichen Bodhisattvas. Unter ihnen ragt hervor Avalokiteshvara, von dem der Mythos sagt, er habe zwar die Erleuchtung erlangt, habe jedoch auf das Eingehen in das Nirvana verzichtet, um allen Menschen, die sich an ihn wenden, zum Heil zu verhelfen. In Ostasien wird Avalokiteshvara in weiblicher Gestalt als Kwanyin in China und als Kwannon oder Kannon in Japan verehrt.

Eine andere Heilsgestalt ist die des Buddha Amitabha (in Japan: Amida), der die Wiedergeburt in seinem Paradies des Reinen Landes (Sukhavati) denen schenkt, die an ihn und seine Heilsverheißung glauben. Auch das ist ein neues Motiv, das hier im Mahayana auftritt: Neben der Liebe der Glaube im Sinne des Vertrauens und die Existenz in einer Paradieseswelt. Gleichwohl bleibt das Nirvana auch hier das letzte Heilsziel, zu dem man über die Paradiesexistenz gelangt.

Außerdem entsteht hier im Mahayana ein neues Lebensideal in Gestalt der Verwirklichung des Bodhisattva-Ideals; denn was die heilwirkenden Gottheiten als Bodhisattvas sind, das soll jeder Mensch zu seinem Ziel machen, um einmal in gleicher Weise zum Heil zu helfen. Ein Gelübde, das der nach diesem Ideal strebende Mensch ablegen soll, lautet folgendermaßen: »Die Rettung aller Wesen ist mein Gelübde, von mir müssen alle Wesen befreit werden ... Ich bemühe mich nicht nur um meine eigene Erlösung (wie im Hinayana), denn alle diese Wesen müssen von mir mit dem Boot des Gedankens an die Allwissenheit aus der Flut des Samsara (des Geburtskreislaufs) herausgeholt werden.« Dem entspricht nun, daß auf der Seite der Gottheit die Idee der Gnade auftritt. Im Bhakti-hundert-Vers des Ramacandra (um 1250 n. Chr.) wird deutlich, wie tief diese Gnadenidee in den Buddhismus eingedrungen ist, wenn es da heißt:

»Versunken unter den Wogenbergen dieser weiten, unüberschreitbaren Flut – wie könnte ich (aus eigener Kraft) dein (rettendes) Dharma-Schiff erreichen! Reich mir, o Jina (Buddha), deine Gnadenhand zur Hilfe.« Tiefgreifend gewandelt ist natürlich auch die Art der Verehrung. Während das Hinayana ohne eigentlichen Kultus war und ist, werden nun die Buddhas und Bodhisattvas zu Gottheiten, an die man Gebete richtet. Wir wiesen darauf hin, daß auch das Hinayana von Göttern spricht; denn Buddha selbst kam dem Mythos zufolge aus dem Tuschita-Himmel, dem Himmel der zufriedenen Götter, als er sich in seiner Mutter Maya verkörperte. Aber diese hinayanistischen Götter sind, wie wir sagten, wiedergeborene Wesen, die wie Menschen, Tiere und hungrige Geister erlösungsbedürftig sind und eine begrenzte Lebensdauer haben. Hier nun im Mahayana werden die Götter zu wirklich kultisch verehrten Wesen. In einem buddhistischen Gebetbuche heißt es: »Sei gnädig, o Herr der Götter, Herr der Welt, sieghafter Buddha, der du verehrungswürdig bist in der Welt, der du mir, der du den Guten verehrungswürdig bist, o Feind der Sünde, Feind der Werdelust, Feind der Sinneslust, Feind des Dunkels (der Unwissenheit). Dir fürwahr bin ich ergeben mit Leib und Wort und Geist.«

Hier seien einige Worte über die philosophisch-theologische Weiterbildung des Buddhismus zum Mahayana durch Nagarjuna (um 200 n. Chr.), den großen buddhistischen Philosophen Indiens, gesagt, der eine hohe Wertschätzung bis heute genießt. Seine Lehre wird als ein »zweites Drehen des Rades der Lehre« verstanden und bezeichnet. Die charakteristische Grundidee ist die Lehre von der »Leerheit« (shunyata), die besagt, daß alles »leer« ist. Der Begriff der Leere bezeichnet eine Wirklichkeit zwischen empirischem Sein und Nichtsein, das unaussagbare Absolute, das auch das »absolute Nichts« genannt wird. Danach ist alles Empirische in seiner Funktion von anderem abhängig und kann nur durch seine Beziehung zum anderen existieren und verstanden werden. Für sich allein aber ist es nichts. Daraus folgt, daß die empirische Welt Schein ist. Die Konsequenz ist die von Nagarjuna vertretene Lehre von der doppelten Wahrheit, die in folgendem Vers von ihm ausgesprochen wird:

> »Zwiefache Wahrheit gibt es nach des Buddhas Meinung:
> Die höchste Wahrheit und die Wahrheit der Erscheinung.«

Die »höchste Wahrheit« ist die, daß es keine im Unheil des Samsara (des Geburtenkreislaufes) lebende Wesen gibt, keinen Buddha; denn alle empirischen Erscheinungen sind im höchsten Sinne nichts. So leben die Menschen in einer Welt der Illusion, von der sie nur befreit werden können, wenn man zunächst den Standort der niederen Wahrheit, der »Wahrheit der Erscheinung« einnimmt, nach der alles Sichtbare für real angesehen wird, und auch die naiven Anschauungen der traditionellen Religion so angenommen werden, wie sie überliefert sind. Diesen naiven Standpunkt muß man jedoch später verlassen und zur »höchsten Wahrheit« vordringen, nach der, wie gesagt, alle diese konkreten Dinge und Anschauungen als Illusion erkannt werden.

In diesen Zusammenhang gehört auch die Lehre von den drei Körpern des Buddha (trikaya). Buddha wird in dieser Lehre in einen kosmischen Zusammenhang gestellt. Die höchste Realität ist nach dieser Lehre Buddha als das Absolute, als transzendenter und über alle Vielheit erhabener Buddha-Leib (dharma-kaya). Diese höchste Buddha-Realität manifestiert sich in der Vielheitswelt in zwiefacher Form: einerseits als Herr eines himmlischen Paradieses, in dem er durch den »Leib des Genusses« (sambhoga-kaya) seine Seligkeit genießt. Die andere Manifestationsform des absoluten Buddha ist seine menschlich-irdische Erscheinung im »Leib der Umwandlung« (nirmana-kaya). In dieser Daseinsform sucht der historische Buddha die Welt durch seine Predigt zu bekehren. In diesem Umwandlungsleib ist also der historische Buddha erschienen, wie auch alle anderen buddhistischerseits angenommenen historischen Buddha-Gestalten vor ihm und nach ihm. Nach dieser Konzeption sind also alle in der Menschwelt wirkenden Buddhas Ausstrahlungen von den Buddhas der himmlischen Paradiese und diese wiederum sind eins im Absoluten. So sind also alle Buddhas und Bodhisattvas partielle Manifestationen des All- oder Urbuddha. So kommt dieser Buddhismus letztlich zu einer theomonistischen Anschauung.

Nach einer anderen Einteilung werden Buddhas und Bodhisattvas in folgenden Zusammenhang gebracht: Es gibt fünf geistige Buddhas der Meditation, die Dhyani-Buddhas, aus denen durch Emanation Dhyani-Bodhisattvas hervorgehen. Weiter wird gelehrt, daß jedem historischen Buddha ein himmlisches Urbild, ein Dhyani-Buddha nebst Dhyani-Bodhisattva entspricht. Der Dhyani-Buddha des historischen Buddha ist der Buddha Amitabha, der Buddha des »grenzenlosen Lichtes«, von dessen Heilsbedeutung in bestimmten Sekten gesprochen wird. Sein Dhyani-Bodhisattva ist Avolokiteshvara, der »Herr des Herabsehens« in Gnade. Wie schon oben bemerkt wurde, wird dieser Bodhisattva in Ostasien in weiblicher Gestalt verehrt.

Dieser Buddhismus, in dem wir also das Phänomen einer numinosen Hypostasierung einer historischen Buddha-Gestalt zu überhistorischer und kosmischer Göttlichkeit beobachten, und den wir bisher nur in seinen allgemeinen Grundzügen charakterisiert haben, wanderte nach Ostasien und wurde die geistig-religiöse Weltmacht dieser asiatischen Völkerwelt. Der Weg zur Weltreligion war die oben erwähnte Lehre von der doppelten Wahrheit, die hier insofern zur Anwendung gebracht wurde, als durch »geschickte Anwendung der Mittel«, d. h. durch Anknüpfung an die religiösen Vorstellungen, denen der Buddhismus auf seiner Wanderung durch die Völkerwelt Asiens begegnete, der Einbau dieser fremden religiösen Anschauungen in das eigene buddhistische Lehrsystem ermöglicht wurde. Wir begegnen hier einem inklusiven Absolutheitsanspruch gegenüber dem exklusiven Absolutheitsanspruch der prophetischen Religionen. In einem charakteristischen Gleichnis des Saddharmapundarika-Sutra (3. Kapitel) wird diese Praxis im Sinne der Lehre von der doppelten Wahrheit zum Ausdruck gebracht. Um die in einem brennenden Hause spielenden Kinder zu retten, gebraucht der Vater eine List, indem er die Kinder dadurch aus diesem brennenden Hause herauslockt, daß er jedem Kinde einen eigenen besonderen Wagen verspricht. Hernach aber gibt er allen Kindern nur *einen* Wagen, den schönsten. Mit diesem Gleichnis soll zum Ausdruck gebracht werden, daß alle konkreten Lehren von Himmel, Göttern und Höllen nur ein Kunstgriff sind, um die »gewöhnlichen Menschen« für die höhere Wahrheit bereit zu machen, wie der Vater in dem Gleichnis zunächst jedem Kinde seinen eigenen und besonderen Wagen versprach, entsprechend den naiven und konkreten Anschauungen der überlieferten Religion. Auf dieser Basis und mit dieser Methode hat der Buddhismus auf seiner Wanderung durch die verschiedenen Länder des Ostens manche der Glaubensvorstellungen der einheimischen Religionen aufgenommen, ohne doch seine eigene Substanz zu verlieren.

Zu den Motiven, die das Entstehen der neuen Richtung des Mahayana im Buddhismus ermöglichten, gehört natürlich auch die nun hier erreichte völlige Universalität; denn während der Hinayana-Buddhismus als Erlösungsreligion praktisch nur von Mönchen verwirklicht werden konnte, besteht nun im Mahayana für jedermann die Möglichkeit sofortiger Erlösung, ohne daß zuvor am Beruf und an der Lebenspraxis etwas zu ändern wäre. Das bedeutet also, daß hier nun eine praktische Universalität erreicht ist, was die Ausbreitung des Mahayana natürlich förderte. Er wurde so zur Massenreligion.

Buddha im Mahayana

Wir versuchen nun eine Charakterisierung des Buddha im Mahayana aufgrund von Mahayana-Texten zu geben. Zunächst heißt es, daß dieser
Buddha von Ewigkeit her lehrt und nie aufgehört hat zu lehren: »Unaus-
denkbare tausend Millionen von Weltzeitaltern, deren Maß nie ergründet
werden kann, ist es her, daß ich (Buddha) zuerst die Erleuchtung erlangt
habe und seitdem ich stets die Lehre predige... Indem sie (die Durch-
schnittsjünger) glauben, daß meine Persönlichkeit völlig erloschen ist (im
Nirvana), erweisen sie den Reliquien mannigfache Verehrung und da sie
mich nicht sehen, fühlen sie Verlangen nach mir, und dann entsteht (durch
die Reliquienverehrung) ein gesunder Sinn in ihnen. Und wenn die Wesen
aufrichtig milde und sanftmütig sind und ihre Begierden aufgegeben haben, dann veranstalte ich eine Versammlung der Jünger und zeige mich
auf dem Geierspitzberg. Und dann rede ich also zu ihnen: ›Ich habe damals hier nicht aufgehört zu sein, es war nur ein geschickter Plan von mir,
ihr Mönche, Ich bin immer und immer wieder in dieser Welt.‹« Damit wird
also der Standpunkt des Hinayana als eine vorläufige und dem Heilsplan
zugehörige Unternehmung geschildert.

Buddha ist nun selbst hier im Mahayana zu einem Mittel des Heils geworden: »Einen guten Anblick hat der, der ihn (den Buddha) geschaut, diese
Leuchte der Welt, der das Ziel aller Lehren erreicht hat, der ein Zugang
zum Heil für die Geschöpfe der drei Welten (der Region der Sinnenlust,
der Formen und der Nicht-Formen) und ein Reinigungsmittel für alle Wesen ist.« Dienst an der Welt, ist Dienst gegenüber dem Buddha, dem man
in Liebe verbunden ist, die sich in solchem Dienst an der Welt auswirkt:
»Der Welt Gutes tun, o Buddha, heißt dir dienen, ihr Übles tun, o Herr
der Welt, heißt dir Qual bereiten. O Überwinder, wie sollte ich, da ich der
Welt Übles täte, mich nicht schämen, zu sagen, daß ich deinen Lotosfüßen
ergeben bin.«

Der Buddha Amitabha, von dem oben die Rede war, schildert in einem
Texte des Sukhavativyuha das Buddha-Paradies des Reinen Landes in der
ganzen überschwenglichen Farbenpracht orientalischer Phantasie: »Nun
denn, Ananda, die Welt Sukhavati dieses erhabenen Amitabha ist reich
und blühend, behaglich und reichlich mit Nahrung versehen, lieblich und
von zahlreichen Göttern und Menschen erfüllt. In dieser Welt, Ananda,
gibt es keine Höllen, keine Tiergeburt, kein Gespensterreich, keine Dä-
monenleiber und überhaupt keine unwillkommenen Daseinsformen. Und
die Edelsteine, die es in der Welt Sukhavati gibt, kommen in dieser Welt
nicht zum Vorschein.«

»Was immer für Wesen, Ananda, des Tathagata (Buddha) mit Verehrung
gedenken werden, reichliche, unermeßliche Wurzeln des Guten pflanzen
werden, nachdem sie ihre Gedanken auf die Erleuchtung gerichtet haben,
und um die Erlangung von Geburten in dieser Welt Sukhavati bitten werden, – vor allen diesen wird, wenn ihre Todesstunde naht, der Tathagata,
der Heilige, der vollkommen Erleuchtete, Amitabha, erscheinen, von
zahlreichen Scharen von Mönchen umgeben. Dann werden diese Wesen,
nachdem sie den Herrn gesehen und frommen Herzens dahingeschieden
sind, ebendort in der Welt Sukhavati wiedererscheinen. Und welcher
Sohn oder welche Tochter aus edler Familie, Ananda, den Wunsch hegen
sollte: ›Möchte ich doch noch im gegenwärtigen Leben diesen Tathagata
Amitabha schauen!‹, der soll seine Gedanken auf die allerhöchste vollkommene Erleuchtung richten mit außerordentlicher Hinneigung und
Beharrlichkeit sein Denken auf dieses Buddha-Land hinlenken, damit er
dort geboren werde, die Wurzeln des Guten zur Entwicklung bringen.«
Der Dhyani-Bodhisattva des Buddha Amitabha ist Avalokiteshvara. Von
ihm heißt es: »Höret, ihr Söhne aus edlem Geschlecht, der Bodhisattva
Avalokiteshvara ist eine Lampe für die Blinden, ein Sonnenschirm für die
von Sonnenglut Verbrannten, ein Fluß für die Verdurstenden; er schafft
denen, die in Furcht vor Gefahren sind, Furchtlosigkeit; er ist ein Arzt für
die von Krankheit Gequälten, den Unglücklichen ist er Mutter und Vater,
den in die Hölle Gestürzten weist er den Weg zum Nirvana. Solcher Art
sind die Eigenschaften dieses Erhabenen. Glücklich sind die Wesen in der
Welt, die seines Namens gedenken. Sie entrinnen jedem Leiden des Samsara ganz und gar. Gar klug sind die Menschen, die dem Avalokiteshvara
stets Ehrengeschenke von Blumen und Weihrauch darbringen.«
Das Ziel also jedes Menschen soll sein, selbst ein Bodhisattva zu werden:
»Als ein solcher (Bodhisattva) bewahre ich meinen Geist fest und uner-
schütterlich, freundlich und standhaft, voll Achtung und Ehrfurcht (vor
den Meistern), voll Scham und Furcht (vor dem Bösen), ruhig und nur
darauf bedacht, anderen zu dienen, in allen untadeligen Dingen das Selbst
stets den Wesen unterordnend gleich einem Zaubergebilde (das nur dem
Willen des Zauberers folgt), frei von Stolz.«
Das Gebot der universalen Liebe wird in folgendem Gebet zum Ausdruck
gebracht: »In allen Ländern mögen alle Leiden der Wesen aufhören; mögen alle Wesen, die mangelhafte Sinnesorgane haben oder eines Gliedes
beraubt sind, jetzt heil und gesund sein!
Mögen alle in den zehn Weltgegenden, die krank, schwach, herunterge-
kommen und schutzlos sind, rasch von ihrer Krankheit befreit werden und

Gesundheit, Stärke und ihre Sinnesorgane wiedererlangen!
Mögen alle Wesen, die von Königen, Räubern oder Soldaten bedroht,
zum Tode verurteilt, die durch verschiedene Hunderte von Ängsten in
Not geraten sind, mögen diese in Not geratenen Unglücklichen von diesen
Hunderten der schlimmsten und schrecklichsten Ängste befreit werden!«
Die Liebe zu allen Wesen, die hier ausgesprochen wird, wird in einem an-
deren Text damit begründet, daß in jedem Wesen ein Teilchen von
Buddha steckt: »Nun findet sich aber in den Wesen das vortreffliche zur
Entstehung der Eigenschaften eines Buddha führende Teilchen: Mit
Rücksicht auf dieses Teilchen soll man den Wesen Verehrung bezeigen.«
Dank gegenüber den Buddhas und Bodhisattvas, die so viele Wohltaten
den Menschen erwiesen haben, soll sich darin zeigen, »daß wir Liebe zu
allen Geschöpfen hegen«.
Auch die Feindesliebe wird hier gepredigt: »Auch gegen diejenigen, welche dem Lehrer, den Blutsverwandten und anderen Lieben Böses zufü-
gen, soll man den Zorn zurückhalten, indem man ... die Entstehung der
Ursachen in Betracht zieht.«
Wir fassen kurz zusammen, worin der Wandel vom Hinayana zum Mahayana besteht: Zunächst einmal ist festzustellen, daß der Buddhismus
sich von einer Mönchsreligion, die das Hinayana natürlich auch geblieben
ist, zu einer universalen Laienreligion gewandelt hat. Wir sahen weiterhin, daß Buddha eine Heilandgestalt mit ausdrücklicher Heilsabsicht geworden ist. Als Ziel wird eine persönliche Buddha-Gemeinschaft angestrebt. In einem japanischen Vers findet sich folgendes Gebet:

»Daß ich, wenn nun mein Stündlein kommen,
Von Buddha würde aufgenommen,
Auf güldnem Lotoskelch zu thronen
Und immerdar bei ihm zu wohnen ...«

Das Heilsziel ist also das Paradies des Reinen Landes im Westen, wenngleich als allerletztes Ziel das Nirvana erwartet wird, dem man im Paradies entgegenreift.
Die Glaubenshaltung statt der Versenkung ist hier geboten und das ethische Handeln entspringt der Erlösung, ist jedoch keine Vorbedingung der
Erlösung:

»Zum Dank für Gnade, mir geworden,
Selbst will ich wohltun allerorten.«

In Japan entwickelte sich nun aus diesen Grundideen des Mahayana unter dem Einfluß prophetischer Geister, wie Honen Schonin (1133 – 1212) und Schinran Schonin (1173 – 1262) eine ausgeprägte Glaubensreligion, die eine erstaunliche Parallele zur weiteren Entwicklung des Christentums reformatorischer Prägung darstellt. Wir wollen hier nicht von den zahlreichen Sekten, die es nach Buddhas Tode im Hinayana und später auch im Mahayana gegeben hat, sprechen, sondern nur von drei mahayanistischen Sekten, die in Japan ihre höchste Ausgestaltung gefunden haben, obwohl zwei von ihnen in Indien entstanden und über China nach Japan kamen: die Amida-Sekten und das Zen. Die dritte Sekte ist die von Nichiren gegründete.

Reformation und Reformsekten im Mahayana Japans[1]

Zwei Mahayana-Sekten regierten das religiöse Leben Japans des 9. – 12. Jahrhunderts: die Tendai- und die Schingon-Sekte. Im Laufe der Zeit entwickelten sie einen verwirrenden Formenreichtum. Es ist charakteristisch für diese Volksfrömmigkeit, daß sie eine bunte Fülle von Veranstaltungen aus sich gebar, auf die das Volk gern einging: Tempel- und Hausfeiern, Beschwörungen, Sutrenverlesungen für Tote, Orakel und Traumdeutung, Loseziehen, Astrologie, Anrufungen Buddhas, Abschreiben von Sutren, Wallfahrten, Opfer von Blumen und Weihrauch, Stiftung von Glocken, von Tempelgeräten und ganzen Tempeln, Gelübde und strenge Frömmigkeitsübungen usw. Der Tempelbesitz schwoll auf diese Weise gewaltig an. Die Folge war natürlich eine intensive Verweltlichung der Religion und ihrer Vertreter. Die Mönche wurden vielfach Ritter und bildeten Heere, mit denen sich manche Sekten bekämpften, wie im Jahre 1070, in dem ein Krieg zwischen Zweigen der Tendai-Sekte stattfand. Die Entsittlichung des Klerus konnte nicht ausbleiben. Der religiöse Betrieb wurde immer schwindelhafter.

Das war die typische Situation der Entartung und der Mechanisierung einer Religion, die zur Voraussetzung und zum Gegenpol einer Reformation wurde, also einer Gegenbewegung vertiefter Laienfrömmigkeit, die sich hier nun entwickelte. Wir stoßen hier auf das erstaunliche Phänomen, daß jene Spannung, wie sie sich im ausgehenden europäischen Mittelalter entwickelte zwischen dem gleichfalls vielgestaltigen religiösen Betrieb der katholischen Kirche und dem reformatorischen Christentum, auch hier im

---

[1] Übernommen aus meinem Buch »Die Weltreligionen«, S. 93 ff.

östlichen Buddhismus sich schon Jahrhunderte vor der christlichen Reformation entwickelte.

Grundlage waren hier, wie analog bei Luther der Römerbrief, die Sutren, die von Amitabha und seinem Paradies des Reinen Landes handelten. In diesen Texten ist die Rede von einem »vorzeitlichen Gelübde« des Buddha Amitabha (jap. Amida), denen, die ihn vertrauensvoll anrufen, zum Heil zu verhelfen. Vielfache Anrufung des Namens Buddhas wird als Heilsweg empfohlen: »Namu Amida Butsu« (»Verehrung dem Amida Buddha«) lautet die Formel, die immerfort auszusprechen, den Gläubigen nahegelegt wird. Auf der Seite der Gläubigen wird statt des frommen Werkes in den vielerlei Formen des Volksglaubens und der Selbsterlösung das Vertrauen auf die rettende Gnade Buddhas verlangt. Die Konsequenzen aus diesem bereits in China als Laienbuddhismus vorhandenen Glaubenssystem sind erst voll in Japan gezogen worden durch eine regelrechte reformatorische Bewegung der oben genannten prophetischen Persönlichkeiten Honen und Schinran.

Der erste dieser Reformatoren in Japan war Genku (1133 – 1212), ein Mönch, der lange in den Klöstern nach dem Heil suchte, wie Luther auch, und in gleicher Weise auf asketischem Wege zum Ziel zu gelangen hoffte. Er nahm Anstoß an der Rechthaberei der vielen buddhistischen Sekten und an dem Werkglauben der Masse. Plötzlich gewann er, wie Luther über der Lektüre des Römerbriefes, bei dem Lesen eines Kommentars zu einem der Amida-Texte eine neue Einsicht; denn dort las er die Worte: »Ob gehend oder stehend, ob sitzend oder liegend, wiederhole nur beständig den Namen Amida mit ganzem Herzen, ohne auch nur einen Augenblick auszusetzen. Dies eben ist das Werk, das unfehlbar zum Heil ausschlägt; denn es ist in Übereinstimmung mit des Buddhas vorzeitlichem Gelöbnis.« Auf diese Glaubenserkenntnis gründete Genku die »Sekte des Reinen Landes« (Jodo-schu). Unter seinem späteren Namen Honen ist Genku berühmt geworden. Er gewann für seine Sekte großen Zulauf. Das Neue war, daß er das Philosophische des Mahayana beiseite ließ und nur das religiöse Interesse berücksichtigte, indem er eine starke Vereinfachung und Verinnerlichung durchführte. Statt der Praktik, dem »Tor des heiligen Pfades« (shodo-mon) wurde das »Tor des Reinen Landes« (jodo-mon) den Menschen gepredigt.

Ein Schüler und bedeutenderer Nachfolger war Schinran (1173 – 1262), der zuerst zur Tendai-Sekte gehörte, dann aber 1201 in Honens Kreis eintrat. Er begriff besser als die anderen Schüler Honens das Neue seiner Lehre, die er weiter vertiefte. 1224 trat er mit einer eigenen Schrift hervor, die zur Grundlage einer von ihm gegründeten neuen Sekte wurde, der »Wahren Sekte des Reinen Landes« (Jodo-schin-schu), daher auch kurz Schin-Sekte genannt. Schinran brach auch mit der Verpflichtung zum zölibatären Leben und heiratete. In zahlreichen Zweigen ist Schinrans Lehre weiter verbreitet worden.

Das Problem des Werkes und des Glaubens
Um einen näheren Einblick in das innere Leben des Amidismus zu gewinnen, wollen wir zwei Problemkreise unterscheiden, die hierfür bedeutsam sind: das Problem des Werkes und das Problem des Glaubens. Gegenüber dem Vielerlei aus eigener Kraft zu leistender Werke wird hier nun die Unzulänglichkeit der eigenen Kraft zu solchen Werken und damit die Unmöglichkeit, den Weg des Werkes erfolgreich zu gehen, mit allem Nachdruck betont. So heißt es z. B.: »Das Tor des heiligen Pfades (der Werke) mag man sich nur einfach aus dem Sinn schlagen, indem man sich gegenwärtig hält, daß diese Lehre für uns, die uns ein so großer Abstand von des Stifters Tagen trennt, schwer zu fassen, und der von ihr gewiesene Weg für unsere Kraft zu schwer zu gehen, uns nur zu leicht zu einem Irrweg wird.« Demgegenüber wird nun verkündet – und das ist eine Art von Evangelium –, der Weg des Reinen Landes ist die leichte Praktik, die jedermann vollziehen kann: »Das sogenannte Jodo-mon (Tor des Reinen Landes) ... weist uns an, diese Welt hier fahrenlassend, eilends in die Gefilde der höchsten Seligkeit geboren zu werden. Daß man aber in dieses Land geboren wird, das geschieht durch die eidliche Verheißung des Buddha Amida, dabei die Auswahl unter den Menschen nicht danach getroffen wird, ob sie gut oder böse sind. Nein, worauf da einzig gesehen wird, ist nur dies, ob einer Glauben hat an diese Verheißung Buddhas oder aber solchen Glaubens ermangelt.« Die Ausgangssituation, aus der man erlöst werden möchte, ist auch hier, wie überall im Buddhismus, der Kreislauf des steten Wiedergeborenwerdens: »Unter allem, was hocherfreulich, ist nichts erfreulicher, als dies, daß wir sollen loskommen von dem Samsara, von dem doch so schwer nur loszukommen ist, nachdem wir, wozu man doch so schwer nur kommt, einmal auf das Höchste unseren Sinn gerichtet haben; nachdem es uns vergönnt worden ist, Amidas vorzeitliches Gelübde zu treffen, das so schwer zu treffen ist, nachdem wir ein Dasein als Mensch erlangt haben, das so schwer nur zu erlangen ist.«
Gleichwohl soll nun keiner moralischen Laxheit das Wort geredet werden: »Was das Sündigen anlangt, so sehe man sich wohl vor, auch die geringste Übertretung zu begehen, und habe dabei doch den Glauben, daß

selbst ein Mensch, der die zehn Sünden begangen und der fünf schweren
Vergehen sich schuldig gemacht hat, zum Leben eingehen wird. Selbst
diejenigen, die schwere Sünden auf sich geladen haben, sollen wiedergeboren werden, wieviel mehr nicht erst diejenigen, die nur leicht gesündigt
haben.« Nicht die eigene Kraft, sondern, wie es in den Texten heißt, »die
Kraft eines anderen« ist es, die die Erlösung bewirkt. So heißt es denn von
dem Anrufen des Namens Buddhas: »Das Anrufen des Namens Buddhas
ist weder ein gutes Werk, noch überhaupt eine Eigenleistung von seiten
des Gläubigen. Eine Eigenleistung kann es nicht heißen, weil es kein Tun
ist, das aus des Menschen eigener Entschließung entspringt, und ein gutes
Werk kann es nicht genannt werden, da es zu seiner Vollbringung bei ihm
nicht aus seiner eigenen Entschließung kommt. Sintemalen dabei einzig
und allein die Kraft einer anderen Macht wirksam ist, ohne jede Betäti-
gung der eigenen Kraft des Menschen.« Die Erlösung ist also keine moralische, sondern eine religiöse Angelegenheit, wobei es deshalb nicht auf
moralische, sondern auf religiöse Qualitäten ankommt. Voraussetzung ist
allein das Vorhandensein des Glaubens an die Verheißung Amida Buddhas. Das achtzehnte der achtundvierzig Worte der Verheißung, des sogenannten vorzeitlichen Gelöbnisses, lautet folgendermaßen: »Wenn ich
(der Bodhisattva) es zur Erreichung der Buddhaschaft gebracht habe,
nicht will ich die vollkommene Erleuchtung an mich nehmen, wenn die lebenden Wesen aller zehn Richtungen (der ganzen Welt), die getrosten
Herzens an mich glauben, und den Wunsch haben, in mein Land geboren
zu werden, wäre es etwa zehnmal ihre Andacht auf mich richten werden,
nicht daselbst geboren werden.« Dieses Gelöbnis ist die Heilstatsache, auf
die sich der erlösende Glaube im Sinne des Vertrauens gründet. Von der
Seite Buddhas ist es dann die Gnade, die der Gläubige erwartet: »Was uns
unwerte Geschöpfe, so bar alles eigenen Vermögens, uns, deren Wissen
so armselig und deren Tun so unzulänglich ist, gleichwohl instand setzt,
auf das schnellste von dieser Welt loszukommen und unsere Seelen zu der
reinen Wohnstatt zu fördern, das ist einzig und allein die Gnade, die in
dem vorzeitlichen Gelöbnis liegt, dadurch uns Amida aushilft mit seiner
Kraft.« Die religiöse Haltung, die vom Erlösungswilligen verlangt wird,
ist der zuversichtliche Glaube an Buddhas Verheißung. Die inhaltliche
Definition dieser Glaubenshaltung verlangt, daß der Mensch innerlich
wahr ist und ohne Trug im Herzen, daß er also das ernste Verlangen hat,
zum Leben einzugehen. Dieser Glaube ist also keine bloß rationale
Kenntnisnahme von Lehren, sondern eine innerliche Haltung, die auch
der einfache Mann aus dem Volke aufbringen kann.

Wären Werke die Voraussetzung der Heilserwartung, dann könnte man zweifeln, wann genug Werke getan sind für die Erlangung dieses Ziels und die Heilsgewißheit bestünde nicht. Da es darauf aber gar nicht ankommt und nur das Vertrauen zu Buddhas Gnade Voraussetzung für das Heil ist, gibt es eine echte Heilsgewißheit, auch wenn die moralischen Leistungen nur gering sind: »Solche Zweifel (an dem ausreichenden Maß des eigenen Glaubens) sind nun zwar nicht durchaus verwerflich, und doch warum eigentlich ihnen Raum in uns geben, da doch des Buddhas Verheißung ein Schwur ist, daß eben selbst solche nicht von ihm verworfen werden sein sollen... nun, so mag es um unser eigenes Vermögen noch so armselig bestellt sein, es braucht uns nichts auszumachen.«

Endlich ist auf eine interessante Parallele hinsichtlich der Wertung des Berufslebens im Amidismus und im Protestantismus hinzuweisen. »Nicht Mönch und Nonne nur gefallen Buddha, auch Schmied und Zimmermann gehen ein zum Leben« – diese Worte stehen unter einem Bilde, auf dem die Gnade Buddhas sowohl über Schmied und Zimmermann in ihren Werkstätten als auch über dem Mönch mit der Almosenschale leuchtet. Wir entwickelten oben (S. 187) bereits die Bodhisattva-Idee. Im Amida-Buddhismus ist das religiöse Motiv, das hinter dem Ideal, ein Bodhisattva zu werden, stehen kann, daß die erwiesene Gnade Buddhas an den Mitmenschen vergolten werden soll. In einem Vers ist dieser Gedanke ausgesprochen:

> »In Midas (= Amidas) Land, das Land voll Frieden,
> Will gehn ich, um hernach hienieden, zurückgekehrt
> Für Mensch und Götter – so sei's gelobt – zu sein Erretter.«

Buddha im Zen

Zur gleichen Zeit, in der in Japan die Amida-Reformation entstand, entwickelte sich hier eine neue große Bewegung, in der Buddha wieder eine andere Gestalt erhielt. Es ist der Zen-Buddhismus, dessen Begründer in China der Inder Bodhidharma (gest. 528 n. Chr.) war. Während der Amida-Buddhismus die Erlösung aus eigener Kraft ablehnt und die reine Gnade Amidas erwartet, geht es im Zen darum, in der Tiefe des eigenen Herzens durch Meditation die Erleuchtung (satori) zu erringen. Zen ist also eine Meditationssekte. Die Amida-Sekten wichen von der alten buddhistischen Tradition dadurch ab, daß sie Glaube und Gnade als ihre Grundprinzipien lehrten. Zen steht insofern in der Mitte zwischen dem

Amidismus und dem Hinayana, als, wie in den Amida-Sekten, eine unmittelbare und unreflektierte Verbindung zum Heiligen gesucht wird und daher aller Dogmenzwang und aller Ritualismus abgelehnt werden. Andererseits aber ist die Art der Verbindung zum Heiligen nicht, wie in den Amida-Sekten, vertrauender Glaube, sondern, wie im Hinayana, Meditation und Erleuchtung. Während aber die Erleuchtung im Hinayana eine Reihe von Versenkungsstufen kennt, betont Zen die Plötzlichkeit des Satori-Erlebnisses und seine Unberechenbarkeit, ähnlich wie die Gnade unberechenbar ist. Deshalb ist Zen nicht durch Lehren und Schriften zu überliefern, sondern sein Erleben vollzieht sich »von Geist zu Geist«. Es handelt sich dabei um ein intuitives Einssein des eigenen Wesenskerns mit Buddha, der hier als eine immanente Wirklichkeit in und hinter aller Mannigfaltigkeit angesehen wird. Wir können hier auf Lehren und Praktiken des Zen nicht eingehen. Wir stellen nur fest, daß Buddha zu der aller Welt immanenten »Buddha-Natur« geworden ist. Wir zitieren zum Beleg einen Mahayana-Text. Es handelt sich um einen Chorgesang des Zen-Lehrers Hakuin (1685 bis 1768):

»Die Menschen sind in ihrem tiefsten Wesen Buddha,
Wie Wasser Eis ist. Und wie es kein Eis gibt
Ohne Wasser, so gibt es ohne Buddha
Nicht einen Menschen.
Wehe den Menschen, die in weiter Ferne suchen
Und, was nahe liegt, nicht wissen!
Sie gleichen denen, die mitten im Wasser stehen
Und doch nach Wasser schreien.
Als Söhne des Reichsten und Vornehmsten geboren,
Wandeln sie gleichwohl in Armut und Elend
Trostlos dahin.
Die Ursache des ewigen Kreislaufes im sechsfachen Reich
Ist der düstere Weg eigener Stumpfheit und Blödheit.
Doch immer dunkler und dunkler wird es um sie
Im Dunkel des Irrtums.
Wann sollten sie je sich lösen
Von Leben und Tod?
O Wunder der vollkommenen Schau des Mahayana,
Das über alles Lob erhaben ist!
Alle Tugenden: Wohltun und Gebottreue,
Alle gute Tat: Lobpreisung Buddhas,

Reue und Übungen,
Alle münden sie hier!
Wem nur ein einmaliger Sitz (= Meditation) sich vollendet,
Dem verschwindet unermeßlich aufgehäufte Sünde...

Weit öffnet sich das Tor der Einheit
Von Ursache und Wirkung,
Und der einzige Weg tut sich auf, geradeaus hin,
Kein zweiter und dritter.
Wer ihn beschreitet, der nimmt an als Gestalt
Die Gestalt des Gestaltlosen,
Und weder sein Gehen noch Kommen
Sind ihm fremd...

Was fehlt da noch,
Wo sich offenbart das Nirvana?
Hier ist nichts anderes als Lotos-Land,
Und dieser Leib hier ist nichts anderes
Als Buddha.«

Buddha bei Nichiren

Wir müssen noch eine dritte große Sekte neben Amida- und Zen-Sekte erwähnen und damit ein weiteres Bild Buddhas im Mahayana, nämlich die von Nichiren (1222–1282) gestiftete Bewegung. Dreißig Jahre nach der Reformbewegung Schinrans entstand wiederum eine Reformbewegung durch Nichiren. Er war der Sohn armer Leute und kam in ein Schingon-Kloster, dessen Abt sich des begabten Knaben annahm. Die Priesterweihe wurde ihm nach einigen Jahren erteilt. Er nahm bei seinem Auftreten als Prediger den Namen Nichiren (»Sonnen-Lotos«) an. Nichiren ist ein eigentümlicher Typus eines Mystikers, der aus der geistigen Tradition des Buddhismus herausfällt. Fraglos ist auch seine Grundüberzeugung mystisch: Das Wesen Buddhas umfaßt nach seiner Ansicht alle Erscheinungen. Nichiren sagt: »Die Seele, der Buddha und das wahre Sein – diese drei sind in unserer eigenen Seele enthalten, darüber hinaus gibt es keine Realität. Das ist die Erleuchtung, die Buddhaschaft.« Das ist eine eindeutig mystische Aussage. Diese Grundüberzeugung ist nun aber von Nichiren mit typisch prophetischer Intoleranz vertreten worden. Ein prophetisches Selbstbewußtsein erfüllte ihn und zwang ihn zur Verkündigung der von ihm erfaßten Lehre und sah sich selbst als nächsten Schüler Buddhas an. Seine Studien zeigten ihm, daß die inzwischen entwickelten Lehren des Buddhismus von denen des historischen Buddha sich erheblich entfernt hätten, so daß ein Wirrwarr der Lehren und der Sekten entstanden sei, und daß es nur *eine* Wahrheit geben könne. So bemühte sich Nichiren, diese *eine* Wahrheit zu finden, um auf diese Weise auch seinem Vaterlande Japan die Einheit wiederzugeben. Diese Wahrheit fand er in dem Mahayana-Text »Lotos des guten Gesetzes« (Saddharma pundarika). Darin spricht Buddha von dem Jünger, der betraut ist mit allen Rechten, das Sutra in der Zukunft überall zu verbreiten. Auch von Verfolgungen des beauftragten Jüngers und von der Hingabe von Leib und Leben an die Aufgaben der Verkündigung ist die Rede. Nichiren bezog alle diese Aussagen auf sich selbst. Diesen Text und die göttliche Wirklichkeit, die er nach seiner Ansicht repräsentiere, anzurufen, wird zur Lebensmitte der von ihm gestifteten Sekte. Das ist der prophetische Zug in Nichirens Lehre und Sekte.

Als Nichiren nach seinem Studium nach seinem Heimatort zurückkehrte, hielt er vor der versammelten Einwohnerschaft eine Predigt, in der er alle buddhistischen Sekten, besonders aber die Amida-Sekte, verurteilte. Vor der Entrüstung, die seine Predigt auslöste, mußte er nachts aus Tempel und Heimat fliehen und kam nach Kamakura, wo er aber zu keinem Tempel zugelassen wurde. Er baute sich eine kleine Einsiedelei in der Nähe und predigte aufs neue auf den Straßen. Durch Trommelschläge rief er die Zuhörer herbei und gewann viele Anhänger. 1260 reichte er bei der Schogunatsregierung eine Warnschrift ein »Über Reform der Religion und Beruhigung des Landes«. Das ist das charakteristische in Nichirens Verkündigung, daß sie eine starke politische Tendenz aufwies. Seine These ist, daß das Wohl des Landes ausschließlich von der Beschaffenheit der Religion abhänge, die im Staate gepflegt werde. Daher galt es für Nichiren zunächst die Irrlehren zu bekämpfen, notfalls auch mit Gewalt. Nichiren weissagte den nahe bevorstehenden Einfall der Mongolen, der auch tatsächlich erfolgte, wodurch sein Ansehen sich steigerte. Aber ehe noch die Rechtfertigung Nichirens durch die Mongoleneinfälle erfolgte, wurde er von dem Regenten wegen Beunruhigung des Volkes verbannt, aber nach drei Jahren freigelassen. Wieder predigte er und reizte die Regierung abermals und wurde 1271 sogar zum Tode verurteilt – ein typisches Prophetenschicksal. Die Vollstreckung des Todesurteils aber wurde im letzten Augenblick aufgehoben und in Verbannung umgewandelt. 1274 wurde er begnadigt und zurückgerufen. Er zog in ein einsames Bergkloster, wo er 1282 starb.

Nichiren also lehrte einen Weg der Heiligkeit, nicht den Weg des Glaubens, wie die Amida-Sekte. Das Beten des wundertätigen Buchtitels war, was er verlangte, außer natürlich der Befolgung der Gebote höherer Moral. Der Mönch steht für Nichiren der Seligkeit näher als andere Menschen, weil er ein heiliges Leben führt. Die Gnadenerwartung aber lehnte er ausdrücklich ab. Sie führe in die Hölle. Eine einzige Anrufung Buddhas – im Sinne des Amida-Buddhismus – werde mit tausend Jahren Fegefeuer bestraft. Um den intoleranten Radikalismus dieses Reformators sichtbar zu machen, schließen wir mit einigen Worten Nichirens an seine Jünger, denen er selbst ein Beispiel an Mut und Glaubensfreudigkeit gab. Er ermahnte sie: »Vor immer vermehrten Feinden dürft ihr nicht zurückweichen, keinerlei Furcht haben, wenn auch der Kopf mit der Säge abgesägt wird, der Leib mit Lanzen durchstochen, die Füße mit Nägeln durchbohrt werden. Um die Lehre des Hokekyo (Saddharma pundarika Sutra) zu verbreiten, dürft ihr Körper und Leben nicht schonen. Immer sollt ihr den heiligen Titel (des Buches) äußern, selbst noch im Sterben.«
Nichiren war eine Prophetengestalt auf dem Boden einer mystischen Religion. Erfüllt von starkem Sündenbewußtsein und gleichzeitig vom Auftrag seiner Sendung. Der Nichirenismus lebt noch heute in Japan und ist bestrebt, den Staat zu regenerieren. Die Sokagakkai-Partei beruft sich in ihrem politischen Wirken auf Nichiren.
Damit beenden wir diesen Abschnitt, in dem die verschiedenen Bilder einer Hypostasierung Buddhas im Mahayana dargestellt werden sollten.

2   CHRISTUS ALS KULTGOTTHEIT

Wir haben nun den fundamentalen Wandel zu untersuchen, der sich vollzog vom historischen Jesus und seiner Reichsverkündigung zum Glauben an den Christus als eine überhistorische Kultgottheit. Wir meinen, daß hier bei aller Verschiedenheit im Inhalt ein analoges Phänomen zum Buddhismus vorliegt; denn wir hatten gesehen, daß auch dort der historische Buddha zu einer überhistorischen Kultgottheit im Mahayana wurde. Dabei müssen wir die verschiedenen Stadien und die mancherlei Einflüsse berücksichtigen, die zu dem späteren Christusglauben geführt haben.

Von der Verkündigung Jesu zum verkündeten Christus
Soweit die Quellenlage es uns erlaubte, konnten wir feststellen, daß der historische Jesus im Auftrag seines Vatergottes den Anbruch des Reiches

Gottes verkündete, und daß er in seinem eigenen Wirken bereits Kräfte aus dem Gottesreiche wirken fühlte. Ob Jesus sich selbst für den Menschensohn hielt, wurde oben (S. 114) erörtert und als Frage offen gelassen. Auch daß der Glaube an Jesus als Messias wohl nicht auf Jesus selbst zurückgeht, sondern als Gemeindeglaube anzusehen ist, scheint aus den Quellen hervorzugehen. Jesus verkündete das Reich und den Vatergott und verlangte ein neues Sein angesichts der Nähe Gottes, metanoia und Nachfolge. Aber er verlangte nicht den Glauben an seine Messianität. Nachfolge war für Jesus persönlicher Lebenskontakt und nicht Glaube an ein Dogma. Die historisch faßbare Geschichte Jesu endet mit seinem Tode. Der schon früh nach Jesu Tode entstandene und literarisch bezeugte Glaube an seine Auferstehung wurde in der ältesten christlichen Überlieferung mit dem Hinweis auf Augenzeugenberichte begründet. Paulus schreibt (1. Kor. 15, 5 ff.), Jesus sei dem Kephas, also dem Petrus, erschienen und danach den Zwölfen. Wie Paulus selbst die Gewißheit vom lebendigen Christus verstand, steht Galaterbrief 1,15 verzeichnet: »Da es Gott gefiel…, seinen Sohn zu offenbaren in mir…« Vom leeren Grab sagen Paulus und auch die älteste Tradition nichts. Textkritische Untersuchungen zeigen verschiedene Überlieferungen, die sich in den Texten spiegeln, und die zeigen, daß ein schrittweiser Fortgang von den Berichten der Erscheinung Jesu zur Erzählung vom leeren Grab zu verzeichnen ist. Eine noch spätere Tradition wagte es, den Vorgang der Auferstehung selbst zu schildern, der in den kanonischen Evangelien nicht mehr beschrieben worden ist. Dieser Bericht findet sich in dem apokryphen Petrusevangelium. Nur eine Stelle bei Matthäus (28,2 ff.), in der von dem Engel berichtet wird, der den Stein vom Grabe abwälzt und sich darauf setzt, weist hin auf die ganz späte Schilderung der Auferstehung selbst. Erst in der Zeit zwischen Paulus, dessen Briefe bekanntlich älter sind als die Evangelien, und der Entstehung der synoptischen Evangelien ist die literarische Fixierung von Auferstehungsgeschichten eingetreten. Die griechische Gemeinde war mit griechischer Erbauungs- und Romanliteratur vertraut, so daß von dort Farben für diese Auferstehungsberichte genommen wurden und eine wachsende Materialisierung der Auferstehung beeinflußt wurde. Der historische Jesus wurde in der Urgemeinde alsbald mehr und mehr mythisiert. Carl Schneider weist in seiner »Geschichte des antiken Christentums« (1954) auf Beziehungen zu legendenhaften und mythisierenden Romanbiographien jener Zeit hin. Plutarch schreibt über den gekreuzigten Kleomenes, den König von Sparta, in einer romanhaften Biographie: »Die welche den Leib des am Kreuz aufgehängten Kleomenes bewachten, sahen eine große Schlange ihn umringelnd und sein Antlitz verbergend, so daß kein Raubvogel hinzufliegen konnte. Da befiel den König Schrecken und Furcht und er gab den Frauen den Auftrag zu Sühneriten, als ob ein gottgeliebter und übernatürlicher Mann gestorben sei. Die Alexandriner aber nahten sich betend, wenn sie den Ort betraten; denn sie rufen Kleomenes als Heros und Göttersohn an.« Hier liegt also eine analoge Beschreibung des Todes eines zur Gottheit hypostasierten Menschen vor, verbunden mit mythischen Erscheinungsformen (die schützende Schlange). In jener Zeit, in der die orientalischen Mysterienreligionen im Vorderen Orient weit verbreitet waren, die von sterbenden und auferstehenden Gottheiten das Heil erwarteten und verkündeten, und in der man in jener mythischen Vorstellungswelt lebte, setzte eine Weltreligion des Christentums eine sterbende und auferstehende Heilsgottheit voraus. Ein judenchristlicher Messias im fernen Palästina hätte die hellenistische Welt weder verstanden noch akzeptiert. Auch wäre die Verkündigung Jesu ohne einen göttlichen Träger aussichtslos geblieben. Das Christentum konnte eine Weltreligion nur durch die Aufnahme Christi in den Kreis der sterbenden und auferstehenden Gottheiten werden.

Es ist also festzustellen, daß als primäres Stadium nach Jesu Tode die, wie immer begründete, Überzeugung vom Fortleben des Christus, also der Osterglaube, zu betrachten ist. Erst aus diesem Osterglauben entwickelten sich die zeiträumlichen Osterbegebenheiten (Grab und Auferstehung). Die Vorstellung einer Erhöhung aus der Todeswelt war in der Henoch-Tradition vorhanden; denn es heißt in den Texten, daß Henoch nicht starb, sondern von Gott »hinweggenommen« sei.

Paulus verstand diesen Glauben an die Auferstehung Jesu so, daß es sich hier nicht um einen Ausnahmefall handele, sondern darum, daß hier der Hereinbruch des Reiches Gottes beginne. Die Weltverwandlung hat schon begonnen, das Tor der neuen Welt ist durch die Auferstehung Jesu aufgetan, die Ewigkeit bricht herein; denn ein neuer Äon hat zu existieren angefangen und jeder Jünger Jesu nimmt daran teil. Deshalb kann Paulus sagen: Christus sei »der Erstling unter den Entschlafenen«. (1. Kor. 15,20)

Der ursprüngliche Osterglaube ist also der, daß angenommen wurde, daß der Anbruch des Reiches und die Wiederkunft Christi unmittelbar bevorständen. Die Lebenden trenne nur eine kurze Zeit von dieser Endkatastrophe. Tacitus weist in seinen Annalen (s. oben S. 24) darauf hin, daß durch die Hinrichtung Jesu zwar eine Schwächung des Christentums eingetreten sei, daß aber gleichwohl und erstaunlicherweise der Glaube wiederaufgelebt sei. Damit weist er auf die Schwierigkeit hin, wie Glaube an einen Messias möglich sei trotz seines Kreuzestods. Der Osterglaube überwand diese Schwierigkeit. Wir stehen hier in der grundlegenden Wandlung der Vorstellung von dem problematischen *Trotz* zum begründenden *Weil:* Nicht *trotz* Jesu Tod kann oder muß an das Heil geglaubt werden, sondern *weil* Jesus starb, ist dadurch das Heil begründet. Diese Vorstellung bahnt sich an, nämlich der Gedanke der Heilsbedeutung des Todes Jesu.

Der Glaube an das unmittelbar bevorstehende Ende dieser Welt wird durch das Vergehen der Zeit widerlegt. Man sollte meinen, daß die Urgemeinde, die eine Gemeinde der Wartenden war, zu einer Schar Enttäuschter geworden wäre. Das war nicht der Fall; denn der Osterglaube bestand nicht nur darin, daß er von der Auferstehung Jesu überzeugt war, sondern auch darin, daß mit Tod und Auferstehung bereits geschehen ist, was das Heil begründet, so daß also zwar das Ende der Welt und das Weltgericht in der Zukunft liegt, das individuelle Heil aber schon gegenwärtig ist. Die Menschen verstehen sich als Bürger zweier Welten: »So seid ihr nun nicht mehr Gäste und Fremdlinge, sondern ihr seid Mitbürger der Heiligen und Hausgenossen Gottes.« (Eph. 2,19) So sind die Gläubigen einer ewigen Welt zugehörig auch unter den Verhältnissen des Weiterbestehens dieser vergänglichen Welt. Dieses Bewußtsein gewann Form in den Vorstellungen, die wieder die Umwelt anbot. Hier entstand der Christus-Mythos. Das hat vortrefflich Martin Dibelius in folgendem Satz ausgesprochen: »Der Christus-Mythos ist die Form, in der die neue Orientierung der Christusgläubigen im Sinne des Reiches Gottes sich den Sinn des Werkes Christi in der unverwandelten Welt symbolhaft verdeutlichte.«

Christus in der Deutung des Apostels Paulus

Paulus deutet vom Osterglauben aus das ganze Leben Jesu, auf das er, wie 2. Korintherbrief 11,16 zeigt, im einzelnen kein Gewicht legt, und das er nur als Faktum in seine theologische Konzeption einbaut, indem er den gnostischen Erlösungsmythos auf Jesu Leben anwendet. Dieser Mythos der Gnosis handelt von dem aus der ewigen Welt gekommenen Gottessohn, der nach Erfüllung seiner irdischen Heilsaufgabe wieder in die ewige Welt zurückkehrt. Der neutestamentliche Text, in dem man diesen Mythos wiederfinden kann, steht Philipperbrief 2,6-14 und lautet so: »Christus Jesus, der ein göttliches Dasein hatte, doch nicht auf seine gottgleiche Würde hielt, sondern sich ihrer entledigte, um ein armes Dasein einzutauschen, um Menschen gleich zu werden in Gestalt und Gebärde, der sich demütigte im Gehorsam bis zum Tode, ja, zum Tode am Kreuz. Darum erhob ihn Gott zu göttlicher Würde und verlieh ihm den Namen über alle Namen, auf daß im Namen Jesu sich alle Kniee beugen sollen bei Himmlischen, Irdischen und Unterirdischen, und alle Zungen bekennen sollen, Jesus Christus der Herr, Gott dem Vater zur Ehre.«

Das Leben des historischen Jesus wird hier also eingebaut in einen kosmischen Zusammenhang: der irdische Jesus kam aus dem Himmel, lebte ein irdisches Leben zum Heil der Menschen und kehrte in die ewige Welt, aus der er kam, zurück. So werden Geschichte und Übergeschichte hier miteinander verbunden. Das geschah schon nach kurzem Abstand von den historischen Ereignissen des Lebens Jesu. Das braucht für uns nicht befremdlich zu sein; denn in jener Zeit lebten die Mythen von auferstehenden Gottheiten und Heroen und waren weit verbreitet. Die Mysterienreligionen bereiteten den Glauben an den Mysterienheiland Jesus vor. Bultmann weist darauf hin, daß der Grund für die Aufnahme des gnostischen Erlösungsmythos darin lag, daß damit die Möglichkeit geboten war, das in Person und Werk Jesu geschenkte Heil als ein in der Gegenwart anhebendes Geschehen verständlich zu machen.

In den Mysterienkulten lebte die Vorstellung, daß nur wer das Todeslos des Menschlichen selbst erlitt und diesen Tod durchbrach, selbst Heil bringen kann. So war es in den Attis- und Mithras-Mysterien. Deshalb bot die Umwelt die Formen und Vorstellungsweisen an, durch die bei Paulus und durch ihn vornehmlich in der Urgemeinde Leben und Werk Jesu als das einer Heiland- und Kultgottheit interpretiert wurde. Durch Paulus ist ganz wesentlich der Christus-Glaube ausgestaltet worden. Wir können hier nicht eine umfassende Darstellung der Theologie des Paulus entwickeln. Wir wollen vielmehr nur die wesentlichsten Grundmotive seiner Anschauung von Christus und seiner Bedeutung für die Erlösung darstellen.

In den hellenistischen Gemeinden fand Paulus den Glauben an den »kyrios«, den erhöhten »Herrn« und einen Kyrios-Kultus vor. Die Grundlage seiner eigenen religiösen Haltung war eben der Glaube an die gegenwärtige Wirklichkeit des verehrten Kyrios. In bezug auf ihn entwickelte Paulus eine persönliche Christus-Frömmigkeit, die eigentlich eine Christus-Mystik war; denn es handelte sich hier darum, daß Paulus eine persönliche Wesensverbundenheit mit Christus bezeugte, wenn er sagte: »Nicht ich, Christus lebt in mir.« (Gal. 2,20)

Der historische Jesus ist für Paulus, wie wir schon sagten, nicht wichtig.

Das sittlich-religiöse Bild der historischen Persönlichkeit Jesu hatte für Paulus keine Bedeutung. Er kennt nur den präexistenten Christus und den gestorbenen und auferstandenen Christus: »Wir predigen den gekreuzigten Christus, den Juden ein Ärgernis und den Griechen eine Torheit.« (1. Kor. 1,23)

Welche Bedeutung hat nun der Tod Christi bei Paulus? Zwei Vorstellungsreihen bilden bei Paulus die Grundlage seiner Gedanken über die Bedeutung des Sterbens Jesu. Einerseits seine Anschauung vom Gegensatz von Fleisch und Geist, die wiederum die Grundlage ist der Vorstellungen des Paulus über den ersten psychischen Menschen und den zweiten Adam, den pneumatischen Menschen, der mit Christus identisch ist: »Der erste Mensch, Adam, ward zu lebendiger Seele, der letzte Adam zum lebendig machenden Geist.« (1. Kor. 15,45) Folgende Gedanken liegen hier zugrunde: Fleisch und Geist sind Gegensätze; denn Fleisch (sarx) ist das naturhafte Wesen des Menschen und bedeutet Abkehr von Gott und Feindschaft gegen Gott. (Röm. 8,7) Aus dieser prinzipiellen Feindschaft entspringt alle ethische Bosheit: »Das Fleisch gelüstet wider den Geist.« (Gal. 5,17) So sind Fleisch und Sünde unlöslich miteinander verbunden. Paulus spricht von der »sarx hamartias«, dem »Fleisch der Sünde«. (Röm. 8,3) Der Begriff »Fleisch« umfaßt bei Paulus also den ganzen Menschen, auch seine Innenseite, seine Psyche; denn sie ist hier nur das natürliche Leben. Ein »Psychiker« wird daher vom »Pneumatiker« unterschieden, der den Geist (Pneuma) hat. Diese Spekulation bildet, wie gesagt, die Grundlage für die Gedanken des Paulus über den ersten Menschen, den psychischen Menschen und den zweiten pneumatischen Adam, der Christus ist.

Der erste Adam war von niederem Wesen, sarx und psyche besaß er. Er war also lediglich ein »Lebewesen« (psyche zosa). Diesem ersten Adam tritt nun Christus in seiner pneumatischen Wesenheit als zweiter Adam entgegen. (2. Kor. 3,17) Von Adam ist nach Paulus der Strom der Sünde ausgegangen, vom zweiten Adam geht der Strom des Heils aus. Die erste Menschheit stellt einen körperhaften Zusammenhang dar und besitzt den Todesleib. Dieser alte Mensch aber muß ausgezogen werden. (Kol. 3,9) Der neue Mensch und die neue Menschheit bilden ebenfalls eine Einheit. Dieser neue Mensch ist der Kyrios Christos. Sein Leib ist die Ekklesia, also die Gemeinschaft der Gläubigen, die Glieder sind an dem Leib Christi: »Ihr seid der Leib Christi und Glieder, ein jeglicher nach seinem Teil.« (1. Kor. 12,27)

Von hier aus ist die Deutung des Todes und der Auferstehung Jesu bei

Paulus zu verstehen. Zwei Worte des Paulus machen deutlich, was hier als Vorstellung zugrunde liegt: »Einer ist für alle gestorben, so sind sie alle gestorben.« (2. Kor. 5,14) und ein zweites Wort: »Wie sie in Adam alle sterben, so werden in Christus alle lebendig werden.« (1. Kor. 15,22) In diesen Worten ist die eigentümliche Vorstellung eines urbildlichen Sterbens und Auferstehens Jesu gegeben; denn die beiden Tatsachen des Todes und der Auferstehung sind urbildliche Geschehnisse, womit gesagt ist, daß was in ihnen geschah, sich immer wieder vollzieht.

Nach der Anschauung des Paulus ist der Tod Jesu für ihn Befreiung von dem Sündenfleisch, das auch er trug. Diese Befreiung ist für ihn endgültig; denn er ist damit in die höhere Sphäre erhoben: »Christus, von den Toten erweckt, stirbt nicht mehr, der Tod kann nicht über ihn herrschen.« (Röm. 6,9) Diese Befreiung aus der Sphäre der Todeswelt ist nun von urbildlicher Bedeutung für alle, die Christus angehören. Sie sind mit ihm gestorben. In seinem Kreuzestode wurde das alte menschliche Wesen vernichtet und die Sünde zum Tode verurteilt (Röm. 6,3). Dies ist die nach Paulus seit Christi Tod und Auferstehung bestehende objektiv neue Situation für die Menschheit.

Diese Gedanken sind eng mit der Mysterienwelt und ihren Vorstellungen von den sterbenden und auferstehenden Gottheiten verbunden. Zum Nachvollzug dieser Idee einer grundsätzlichen Veränderung der Gesamtsituation in der Menschenwelt muß man bedenken, daß die Menschen jener Zeit ein kollektives Denken beherrschte, das es ermöglichte, den historischen Einzelfall des Todes und der angeblichen Auferstehung auf alle Menschen zu beziehen. Es besteht ein gemeinsames Schema, die Gottheit und ihr Schicksal zum Vorbild des Schicksals der Gläubigen, die sich der Kultgottheit durch Weihe oder Glauben anschließen, zu machen. Was sich einmal vollzog, wiederholt sich immer neu. Darum findet sich bei Paulus der Gedanke des Mitsterbens und des Mitauferstehens mit Christus: »So sind wir mit ihm (Christus) begraben durch die Taufe in den Tod, auf daß, gleichwie Christus ist auferweckt von den Toten durch die Herrlichkeit des Vaters, also sollen auch wir in einem neuen Leben wandeln.« (Röm. 5,4) Durch diese Vorstellungen gewann der Tod eines wirklichen Menschen und nicht nur eines mythischen Kultheros, wie in den Mysterienreligionen, eine ungeheure Bedeutung: hier vollzog sich die Mythologisierung des Christentums.

Neben dieser Mysterienmythologie und dem gnostischen Erlösungsmythos zog Paulus zur Deutung des Todes Jesu eine weitere Gedankenreihe aus seiner eigenen religiösen Tradition heran, nämlich die israelitische

Idee des Sühneopfers. Paulus schreibt (1. Kor. 6,20): »Ihr seid teuer erkauft.« Darin liegt der Gedanke des Loskaufes, wie er ausführlicher in dem nicht von Paulus stammenden 1. Petrusbrief (1,19) dargestellt ist: »Wisset, daß ihr nicht mit vergänglichen Dingen, Silber oder Gold, losgekauft seid von eurem eitlen, von den Vätern überlieferten Wandel, sondern mit kostbarem Blute, als von einem tadellosen, unbefleckten Lamm, Christus.« Und im Hebräerbrief (9,22) heißt es: »Ohne Blutvergießen gibt es keine Vergebung.« Auch in den Zusammenhang der Passah-Feier hat Paulus den Tod Christi gestellt (1. Kor. 5,7): »Als unser Passah ist Christus geschlachtet.«

Für die Entstehung des Christentums als Weltreligion hat Paulus fraglos entscheidende Bedeutung. Es konzentriert sich bei Paulus alles auf den Christus-Glauben als Glauben an Christus. Glaube ist für Paulus geradezu die innere religiöse Lebensform: »So halten wir nun dafür, daß der Mensch gerecht werde ohne des Gesetzes Werke durch den Glauben.« (Röm. 3,28)

Objekt des Glaubens ist primär bei Jesus Gott im Sinne des Sich-Verlassens auf ihn. Auf dem Glauben beruht die Gerechtigkeit des Menschen vor Gott. Für Paulus aber wird das Objekt des Glaubens Christus, wodurch sich das Glaubensobjekt verdoppelt für ihn: Gott und Christus. Glaube ist das Organ, mit dem der Christ die gegenwärtige Wirklichkeit des »Herrn«, des Kyrios, erfaßt.

Die Gemeinde bzw. die Gemeinschaft der Christus-Gläubigen ist für Paulus nicht mehr eine Summe einzelner gläubiger Menschen, sondern eine mystische Einheit: Der Geist Gottes durchwaltet diese Gemeinschaft und macht sie zum »Leib Christi«: »Ihr aber seid der Leib Christi und Glieder, ein jeglicher nach seinem Teil.« (1. Kor. 12,27) »Gleichwie *ein* Leib ist, und hat doch viele Glieder, alle Glieder des Leibes aber, so viel ihrer sind, zusammen *einen* Leib bilden, so ist es auch mit dem Christus. Denn durch *einen* Geist sind alle zu einem Leibe getauft worden.« (Röm. 12,12 f.) In diese von Paulus als Organismus gedeutete Gemeinschaft tritt man ein durch die Sakramente: Taufe und Abendmahl, das nach 1. Korintherbrief 10,16 als »Gemeinschaft mit dem Leib und Blut des Christus« verstanden wird.

Hier ist, was Wesen und Bedeutung Christi betrifft, etwas Entscheidendes geschehen: Der historische Jesus bezog seine Sendung auf das israelitische Volk. Er hat auch an keine Missionierung seiner Verkündigung gedacht. Als er Matthäus 10 die zwölf Jünger aussandte, gebot er ihnen: »Gehet nicht auf der Heiden Straße und ziehet nicht in der Samariter

Städte, sondern gehet hin zu den verlorenen Schafen aus dem Hause Israel.« (Matth. 10,6) Offenbar war Jesus auch der Meinung, daß das Reich Gottes eher anbrechen werde als sie mit den Städten Israels zu Ende kommen würden. (Matth. 10,23) Jesus war also ein israelitischer Reformer prophetischen Stils, in dessen Wesen und Wirken freilich seine Jünger schon überirdische Kräfte spürten. So war die ursprüngliche urchristliche Gemeinde eine Sekte im Rahmen der israelitischen »Kirche«. In der Apostelgeschichte 21,20 heißt es, daß diese Judenchristen »Eiferer für das Gesetz« gewesen seien. So wird auch Apostelgeschichte 2,46 von der Gemeinde der Jünger Jesu nach seinem Tode gesagt: »Sie waren täglich und stets beieinander im Tempel.« Um aus dem Status einer israelitischen Sekte zu einer übervölkischen Universalität zu gelangen, bedurfte es der Entnationalisierung der urchristlichen Verkündigung, also einer nationalen Entschränkung. Das geschah durch Paulus; denn er predigte den überhistorischen und übernationalen Kyrios Christos, nicht den historischen Jesus und dessen Botschaft vom Anbruch des Reiches Gottes. Paulus vollzog, wie wir sahen, die Entfaltung des in den hellenistischen Gemeinden bereits vorgefundenen Glaubens an den Christus mit Hilfe rabbinischer und hellenistischer Spekulation. So entwickelte sich auch bekanntlich schon in der Urgemeinde ein Gegensatz zwischen dem Judenchristentum und seinen Vertretern einerseits und dem Heidenchristentum andererseits bzw. zwischen Petrus und Paulus. Der Gegensatz zwischen Petrus bzw. den »Säulen« (Gal. 2,9) der palästinensischen Urgemeinde und Paulus bestand wesentlich darin, daß jener am Gesetz festhielt und verlangte, daß getaufte Heiden gleichfalls zur Erfüllung des Gesetzes verpflichtet seien, was Paulus bestritt, der seinen Standpunkt auf dem sogenannten Apostelkonzil in Jerusalem durchsetzte. (Gal. 2)

Christus, Herr der christlichen Kirche

Wir müssen die Entwicklung des Christus-Glaubens noch eine Strecke weiter verfolgen; denn aus den Urgemeinden wurde die christliche Kirche. Die Frage, in welchem Verhältnis Jesus zu dieser späteren christlichen Kirche zu denken ist, kann nur so beantwortet werden, daß Jesus sicher keine Gründung einer Dauerinstitution wie der Kirche beabsichtigt hat; denn Jesus lebte bekanntlich im Glauben an das nahe bevorstehende Ende der Welt. Schon aus diesem Grunde konnte er keine auf Dauer berechnete Kirche gründen wollen. Das berühmte Wort Jesu an Petrus nach dessen Christus-Bekenntnis Matthäus 16,18: »Du bist Petrus und auf diesen Felsen will ich meine ›Kirche‹ (ekklesia = Gemeinde) gründen und die

Pforten der Hölle (des Hades) werden sie nicht überwältigen« hat bereits
A. v. Harnack in einer Akademie-Schrift »Der Spruch über Petrus Matth.
16,12 ff.« (1918) dahin interpretiert, daß in diesem Wort ursprünglich
nicht die Kirche bzw. Gemeinde, sondern Petrus selbst angesprochen
wird, dem vorausgesagt wird, er werde nicht in den Hades kommen, d. h.
er werde nicht sterben. Da nun aber Petrus doch starb, änderte man die
Weissagung dahin um, daß die Kirche nicht sterben werde, was eine un-
gewöhnliche Aussageform ist. (Vgl. oben S. 110)
Wir können hier nicht im einzelnen darstellen, wie die soziologische Entwicklung der Urgemeinde zur Kirche sich vollzog. Ich verweise auf mein
Buch »Soziologie der großen Religionen« (1966, S. 222 ff). Diese Kirche
verstand und versteht sich als eine Gnaden-Institution, deren Funktion
Augustin folgendermaßen definiert: »Die Kirche gibt allen die Möglichkeit der Teilhabe an der Gnade Gottes.« Die Kirche hat sich also zwischen
den Gnade gewährenden Gott und den Gnade empfangenden Menschen
geschoben. Diese Idee der institutionellen Kirche drückt ein moderner
Theologe, Karl Adam, folgendermaßen aus: »Die übernatürliche Erlö-
sermacht Jesu, die in der Kirche sich offenbart, ist nicht an eine Einzelperson gebunden, insofern sie Person ist, sondern nur insofern sie gottbestall-
tes Organ der Gemeinschaft ist. Die Einführung des Geistes Jesu in die
diesseitige Wirklichkeit erfolgt also nicht durch das Mittel einzelner mit
besonderen charismatischen Gaben ausgestatteter Persönlichkeiten, sondern sie erfolgt in Ordnung und Ämtern, die nach dem Willen Jesu als
Strukturelemente der Gemeinschaft diese so recht eigentlich erzeugen
und tragen und ihr inneres Leben entbinden.«
So entwickelte sich allmählich eine differenzierte Organisation einer Massenkirche, an deren Spitze der Bischof in Rom, der Papst, steht, dessen
Vollmachten im Laufe der Jahrhunderte immer mehr gewachsen sind.
Der Papst aber nennt sich »Stellvertreter Christi«, des eigentlichen Herrn
der Kirche. Nachdem das Christentum im Abendlande gesiegt hatte,
Konstantin christlicher Kaiser und das Christentum bevorzugte Staatsreligion geworden waren, zeigten sich zwei Phänomene: Einerseits bestand
das antike sakrale Königtum fort, d. h. Qualitäten und Prädikate des antiken Herrscherkultes gingen auf den christlichen Kaiser über. Er hieß »vicarius Christi«, Stellvertreter Christi auf Erden, während der Papst als
»vicarius Petri« bezeichnet wurde. Allmählich aber vollzog sich ein Abbau des antiken Herrscherkultes auf christlichem Boden, parallel mit dem
Aufbau der kirchlichen Hierarchie bis hin zur Errichtung einer vollkommenen Theokratie des Papstes, der nun statt der früheren Bezeichnung

»vicarius Petri« »vicarius Christi« wird, was vorher der Kaiser gewesen war.

Diese Kirche wurde so notwendig eine Herrschaftsform und damit eine Zwangsinstitution. Die Menschen werden, jedenfalls zur Zeit der kirchlichen Hochblüte im Mittelalter, auch gegen ihren Willen zu ihrem angeblichen Heil gezwungen. Mittel solcher Herrschaft war der Sakramentalismus; denn durch Interdikt und Exkommunikation hatte man im Mittelalter ein sehr wirksames Kampfmittel gegen kirchliche Unbotmäßigkeit in der Hand. Diese Entwicklung widersprach eindeutig dem Worte Jesu (Matth. 20,25): »Ihr wißt, daß die Herrscher der Völker sie unterjochen und die Großen sie vergewaltigen. Nicht also soll es bei euch (dem Jüngerkreise) sein, sondern wer unter euch groß sein will, soll euer Diener sein, und wer unter euch der erste sein will, der soll euer Knecht sein.« Es führt also keine kontinuierliche Entwicklungslinie vom Evangelium Jesu und dem Jüngerkreis zur mittelalterlichen Herrschaftsform der Kirche. Wir können hier nicht den Aufstieg der Kirche und des Papstes zur politischen Macht verfolgen. Die Kirchengeschichte zeigt, daß der Aufstieg des Papsttums zum Anspruch auf Weltherrschaft und zur zeitweiligen Verwirklichung der Weltherrschaft führte. Der Höhepunkt der realen Macht des Papsttums wurde etwa durch Bonifatius VIII. erreicht und tat sich in der berühmten Bulle »Unam sanctam« (1302) kund. Der Herrschaftsanspruch des Papstes bedeutet die Fortführung des vorchristlichen römischen Herrschertums, an dessen Stelle das sakrale Priesterkönigtum getreten ist. Christus aber wurde zum Herrn dieser Kirche, die er sicher nicht gegründet hat. Er ist nach kirchlichem Glauben gegenwärtig und wird immer neu gegenwärtig im Altarsakrament durch Verwandlung von Brot und Wein in Leib und Blut Christi in der Messe. So wurde Christus zum realen Kultobjekt, was mit Gewißheit nicht in der Intention des historischen Jesus gelegen hat, wie wir oben (S. 203) begründet haben.

In diesem sakramentalen Kultus vollzog sich, indem der überhistorische Kyrios der Mittelpunkt ist, eine Verschiebung des soziologischen Beziehungspunktes von dem ursprünglichen historischen Jesus zum pneumatischen Christus der Urgemeinde und dann zum realen Kultobjekt. Während die Urgemeinde eine Wahlgemeinschaft war, wurde die spätere Kirche eine Geburtsgemeinschaft. Die freien Gnadengaben in der Urgemeinde (1. Kor. 12,1-11) werden in der Kircheninstitution an Weihegaben und Ämter gebunden.

Ein weiteres Motiv der Institutionalisierung des Christentums liegt in den Ansprüchen der Masse. Das Christentum als Universalreligion, die es nun geworden war, strebte natürlich nach Ausbreitung, obwohl Jesus selbst, nach Matthäus 10,5, daran nicht gedacht hat. Paulus hat diese Verbreitungstendenz auch außerhalb des israelitischen Volkes bereits im 1. Korintherbrief (9,19 ff.) zum Ausdruck gebracht, wenn er sagt: »Obwohl ich frei dastand gegenüber allen, habe ich mich allen zum Knecht gemacht, um recht viele zu gewinnen. Ich bin den Juden wie ein Jude geworden, um Juden zu gewinnen, denen unter dem Gesetz, wie einer, der unter dem Gesetz ist, ... um die unter dem Gesetz zu gewinnen. Denen ohne Gesetz wie einer ohne Gesetz..., um die ohne Gesetz zu gewinnen. Den Schwachen bin ich schwach geworden, um die Schwachen zu gewinnen. Ich bin allen alles geworden, um allenthalben etliche zu retten.« Diese Tendenz, möglichst alle zu erfassen, fand in der Kirchenorganisation verstärkte Möglichkeiten der Realisierung. So strömten denn jetzt etwa seit dem 4. Jahrhundert n. Chr. die Massen in die Kirche, nachdem das Bekenntnis zum Christentum nicht mehr durch Christenverfolgungen bedroht wurde und das Christentum Staatsreligion im römischen Reiche geworden war. So wird jetzt die Kirche eine Massenorganisation. Innerhalb dieser Kirche bildete sich nun auch eine Massenreligion, in der sich primitiver Glaube auch außerchristlicher Herkunft erhalten hat. Gregor I. (6. Jhd.) war der eigentliche Schöpfer dieser Massenkirche; denn er appellierte an die primitiven Instinkte der Furcht und der Hoffnung, er drohte den Menschen mit Fegefeuer und Hölle und lockte mit himmlischem Lohn. Gregor baute die Sakramentsliturgie aus und vertrat die Idee, daß die sichtbare Kirche selbst mit dem von Jesus verkündeten Gottesreiche identisch sei. Gerade mit den Sakramenten und ihrer magischen Deutung verbanden sich wesentliche Elemente der Massenreligiosität, die hier neu entstand.

Die Kirche schloß jetzt vielfache Kompromisse mit der unverwandelten Welt, in der die in der Urgemeinde auf Christi Wiederkehr, die Parusie, wartenden Christen weiter leben mußten. So beginnt hier der Prozeß der Verweltlichung der Kirche, die wir hier nicht weiter verfolgen können. Das allmählich aufkommende Mönchtum, das es zu Jesu Zeiten nicht gab, war eine Gegenbewegung gegen diese Verweltlichung. Die eschatologische Erwartung der Urgemeinde trat im Laufe der Jahrhunderte immer mehr zurück und in der Kirche selbst vertrat man eine ermäßigte Durchschnitts- und Massenmoral.

3   VERGLEICH ZWISCHEN BUDDHISTISCHER UND CHRISTLICHER ENT-
     WICKLUNG ZUR KULTRELIGION UM IHRE VERGÖTTLICHTEN STIFTER

Die Erhöhung eines historischen Religionsstifters zur Kultgottheit
In beiden Religionen waren die Stifter Menschen dieser irdischen Welt
und Geschichte und beide wurden in die numinose Sphäre von Kultgott-
heiten erhoben. Im Buddhismus geschah das relativ spät in der Strukturform des Mahayana. Hier entstand, wie wir gesehen haben, der Glaube an
zahlreiche Buddhas und Bodhisattvas, von denen einer das himmlische
Urbild des historischen Buddha sein soll. Buddha wird hier in der sogenannten trikaya-Lehre, der Lehre von den »drei Körpern«, in einen kosmischen Zusammenhang gestellt (s. S.189)
Im Christentum geschah die Deifizierung des historischen Jesus relativ
früh. Schon in der Urgemeinde lebte der Glaube an die Auferstehung Jesu
und seine Aufnahme in den Himmel, sowie der Glaube an seine Wiederkehr zum Endgericht. Auch hier ist also die Hypostasierung einer geschichtlichen Persönlichkeit geschehen und die Erzählungen ihres irdischen Lebens, wie sie in den Evangelien des Neuen Testament uns vorliegen, sind, wie wir oben dargestellt haben, bereits von dieser nachösterlichen Gewißheit aus geschrieben.
Wir beobachten weiter, daß die Lebensbeschreibungen beider Meister
mit legendarischen Elementen verquickt worden sind und zwar sind es
Legenden vornehmlich um Geburt und Tod, bei Jesus auch um die Auferstehung. Auch im Christentum wie im Buddhismus ist erkennbar, daß
diese Legenden nicht ältestes Traditionsgut waren, sondern erst dem späteren Bedürfnis der Gemeinden entsprachen.
Beide Persönlichkeiten standen zu ihrer religiösen Tradition, aus der sie
kamen, in einem ähnlichen Verhältnis, nämlich in einem kritischen.
Buddha übernahm wesentliche Elemente der brahmanischen Tradition
wie z.B. die Samsara-Idee, aber er lehnte zahlreiche Lehren der Brahmanen ab wie z.B. die Lehre vom Atman, dem konstanten Selbst in allen
Wesen, und vor allem die brahmanische Ritualistik. Buddha hat den
Lehr- und Autoritätsanspruch der Brahmanen entschieden verworfen,
wie Jesus den der Pharisäer und Schriftgelehrten bestritten hat. So erfüllt
das Leben beider Meister eine gewisse Spannung gegenüber den Hütern
der religiösen Tradition, allerdings in der Form, daß bei Buddha dieser
Gegensatz keinen tödlichen Charakter hat, sondern von Buddhas Seite
her nur eine mehr spöttische Ablehnung bedeutet. Für Jesus dagegen ist

diese Gegnerschaft zu den Pharisäern und Schriftgelehrten bekanntlich die Ursache seines Prozesses und seiner Hinrichtung.

Gemeinsam ist auch beiden Religionen der Wandel von der Strukturform der Sekte, die beide Gemeinschaften zunächst waren, zur Strukturform der Weltreligion, und zwar unter analogen Wandlungen, vornehmlich der vom bloßen menschlichen Religionsstifter zum vergöttlichten Kultheros. Dabei zeigen sich jedoch charakteristische Verschiedenheiten: Der Urbuddhismus war eine geistige und aristokratische Asketenreligion. Die Urgemeinde war ein Mönchs- bzw. später auch ein Nonnenorden. So konnten zu Buddhas Jüngerkreis nur Menschen gehören, die den Heilspfad, den Buddha zeigte, auch wirklich beschritten, also nicht solche, die nur nominell und äußerlich Mitglieder der Ordensgemeinschaft waren, wie es später in den Massenreligionen der Fall war.

Jesus dagegen gründete keinen exklusiven Orden. Wir haben hier vielmehr zunächst einen Kreis von Jüngern, der sich um Jesus scharte in einer offenen Gemeinschaft, der jeder Institutionscharakter fehlte. Auch hier waren die Jünger Menschen, die mit Ernst in der »Nachfolge« Jesu standen, zumal hier, im Unterschied zur Nachfolge Buddhas, jene Nachfolge der Verfolgung ausgesetzt war, wie es Jesus vorausgesagt hatte: »Vor diesem (Weltende) werden sie Hand an euch legen und euch verfolgen, indem sie euch in die Synagogen und Gefängnisse ausliefern zur Abführung vor Könige und Statthalter, um meines Namens willen.« (Luk. 21,12) Nach Jesu Tode sammelte sich die Gemeinde in Jerusalem zu einer jüdischen Sekte. (Apg. 24,5) Paulus und seine Mitapostel lösten die nationalen Bindungen und schufen durch die Übertragung hellenistischer Erlösungsmythen auf die geschichtliche Gestalt Jesu die Voraussetzung für das Werden der christlichen Weltreligion und Kirche.

Verwandte religiöse Motive finden sich in dem späteren Mahayana-Buddhismus: einerseits eine Paradiesesvorstellung, die mit überaus irdischen Farben ausgemalt ist, und die im Buddhismus – darin liegt der Unterschied – nur eine vorläufige Seligkeitssphäre darstellt und nicht, wie es in der christlichen Mythologie angesehen wird, als endgültiger Aufenthaltsort der Erlösten. Im Buddhismus steht allenthalben das Nirvana als endgültiges Heilsziel hinter den mehr vordergründigen Heilszielen paradiesischen Charakters.

Ein weiteres Moment ist dann das Verhältnis von Glaube und Werk, wie es vornehmlich im Amida-Buddhismus Japans uns begegnet. Hier stoßen wir auf eine katholisch-protestantische Spannung auf dem Boden dieser Mahayana-Sekte.

Der übergeschichtliche Buddha Amitabha steht zu seiner irdischen Erscheinungsform, dem historischen Buddha, in keinem anderen Verhältnis als dem der Manifestation. Das irdische Leben des historischen Buddha spielt also im Mahayana-Buddhismus keine Rolle. Im Christentum war es Paulus, der, wie wir oben (S. 205) zeigten, den historischen Jesus und seine irdischen Lebensumstände nicht näher kennt und nur den auferstandenen Christus verkündigt. Aber die Interpretation ist die, daß das geschichtlich irdische Leben Jesu, von dem immerhin zahlreiche geschichtlich einwandfreie Begebenheiten bekannt sind, als Menschwerdung Gottes angesehen wird, so daß ein Jüngerbekenntnis lauten konnte: »Das Wort (= ewige göttliche Wesenheit) ward Fleisch und wohnte unter uns, und wir sahen seine Herrlichkeit, eine Herrlichkeit als des eingeborenen Sohnes vom Vater, voller Gnade und Wahrheit.« (Joh. 1,14) Während also im späteren Buddhismus das geschichtliche Leben des Buddha ohne Bedeutung ist, wird im Christentum nach Jesu Tode dieses Leben des historischen Jesus mit der Wirklichkeit des übergeschichtlich existenten Christus identifiziert als seine irdische Erscheinungsform. Aber nicht nur diese Beziehung besteht zwischen dem irdischen Jesus und dem überirdischen Christus, sondern das irdische Todesschicksal und die angebliche Auferstehung Jesu werden als für die erlösungsbedürftige, im Unheil befindliche Menschheit als Werk der Erlösung betrachtet.

Wie das sogenannte »vorzeitliche Gelübde« des Buddha Amitabha, auf das sich die Heilsgewißheit der Amida-Gläubigen gründet, unhistorisch ist, so sind auch die verheißenden Äußerungen des auferstandenen Christus unhistorisch. Das Matthäusevangelium endet mit dem Worte Jesu: »Mir ist gegeben alle Gewalt im Himmel und auf Erden. Darum gehet hin und lehret alle Völker und taufet sie im Namen des Vaters und des Sohnes und des heiligen Geistes, und lehret sie halten alles, was ich euch befohlen habe. Und siehe ich bin bei euch alle Tage bis an der Welt Ende.« (Matth. 28,18 f.) Dieser Missions- und Taufbefehl steht im Widerspruch zu dem Wort Jesu (Matth. 10,6): »Gehet nicht auf der Heiden Straße« und zu der von Jesus geübten Praxis, nicht zu taufen (Joh. 4,2). Nicht nur wegen dieser Widersprüche ist der Missionsbefehl unhistorisch, sondern noch aus zwei weiteren Gründen: Einerseits stammt er von dem Auferstandenen, der geschichtlich nicht faßbar ist, und außerdem verwendet er eine liturgische Formel, in der die trinitarische Gottesidee vorausgesetzt ist. Jesus hat diese Formel, die als Taufliturgie in der späteren Kirche Verwendung fand, nicht gebraucht und hat sich selbst nicht im Gottesbekenntnis neben Gott und dem heiligen Geist eingeordnet.

Wandel einer Sekte zur Weltreligion

Wir haben noch eine letzte Verschiedenheit in der Entwicklung beider Religionen festzustellen: Der Buddhismus wandelt sich von einer reinen Asketen- und Mönchsreligion zu einer universalen Laienreligion, jedenfalls in den von uns dargestellten Sekten des Amida-Buddhismus. Das Christentum erlebte eine umgekehrte Entwicklung: Ursprünglich war es im Kreise Jesu und in der Urgemeinde eine Laienreligion ohne weltflüchtige Züge. Dann erst entstand eine Differenzierung der Wege. Wir beobachteten eine Verweltlichung und eine Entstehung der Massenkirche, und daß dann eine Gegenbewegung des Mönchtums die Verweltlichung im Kreise der Mönche und der Mystiker zu überwinden trachtet. Eine weitere Gegenbewegung war der reformatorische Protest, der wieder auf die Erneuerung der urchristlichen Laienfrömmigkeit im Gegensatz zur priesterlichen Bevormundung durch die mittelalterliche Kirche gerichtet war.

X
Konsequenzen

Nachdem wir auf religionswissenschaftlicher Grundlage das Verhältnis der beiden großen Meister, Buddha und Christus, und ihrer Religionen zueinander dargestellt haben, wollen wir versuchen, in diesem letzten Abschnitt Konsequenzen aus dem dargelegten Sachverhalt zu ziehen. Das soll in der Form geschehen, daß wir zunächst von der religiösen Weltlage ausgehen, sowohl im allgemeinen wie im besonderen hinsichtlich des Christentums, um dann das, was wir als die Werte sowohl des Buddhismus wie des Christentums ansehen, in kurzer Fassung aufzuzeigen. Hier wird es sich ganz wesentlich um persönliche Aussagen und Urteile handeln.

1 DIE RELIGIÖSE WELTLAGE

Die allgemeine religiöse Weltlage

Die Tatsache, daß die außereuropäischen Völker, insbesondere die Völker Asiens und Afrikas, deren viele bis vor kurzem unter Kolonialherrschaft standen, zur Unabhängigkeit und zu nationalem Selbstbewußtsein gelangt sind, hat weitreichende Folgen für die religiöse Weltsituation. Die christliche Mission geschah in der Vergangenheit zumeist unter dem Schutze westlicher Kolonialmächte. Ein unrühmliches Beispiel für diesen in der Missionsgeschichte häufigen Vorgang bildet der 1860 erzwungene Vertrag von Peking, durch den das damalige China unter dem Druck Frankreichs und Englands außer zu politischen Zugeständnissen auch dazu gezwungen wurde, Missionsniederlassungen allenthalben im Lande zu gestatten. Das galt zunächst nur für die katholischen Missionen, wurde aber in den folgenden Jahren von Deutschland und Amerika auf ihre protestantischen Missionen ausgedehnt. Seitdem betrieb die christliche Mission in dem mit Machtmitteln geöffneten Lande die Verkündigung des Evangeliums des Friedens. Wie hier, so wurde oft auch in anderen Ländern verfahren, so daß für die betroffenen Länder das Christentum als

Religion der westlichen Kolonialmächte mit Unterdrückung und Gewalt unlöslich verknüpft erschien. Das Christentum wurde für diese Völker die Religion der Eroberer. Natürlich war unter den obwaltenden Abhängigkeitsverhältnissen eine freimütige Auseinandersetzung der nichtchristlichen Religionen mit dem Christentum nicht möglich. Jetzt aber, nachdem diese politische Abhängigkeit fortgefallen ist, beginnt die kritische Auseinandersetzung mit den verschiedenen durch die Missionen angebotenen Formen des Christentums und ihren Heilslehren. Dabei dürfte sich zeigen, daß die von den Kirchen vertretenen orthodoxen Auffassungen des Christentums, die einen radikalen Absolutheitsanspruch erheben, keinem Verständnis seitens der nichtchristlichen Religionen und ihrer Bekenner begegnen.

Die Welt ist kleiner geworden. In wenigen Flugstunden kann man sich aus der westlichen Welt in die Indiens oder Ostasiens versetzen lassen und das bedeutet nicht nur einen Wechsel voneinander weit entfernter Aufenthaltsorte, sondern zugleich die Begegnung mit fremden, geistig-religiösen Welten. Während früher nur wenige Weltreisende solche Begegnungen erlebten, sind es heute im Zuge der Technisierung der Verkehrsmittel und der dadurch ermöglichten Intensivierung der Handelsbeziehungen zwischen weit voneinander entfernten Ländern Tausende, die jährlich aus dem Westen in den Osten gelangen und bei dieser Gelegenheit auch die fremden Religionen kennenlernen. Dadurch weitet sich zwangsläufig der Horizont dieser Menschen und aufgrund ihrer Erfahrungen werden sie immer weniger geneigt sein, aus der einseitigen und beschränkten Perspektive kirchlichen Christentums die außerchristliche Religionswelt zu betrachten. Da nun aber auch die fremden Religionen, wie wir noch hören werden, sowohl durch private Vertreter, die aus Handels- oder Studienabsichten in den Westen kommen, als auch durch Missionare dem zur Befriedung der westlichen Welt offenbar – wie man meint – unfähigen Christentum zu Hilfe kommen wollen, indem sie dem angeblich christlichen Abendland ihre Religion anbieten, erwächst daraus den Christen die Aufgabe der Auseinandersetzung mit diesen Religionen. Wenn wir sagten, die Welt sei kleiner geworden, so kann man andererseits auch sagen, daß sie aufgrund dieser Weltbeziehungen größer geworden ist. Diese scheinbare Paradoxie löst sich auf, wenn man bedenkt, daß in beiden Aussagen ein verschiedener Sinn mit dem Wort »Welt« verbunden ist: Die geographische Welt ist durch die schnellen Verkehrsmöglichkeiten kleiner geworden, die geistige Welt des Einzelnen aber, die früher und für viele Menschen auch heute noch die eigene kulturelle und religiöse Welt

ist, in die sie hineingeboren sind, hat sich ungeheuer geweitet oder könnte
es wenigstens. Eine sachgemäße Auseinandersetzung mit den nahege-
rückten Religionen seitens des Christentums wird indessen nicht möglich
sein, wenn jenen Religionen nur der eigene Absolutheitsstandpunkt von
christlichen Vertretern vorgetragen wird, wie es die kirchliche Orthodoxie zu tun pflegt. Nur ein freies Christentum, das zwischen zeitgeschichtlichen Bedingtheiten und ewiger Wahrheit im Erscheinungsbild des
Christentums zu unterscheiden weiß, hat Aussicht, in ein fruchtbares Gespräch mit den außerchristlichen Religionen zu kommen.

Ein Blick auf den Missionserfolg des Christentums bestätigt das Bild, das
wir von der allgemeinen religiösen Weltsituation gezeichnet haben.
Durch naive Verlautbarungen in kirchlicher Missionsliteratur wird oft der
Eindruck erweckt, als stände der Sieg des Christentums in der Religionswelt unmittelbar bevor. Das ist keineswegs der Fall. Auf das Ganze gesehen, kann man sagen, daß keine der großen Weltreligionen Aussicht hat,
über die anderen zu siegen. Was das Christentum betrifft, so hat ihre Mission Erfolge nur im Bereich der Primitivreligionen zu verzeichnen. Aber
selbst da steht vielfach, wie z.B. in Afrika, der Missionserfolg des
Christentums hinter dem des Islam zurück. In Afrika, wo Christentum
und Islam gleichzeitig missionieren, kommen nach statistischen Angaben
auf einen Menschen, der sich zum Christentum bekehrt, zehn, die zum Islam übertreten. Ein Einbruch in die geistig führenden Schichten in Buddhismus und Hinduismus ist dem Christentum nicht gelungen.

Diese religiöse Weltlage wird von der Orthodoxie einfach nicht zur
Kenntnis genommen. Es ist eine verhängnisvolle Situation, in der sich die
christliche Kirche insofern befindet, als sie aufgrund ihres orthodoxen
Traditionsverständnisses sich berechtigt und verpflichtet fühlt, kritische
Einwände aus rationaler oder geschichtlicher Erkenntnis mit Bibelwor-
ten, die sich gegen die »Weisheit der Welt« richten und die »göttliche
Torheit« preisen (wie 1. Kor. 1,20: »Hat nicht Gott die Weisheit der Welt
zur Torheit gemacht?« und »Die göttliche Torheit ist weiser denn die
Menschen sind.« 1. Kor. 1,25) abzuwehren und die religiösen Verhältnisse in der Welt geradezu als Bestätigung biblischer Aussagen über den
Unheilszustand der außerchristlichen Welt aufzufassen. Hier ist jede Diskussion prinzipiell fruchtlos. Wie im politischen Raum totalitäre und autoritäre Mächte keine Gesprächspartner für freie Völker sind, so ist auch
im Bereich der Religion eine autoritäre Kirchenorthodoxie kein geeigne-
ter Partner für ein fruchtbares Gespräch mit Vertretern eines freien
Christentums. Hier liegt, jedenfalls im Formalen, eine genaue Analogie.

Das Bild der religiösen Weltlage, das wir zu zeichnen versuchten, gewinnt nun noch einen weiteren Aspekt, wenn wir bedenken, daß der nie ruhende Kampf des Unglaubens gegen den Glauben in unserer Welt eine besondere Schärfe dadurch gewonnen hat, daß Sowjetrußland und die von ihm abhängigen Staaten einschließlich der DDR, einen radikalen Propagandafeldzug gegen jede Art von Religion führen. Dieser Kampf gegen die Religion geschieht, insbesondere im Osten unseres Vaterlandes, im Zeichen sogenannter Wissenschaft mit Argumenten, die von der frühen materialistischen Propaganda zu Anfang dieses Jahrhunderts gegen die Religion ins Feld geführt wurden, und die längst sowohl von der modernen Naturwissenschaft als auch von der Religionswissenschaft widerlegt sind. Daß aber Menschen für diese Argumente anfällig sind, beruht weithin auf einem Versagen der Kirche, die es nie für nötig gehalten hat, die Gemeinden über die fortschreitende Naturerkenntnis und über das historisch-kritische Verständnis der Religion und speziell des Christentums und seiner Offenbarungsschriften zu orientieren. Wenn kirchlicherseits die Zustimmung zum wörtlichen Verständnis des Schöpfungsberichtes der Bibel und zu den höchst unglaubwürdigen Dogmen der Kirchenlehre als Bedingung des Christseins z. B. in der biblizistischen Bewegung »Kein anderes Evangelium« verlangt wird, dann kann man sich nicht wundern, daß dieses kirchliche Christentum auch von Menschen abgelehnt wird, die weder antireligiös noch antichristlich eingestellt sind. Außerdem wird auf diese Weise eine Front aufgerichtet, die mit wissenschaftlichen Argumenten erfolgreich bekämpft werden kann; denn diese Art von Christlichkeit hat, wie wir oben gezeigt haben, die Erkenntnisse der geschichtlichen Religionsforschung gegen sich. Ein dogmenfreies Christentum ist dagegen in der Lage, in dieser Kampfsituation Recht und Möglichkeit von Religion und Christentum auch innerhalb eines modernen Weltbildes zu erweisen.

In meinem Buche »Der offene Tempel. Die Weltreligionen im Gespräch miteinander« (1974) habe ich ausführlicher als es hier geschehen kann die allgemeine religiöse Weltlage nach verschiedenen Seiten hin erörtert. Wir wollen auszugsweise einige Gesichtspunkte übernehmen, die das bisher Gesagte ergänzen.

Weltmission nichtchristlicher Religionen
Weltweit ist in den großen nichtchristlichen Religionen eine Renaissance zu beobachten. Dieses Erstarken der inneren Lebenskräfte der alten Religionen hat dazu geführt, daß diese Religionen ihrerseits zu einer Welt-

mission aufgebrochen sind. Dokumentiert sind diese Bestrebungen in dem Buche »Asien missioniert im Westen« (1963). G. Vicedom spricht geradezu von einem »Angriff der Weltreligionen auf die Christenheit«. Der Islam, auf den natürlich die Weltmissionstendenz in erhöhtem Maße zutrifft, war von jeher eine Religion, die darauf gerichtet war, die Welt unter die Herrschaft Allahs zu stellen bzw. sie dazu zu bringen, die islamischerseits geglaubte Weltherrschaft Allahs auch ihrerseits anzuerkennen und sich ihr zu unterwerfen. Das ist auch heute das Missionsmotiv des Islam, dessen Vertreter überzeugt sind, daß der Islam die Religion ist, die den Menschen am schnellsten Frieden bringen und die äußere Ordnung der Welt sichern könne. Besonders in Afrika ist der Islam in schnellem Vordringen. Die Ahmadijja-Sekte zeichnet sich durch große missionarische Aktivität aus. Sie hat eine große Missionsorganisation geschaffen, die nicht nur in nichtchristlichen Ländern Missionsstationen unterhält, sondern auch in Amerika und Europa.

Was den Hinduismus betrifft, so ist er im Unterschied zu seiner bisherigen, seinem mystischen Grundcharakter entsprechenden nichtmissionarischen Erscheinungsform seit dem vorigen Jahrhundert zu missionarischer Wirksamkeit erwacht und zwar durch Ramakrishna und seinen Schüler Vivekananda (1862–1902), der sich bemühte, die indische Vedanta-Philosophie auszubreiten, indem er in Amerika und England Anhänger sammelte und Klöster zur Ausbildung von Missionaren gründete. 1897 stiftete Vivekananda die Ramakrishna-Mission und trat selbst 1893 auf dem Weltkongreß der Religionen in Chicago auf, um hier eine Botschaft Indiens, wie er sagte, an die Welt zu richten zum Zwecke der Erweckung des Verständnisses der Religionen füreinander. Die Ramakrishna-Mission bezweckt keine Bekehrung, sie will durch praktische Hilfeleistung, durch Unterricht und Ausbildung von Ärzten soziale Nöte überwinden.

Was den Buddhismus anlangt, so ist es heute vornehmlich der südliche Buddhismus, der den sogenannten jungen christlichen Kirchen in Ceylon und Burma Schwierigkeiten macht, und der zur Weltmission übergegangen ist. In Rangoon fand 1954–1956 das 6. Weltkonzil des Buddhismus statt, das offiziell die Aufgabe hatte, den buddhistischen Kanon zu überprüfen. Ein weiteres Ziel aber war, den Buddhismus zur faktischen Weltreligion durch Mission zu erheben. Deswegen wurde in Rangoon der große Friedenstempel gebaut, um der Welt zu verkünden, daß der Buddhismus den Frieden der Welt bringen und erhalten könne. Dieser Tempel ist umgeben von einem großen Gebäudekomplex, der nach Beendigung des Konzils eine Universität aufnehmen sollte, die die Aufgabe haben sollte, Missionare auszubilden, die vor allem unter den Christen eingesetzt werden sollten. Auf diesem Konzil wurde eine Missionsgesellschaft speziell für Deutschland gegründet.

Das Problem des Pluralismus und die Koexistenz der Religionen
In verschiedenen Formen erheben alle Universalreligionen einen Absolutheitsanspruch, also den Anspruch ausschließlicher und alleiniger Wahrheit und Gültigkeit. Für die frühzeitlichen Volksreligionen ist die Tatsache der Existenz zahlreicher Religionen nebeneinander kein Problem; denn Volksreligionen, von Völkern getragen, haben je ihre eigene Gottes- bzw. Götterwelt und beeinträchtigen sich nicht gegenseitig. Die Weltreligionen dagegen erheben einen Universalitätsanspruch aufgrund des ihnen eigenen Bewußtseins ihrer alleinigen Wahrheit. Sie sind deshalb erfüllt von ihrer Aufgabe, ihre Botschaft an die ganze Welt zu vermitteln und Ideen und Ideale ihrer Religion in der Welt zu verwirklichen. Nun sind aber die Universalreligionen ihrer Struktur nach insofern verschieden, als auf der einen Seite mystische und auf der anderen Seite prophetische Religionen vorhanden sind. Die mystischen Weltreligionen, wie Hinduismus und Buddhismus, haben zwar auch einen Absolutheitsanspruch, der hier jedoch in Form einer inklusiven Absolutheit erscheint; denn in diesen Religionen werden Fremdreligionen und ihre Kulte einbezogen als anzuerkennende Möglichkeiten der Begegnung mit dem Heiligen. In den prophetischen Religionen, Islam, Christentum und Judentum, handelt es sich um eine exklusive Absolutheit. Diese prophetischen Weltreligionen erheben den Anspruch, den einzig möglichen Weg zum Heil zu weisen; alle anderen Religionen erscheinen daneben als falsch und unwahr.
In den mystischen Religionen ist daher die Existenz mehrerer nebeneinander lebender Religionen ebensowenig ein Problem wie in den Volksreligionen, wenngleich aus verschiedenen Motiven: Die Volksreligionen erkennen jedem Volke seine eigene Religion zu, die mystischen Weltreligionen sehen in allen Religionen eine letzte Einheit, die die Grundlage toleranten Verhaltens zu fremden Religionen bildet. Deshalb haben diese mystischen Religionen auch nie Andersgläubige verfolgt und bekämpft und ihre Heiligtümer zerstört, wie es die prophetischen Religionen häufig getan haben. Religionskriege sind hier ebensowenig wie Inquisitionsverfahren geführt worden, wiederum im Unterschied zu den prophetischen Religionen und ihren Organisationen.

Zwar sind die prophetischen Religionen von ihrer Absolutheit überzeugt, jedoch ergibt sich aus der divergenten Art ihres Anspruches eine verschiedene Einstellung zueinander: Während Christentum und Judentum jede andere Religion als Heidentum ablehnen und also auch den Islam, dessen Stifter in der christlichen Polemik als »falscher Prophet« bezeichnet wird, entsprechend negativ bewerten, faßt der Islam sich selbst als »Religion Abrahams« auf, der die Uroffenbarung von Allah empfangen hat, so daß nach islamischer Auffassung auch das Christentum, jedenfalls in seiner ursprünglichen Gestalt der Religion Jesu, Anteil an dieser Urwahrheit hatte und damit »Islam« war. Hier tritt also der Gegensatz des eigenen Absolutheitsanspruches gegenüber dem Christentum nicht in der radikalen Form wie anderen Andersgläubigen gegenüber auf, sondern so, daß zwar das Christentum und seine Offenbarung ursprünglich mit der islamischen Tradition übereinstimmten, daß sie jedoch in ihrer gegenwärtigen Form Verfälschungen aufweisen. Der Islam macht also einen Unterschied zwischen den »Ungläubigen« und den »Schriftbesitzern«, zu denen Judentum und Christentum gehören.

Der mit dem Absolutheitsbewußtsein verbundene Endgültigkeitsanspruch ist in den prophetischen Religionen vorhanden; denn im Christentum wird die durch Christus geoffenbarte Botschaft und das Heilswirken Jesu von der nachfolgenden Gemeinde als endgültig und als letzte Rede Gottes an die Menschen (Hebr. 1,1) verstanden. Im Islam ist Mohammed der letzte Gesandte Allahs an die Welt, wohingegen nach islamischer Auffassung Jesus der vorletzte Gesandte war.

Diesen Absolutheits- und Endgültigkeitsansprüchen steht nun die Tatsache gegenüber, daß die Religionsgeschichte tatsächlich nicht mit den jeweiligen Religionsstiftern abgeschlossen ist, sondern weitergeht. Thomas Ohm, der verstorbene bedeutende katholische Religionswissenschaftler, berichtet, daß die Asiaten an eine fortlaufende Offenbarung glauben, und schreibt: »Nicht wenig halten sich viele Asiaten über die Lehre der Kirche auf, daß die Offenbarung mit Christus und den Aposteln abgeschlossen ist. Die meisten Asiaten glauben, daß das göttliche Leben ständig in neuen Quellen aufsprudelt und wünschen, daß ihnen unmittelbare Erfahrungen des Göttlichen zuteil werden. Es heißt mit Tadel, daß bei uns jede ›Urerfahrung‹ nur orthodox‹ sein könne.« Während nun der katholische Theologe Thomas Ohm diese Anschauungen als die der Asiaten wiedergibt, die er selbst natürlich nicht teilt, finden wir bei dem evangelischen Theologen Ernst Benz die Idee einer fortlaufenden Offenbarung (zweifellos im Gegensatz zur offiziellen Kirchenlehre) als eigene Auffassung, wenn es bei ihm heißt: »Entscheidend ist weiter die Tatsache zur Kenntnis zu nehmen, daß die Religionsgeschichte auch nach Christus weitergeht. Die christliche Theologie hat dieser Tatsache bisher in keiner Weise Rechnung getragen. Auch dort, wo sie ein positives Verhältnis zu den nichtchristlichen Religionen nach Art der Logos-Theologie der Apologeten zu finden sucht – und diese Bemühung ist auch heute noch eher die Ausnahme als die Regel –, tut die christliche Theologie immer noch so, als gäbe es eine Religionsgeschichte nur vor Christus und als fände die Religionsgeschichte in Christus und mit dem Auftreten der christlichen Kirche ihre Erfüllung, ihre Aufhebung und damit ihr historisches Ende. Trotzdem sind auch nach Christus immer neue Weltreligionen hervorgetreten.« Benz nennt dann als solche nachchristlichen Bildungen den Manichäismus, der sich fast ein Jahrtausend auf asiatischem Boden gehalten hat, den Islam, die mannigfaltigen Sekten auf dem Boden des Hinduismus und des Buddhismus, und zuletzt nennt er auch die sogenannten neuen Religionen in Japan.

Gerade diese zahlreichen neuen Religionen in Japan, die in ihrer Mehrzahl erst nach dem Zweiten Weltkriege entstanden sind, sind ein Beispiel dafür, daß neue menschliche Lebenssituationen zu neuen religiösen Impulsen führen. Werner Kohler hat in seinem wertvollen Buche »Die Lotos-Lehre und die modernen Religionen in Japan« (1962) darauf hingewiesen, daß die Not der Einsamkeit des Menschen in der modernen Industriegesellschaft durch keine der traditionellen Religionen einschließlich des Christentums überwunden werden könne, und daß diesem Bedürfnis die neuen Religionen Japans, die er »Religionen der Hoffnung« nennt, entsprechen.

Wenn angesichts der Vielheit der Religionen das Postulat der alleinigen Gültigkeit *einer* Religion erhoben wird, wie es seitens der prophetischen Religionen geschieht, so kann demgegenüber einerseits auf die Verarmung hingewiesen werden, die eine solche Reduktion der Vielheit der Religionen auf *eine* Religion bedeuten würde. Rabindranath Tagore (1861–1941) sagte zu diesem Problem: »Wenn je eine solche Katastrophe über die Menschheit hereinbrechen sollte, daß eine einzige Religion alles überschwemmte, dann müßte Gott für eine neue Arche Noah sorgen, um seine Geschöpfe vor seelischer Verarmung zu retten.« Man kann indessen dieses Postulat der einen Religion innerhalb der bestehenden Vielheit der Religionen mit Nikhilananda im Sinne mystischer Einheitserkenntnis auch als erfüllt betrachten: »Die universale Religion existiert bereits und braucht nur entdeckt zu werden.« Er meint, die Existenz der einen universalen Religion werde deshalb nicht von uns erkannt, weil wir an Ritualen, an Mythologien und Glaubensformen hängen und die grundlegenden Wahrheiten nicht beachten. Die universale *eine* Religion, die bereits besteht, sei das Gottesbewußtsein, das die eigentliche Essenz aller Glaubensformen sei.

Die andere Form der Stellungnahme ist, wie schon betont wurde, das Postulat der Einheit der Religion als Weg zur Beschränkung und Verarmung anzusehen. Das tat z. B. Radhakrishnan, indem er schrieb: »Ebenso wie der Glaube an *eine* Nation den Glauben an die Menschheit abtötet, tötet leider der Glaube an *eine* Religion den Glauben an andere. Die Anhänger jeder Religion fühlen sich dazu berufen, ihr Bekenntnis zur Exportware zu machen...Am liebsten möchten sie alle Seelen in den gleichen Pferch treiben. Sie sind sich des großen Verlustes an Menschlichkeit nicht bewußt, den die Einführung eines allgemein gültigen Glaubens zur Folge haben würde...Es ist einfach geistiger Vandalismus, das in den Staub zu ziehen, was einer Volksseele teuer ist, was von jahrhundertealter Weisheit mühsam aufgebaut wurde.«

Wir müssen uns aber auch der Problematik bewußt werden, die für eine orthodoxe christliche Theologie in dem Fortbestehen zahlreicher Religionen neben dem Christentum besteht. Karl Rahner, der bedeutende katholische Theologe, hat das Problem auf folgende Weise ausgedrückt: »Zu den für das Christentum schwerwiegendsten und am schwersten einzuordnenden Momenten an diesem Pluralismus, in dem wir leben, und mit dem wir als Christen fertig zu werden haben, gehört der Pluralismus der Religion. Wir meinen hier nicht den Pluralismus der christlichen Konfessionen. Auch dieser Pluralismus ist eine Tatsache und eine Frage und Aufgabe an die Christen. Aber nicht mit ihm haben wir uns hier zu beschäftigen, sondern mit dem wenigstens in letzter Grundsätzlichkeit schwerwiegenden Problem der Vielheit der Religionen, die es auch noch in der Zeit des Christentums gibt und zwar immer noch nach einer zweitausendjährigen Geschichte und Mission dieses Christentums.« Rahner meint für keine andere Religion sei der Pluralismus eine solche Bedrohung wie für das Christentum, weil nach seiner Meinung keine Religion, nicht einmal der Islam, sich als so absolut betrachtet wie das Christentum. Die möglichen und in der Geschichte auch aufgetretenen Interpretationen des Weiterbestehens großer Religionen nach dem Kommen Christi hat der Dominikaner E. Cornelis folgendermaßen zusammengefaßt: »Man sah christlicherseits das Fortbestehen nichtchristlicher Religionen einerseits als ein Werk des Teufels an, das um so verabscheuungswürdiger sei, als es seine tiefe Bosheit hinter äußeren Formen verstecke, die die wahre Religion Christi imitieren.« Eine zweite Interpretationsmöglichkeit sieht Cornelis darin, daß man diese nichtchristlichen Religionen als »unverschämte und anmaßende Suche nach dem Absoluten« ansehe, die zum Turmbau von Babel führte – als Ausdruck der Unfähigkeit der Menschen, den Weg zum Himmel aus eigener Kraft zu finden. Dieser Versuch zeige indessen positiv die unauslöschlichste Heilssehnsucht, die im Bewußtsein der Menschen lebendig sei. Eine dritte Form der Interpretation sieht Cornelis darin, daß die nichtchristlichen Religionen als verstümmelte und deformierte Reste des Glaubens und des Kultes einer ursprünglichen Religion begriffen wurden. Eine weitere Möglichkeit bestünde darin, in den Religionen außerhalb des Christentums eine »Anhäufung von Bausteinen« zu sehen, die aber von der Vorsehung zum Aufbau des himmlischen Jerusalem bestimmt seien. Auch wo man die Religionen als Zusammenfügung wertvoller religiöser Grundgedanken ansehe, fehle ihnen der krönende Abschluß. Eine letzte Möglichkeit bestehe darin, alle Religionen als auf dasselbe Ziel gerichtet anzusehen, also als verschiedene Wege zur göttlichen Wirklichkeit.

Die Religionen und der Friede in der Welt
Für die religiöse Weltsituation ist weiterhin charakteristisch, daß die Frage nach dem Frieden in der Welt und den Faktoren, die ihn bewirken könnten, zwangsläufig zu der Untersuchung führt, ob die Religionen der Welt nicht befähigt sind, diesen Weltfrieden zu fördern. Asiaten sind heute weithin der Meinung, daß Christentum und Islam nicht geeignet seien, die Sehnsucht der Welt nach Frieden zu erfüllen. Steffen Charles Neill schreibt: Die christlichen Konfessionen hätten nicht den Frieden der Welt durchsetzen können, sie hätten indessen Millionen unschuldiger Asiaten und Afrikaner in ihren Streit einbezogen. Das Christentum ist nicht eine Botschaft des Friedens in der Welt von heute geworden. In gleichem Sinne äußert sich der Zen-Meister D.T. Suzuki. Er meint, das Christentum sei die Religion der Tat und des Kampfes. Sie halte sich bereit, den Gegner, den sie voraussetzt, zu überwältigen. Demgegenüber erscheint in diesem ostasiatischen Urteil der Buddhismus als die Religion des Friedens, der Heiterkeit, des Gleichmutes und der Toleranz. Eine buddhistische Weltkonferenz in Ceylon im Mai 1950 erklärte, daß der Buddhismus die einzige Ideologie sei, welche der Welt den Frieden geben und sie vor Krieg und Zerstörung bewahren könne. Wir können hier nicht den Gesamtumfang des in der Überschrift genannten Problems erörtern.

Wir möchten kein einseitiges Bild zeichnen und wollen nicht vergessen, daß sowohl Christentum als auch der Islam auch positive Werte in das Leben der Einzelnen wie der Gemeinschaft gebracht haben. Wir wollen uns hier nur darauf besinnen, auf welchen Voraussetzungen die heute einmütige Ansicht der Asiaten beruht, daß Christentum und Islam den Frieden der Welt eher störten als förderten. Beide Religionen haben eine prophetische Grundstruktur. Ihnen war daher von Anfang an ein stark militanter Zug eigentümlich. Das Christentum erwuchs auf dem Boden der Religion des Alten Testaments, der israelitischen Religion, die gleichfalls seit den Tagen der Propheten eine prophetische Religion ihrem Wesen nach war. Darum finden wir in ihr auch Züge der Aggression. Die Kriege, die Israel in großer Zahl führte, wurden als »heilige Kriege« (Joel 4,9) angesehen, wenn es da heißt: »Rüstet euch zum heiligen Kriege«! Und 4. Mose 31,3 ergeht die Aufforderung von Jahve: »Rüstet euch Männer aus eurer Mitte zum Kriegszug aus, damit sie gegen die Midianiter ziehen, um die Rache Jahves an den Midianitern zu vollstrecken.« Auch sonst ist vielfach die Rede von den Kriegen gegen »die Feinde Jahves«. (1. Sam. 30, 26) Das Urchristentum, also die Religion Jesu, erwuchs, wie wir gesehen haben, zwar auf dem Boden der alttestamentlichen Religion und Tradition, jedoch fehlen dem Urchristentum die hier angedeuteten Züge der militanten Auseinandersetzung mit Feinden des Volkes und seines Gottes durchaus; denn trotz des vereinzelten Jesu-Wortes: »Ich bin nicht gekommen, Frieden zu bringen, sondern das Schwert« (Matth. 10, 34) war Jesus kein Zelot, wie heute bisweilen behauptet wird. Von Jesus und der Urgemeinde gilt eher das johanneische Jesu-Wort (Joh. 14,27): »Meinen Frieden gebe ich euch.« Die militanten Züge erwachten erst wieder im Christentum als sich die christlichen Gemeinden zu einer christlichen Kirche zusammenschlossen, die allmählich zu einer auch politischen Macht heranwuchs und ihre machtvolle Einheit verteidigen mußte. Radhakrishnan weist in seinem Buche »Die Gemeinschaft des Geistes« darauf hin, daß die »semitischen Ideen der Exklusivität und des Partikularismus« sich mit dem Geist des Westens vermischten und sich in der römischen Kirchenorganisation verkörperten. Schon Konstantin führte Kriege gegen Maxentius und Licinius als Religionskriege und Firmicus Maternus, ein christlicher Konvertit des 4. Jahrhunderts, forderte den Kaiser zur Ausrottung des Heidentums auf. Augustin, der große Kirchenlehrer, wurde von H. Scholz als »erster Dogmatiker der Inquisition« bezeichnet und auch Thomas von Aquin sprach vom bellum contra infideles, also vom »Krieg gegen die Ungläubigen«, in seiner Summa theologica. Verständlich ist die Meinung der Asiaten über den militanten und unfriedlichen Charakter des kirchlichen Christentums auch wegen der vielen Kriege, die in späteren Jahrhunderten geführt wurden: die Kreuzzüge, die Albigenser- (1209–1229) und die Hugenottenkriege (1562–1598). Auch der Dreißigjährige Krieg (1618–1648) war nicht nur, aber doch auch, ein Religionskrieg.

Daß das Christentum gewaltsam mit der Kolonisation in nichtchristliche Länder eindrang oder die imperiale Eroberung vorbereitete, haben wir oben bereits erwähnt. Gerade dieser Sachverhalt wird in jüngster Zeit immer wieder angeführt, wenn das Christentum als »Religion der Eroberer« abgelehnt wird. Es ist also klar, daß nicht die Religion Jesu, die eine Religion der Gottes- und Nächstenliebe war, dafür verantwortlich gemacht werden kann, daß das Christentum als Störenfried in der Welt gewirkt hat, sondern erst die organisierte christliche Religion in Gestalt der Kirche und ihrer Lehren hat, wie von den Asiaten beklagt wird, die Ideale der Bergpredigt weithin aufgegeben und sich in Verbindung mit weltlicher Macht zu einer militanten Herrschaftsform entwickelt.

Beim Islam liegt die Sache einfacher und eindeutiger. Während Jesus ein Mensch ohne jeden politischen Ehrgeiz und ohne äußere Macht war, Mittelpunkt eines Kreises nachfolgender Jünger, die auf das Kommen des Reiches Gottes warteten, war Mohammed von Anfang ein politischer Führer prophetischen Charakters und ein Feldherr und Staatsmann zugleich. Hier ist es daher nicht verwunderlich, daß schon im Koran selbst aggressive und militante Züge sichtbar werden. Wir führen einige Koran-Stellen als Belege an: »Ihr müßt an Gott und seinen Gesandten glauben und in eigener Person um Gottes willen Krieg führen.« (61,11) »Euch ist vorgeschrieben, gegen die Ungläubigen zu kämpfen.« (2,212) An anderer Stelle wird geradezu der Befehl erteilt: »Haut ihnen (mit dem Schwert) auf den Nacken und schlagt zu auf jeden Finger von ihnen.« (8,12) An späterer Stelle derselben Suren (8,66) lesen wir die Ermahnung Allahs an den Propheten: »Prophet, feure die Gläubigen zum Kampfe an!« Diesen Aufforderungen ist der Islam denn auch in seiner Geschichte vielfach nachgekommen. Wir brauchen hier nicht die zahlreichen Kriege zu erwähnen, die nach Mohammeds Tod (632) den Siegeszug des Islam begründet und das Abendland jahrhundertelang bedroht haben.

Ökumenische Tendenzen in der Religionswelt von heute
Ein weiteres Element im Gegenwartsbild der religiösen Weltlage sind die von verschiedenen Seiten her auftretenden ökumenischen Bestrebungen,

d. h. die Bemühungen, eine Kooperation der Religionen in der Welt herbeizuführen. Von bedeutenden Einzelpersönlichkeiten ist schon vor längerer Zeit der Gedanke der interreligiösen Kooperation ausgesprochen worden, z. B. von Radhakrishnan und Gandhi. Doch nicht davon soll hier die Rede sein, sondern von Bewegungen, die in den Religionen selbst entstanden und auf solche Kooperation gerichtet sind. 1921 begründete Rudolf Otto, der berühmte Verfasser des Buches »Das Heilige« (1917; 40. Tsd. 1971), den »Religiösen Menschheitsbund«, der das Ziel hatte, die lebendige Fühlungnahme und den Austausch sowie die Zusammenarbeit der Religionen besonders in ethischen Fragen herbeizuführen. Der Religiöse Menschheitsbund, der in der Nazizeit erlosch, wurde 1956 erneuert und als »Deutscher Zweig des Weltbundes der Religionen« dem »World Congress of Faiths« eingegliedert. Eine ganze Reihe ähnlicher Vereinigungen traten den genannten Organisationen zur Seite. In diesen Zusammenhang gehören natürlich auch die in Deutschland weit verbreiteten Vereinigungen für christlich-jüdische Zusammenarbeit.

Bemerkenswert ist nun weiterhin das in Kreisen des Christentums und des Islam entstandene Bemühen, eine Zusammenarbeit und ein Verständnis beider Religionen zu erreichen. Ein Komitee für muslimisch-christliche Zusammenarbeit wurde 1954 im Bhamdoun im Libanon begründet. Von den Mitgliedern wurde folgende Erklärung unterzeichnet: »Wir glauben, daß wir an einem Kreuzweg in den Angelegenheiten der Menschen stehen. Wir haben keine voreiligen Lösungen für unsere Probleme, wir besitzen keine unmittelbaren Mittel, um Unrechtes in Ordnung zu bringen. Wir wagen jedoch, unseren Glauben darzutun, daß es der Wille Gottes ist, daß die, welche an ihn glauben, als Brüder leben sollen und einer mit dem andern wirken soll auf Ziele für die Menschheit hin, die er geoffenbart hat, unter welchen hervorragend die Achtung für die unveräußerlichen Menschenrechte und der Schutz der ganzen Menschheit vor Ausbeutung und Mißhandlung ist.«

Diese ökumenischen Tendenzen beruhen letzten Endes auf der Idee der Einheit der Religionen, das heißt auf der Erkenntnis, daß in allen Religionen ein gemeinsamer Wesenskern vorhanden ist, der die Voraussetzung bietet dafür, daß eine solche Zusammenarbeit, wie sie hier angestrebt wird, möglich ist. Von hier aus ist auch verständlich, daß sogleich von verschiedenen Seiten solche interreligiösen Tendenzen abgelehnt werden. Das geschieht natürlich seitens der orthodoxen vornehmlich der protestantischen Theologie, in der man überzeugt ist, daß das Christentum eine Religion völlig sui generis ist, die eine Kontinuität zwischen nichtchristlichen Religionen und dem Christentum leugnet. Hier wünscht man daher eine solche Zusammenarbeit nicht. Das ist übrigens in der modernen katholischen Theologie nicht der Fall, weil man hier im Sinne der Logos-Theologie der Apologeten das Christentum im Zusammenhang mit den nichtchristlichen Religionen sieht.

Aber es gibt noch einen anderen Grund, weshalb von protestantischer Seite solche ökumenischen Bestrebungen abgelehnt werden. Der evangelische Theologe Georg Vicedom schreibt über die ökumenische Bewegung: »Daneben herrscht noch eine starke Tendenz, alle heidnischen Weltreligionen zu vereinigen, um den Menschen zu helfen und die Einmaligkeit des Christentums auszuschalten. Es wird eine Weltgemeinschaft der Religionen erstrebt, in die auch das Christentum eingeschlossen ist und man glaubt, daß durch eine Zusammenarbeit aller Religionen die Welt zu einem Paradies gemacht werden könnte. Nach verschiedenen Versuchen kamen 1955 zum erstenmal die Vertreter aller Religionen von dreizehn Ländern zusammen, darunter auch evangelische und katholische Theologen, um einen Bund der Weltreligionen zur Gewinnung des Friedens zu gründen. ...Diese Zusammenschlüsse wären nicht allzu tragisch zu nehmen, wenn sie nicht das ausgesprochene Ziel hätten, das Christentum einzugliedern, ihm seinen Absolutheitscharakter zu nehmen, die alleinige Erlösung durch Jesus Christus in Frage zu stellen. Leider ist hier die große Gefahr von den mitarbeitenden, meist liberalen Theologen nicht gesehen.« Daß ein Weltbund der Religionen hier geradezu als eine Gefahr bezeichnet wird, ist für den intoleranten Charakter der protestantischen Orthodoxie bezeichnend.

2   ENTFREMDUNG GEGENÜBER DEM KIRCHLICHEN CHRISTENTUM

Motive

Zur religiösen Weltlage gehört natürlich im besonderen die religiöse Situation im sogenannten christlichen Abendland bzw. in den hier weithin bestimmenden christlichen Kirchen evangelischer und katholischer Konfession. Es kann kein Zweifel sein, daß gegenüber der hier herrschenden Orthodoxie eine weitgehende Entfremdung und ein tiefgehender Vertrauensschwund eingetreten ist. In seinem Buche »Die Zukunft des Unglaubens« (1958) hat Gerhard Szcesny folgende Feststellung getroffen: »Die totale und totalitäre Art, mit der das Christentum es verstanden hat, die religiöse Sphäre in Besitz zu nehmen und in Besitz zu halten, mußte im

Bewußtsein des westlichen Menschen zwangsläufig zu einer Gleichsetzung von Religion und Christentum führen. Nachdem die Absurdität der christlichen Dogmatik immer sinnfälliger hervortrat, schwand mit der Entfremdung vom Christentum der Sinn für Religiosität überhaupt.« Dieser Satz muß dahin korrigiert werden, daß es nicht das Christentum war, das die Entfremdung bewirkte, sondern die Kirchen; denn sie sind es, die in ihrer geschichtlichen Entwicklung immer mehr zum Absolutismus, zum Totalitarismus und Dogmatismus neigten, und die dadurch zu einer Entfremdung gegenüber dem eigentlichen Christentum geführt haben; denn Christentum ist im Bewußtsein des Abendlandes nur in seiner kirchlichen Gestalt vorhanden. Christentum und Kirche wurde immer mehr identifiziert. Die Kirche beider Konfessionen übt einen totalen Bekenntniszwang auf ihre Gläubigen aus und ignoriert dabei den Erkenntnisstand der Zeit. Die Kirche hat aus den Erkenntnissen, die wir oben darstellten, keinerlei Konsequenzen gezogen und tut es auch heute nicht. Nur Schrift und Bekenntnis werden in der evangelischen Kirche als Maßstab angesehen für das, was in der Kirche als gültig betrachtet werden darf. Wenn hier etwa die »unverkürzte Botschaft«, wie man sagt, gefordert wird, so muß gesagt werden, daß diese »unverkürzte Botschaft« bereits eine erweiterte Botschaft ist, eine, geschichtlich gesehen, illegitime Umwandlung des Evangeliums Jesu durch Paulus und die ersten Apostel. Das reine Evangelium Jesu wird weithin auch von den Nichtchristen anerkannt.

Die religiöse Gegenwartslage im Katholizismus und Protestantismus
Doch wir wollen uns nicht im allgemeinen bewegen, sondern eine kurze Skizze der religiösen Gegenwartslage im Katholizismus und Protestantismus geben. Daraus wird erkennbar werden, wieso eine solche Entfremdung hat entstehen können.
Wir beginnen mit dem *Katholizismus* der Gegenwart. Soziologisch interessant ist die Art und Weise, in der die katholische Kirche mit den politischen Totalitarismen gegenwärtiger Staaten fertig zu werden sucht. Es ist die Konkordatspolitik, die Pius XI. und Pius XII. bereits praktiziert haben, und die Paul VI., der Nachfolger Johannes' XXIII., fortzusetzen bemüht war, um mit Staaten verschiedener Gesellschaftsstruktur auszukommen und auch in ihnen die Interessen der Kirche zu sichern. Auch mit dem Nationalsozialismus hat die Kirche Konkordate abgeschlossen. Nach dem Zusammenbruch des sogenannten Dritten Reiches suchte die katholische Kirche den Anschein zu erwecken, als sei sie immer ein Gegner jedes staatlichen Totalitarismus und aller damit notwendig verbundenen

Gewaltherrschaft gewesen. Das aber ist fraglos unzutreffend; denn bis vor kurzer Zeit waren Spanien und Portugal echte Diktaturen ohne ein freiheitliches Leben auch auf religiösem Gebiet. Das Buch von Karlheinz Deschner »Mit Gott und den Faschisten. Der Vatikan im Bunde mit Mussolini, Franco, Hitler und Pavelic« (1965) bringt, wie man auch sonst über dieses Buch und seine Tonart denken mag, jedenfalls eine Fülle erschreckenden Belegmaterials für die Verbindung von Kirche und staatlichen Diktaturen. Wir stellen fest, daß das Grundprinzip der Kirche im Umgang mit totalitären Staaten darin besteht, daß es der Kirche offenbar nicht wichtig ist, ob der betreffende Staat seinerseits die Freiheit seiner Bürger wahrt, sofern die Kirche in diesem Staat und ihre Interessen gesichert sind. Die Kirche ist ja selbst eine autoritäre Institution, die mit soziologisch gleichgearteten Staaten harmonieren kann, solange ihre Interessen von diesen Staaten garantiert werden.

In der Diaspora, in Ländern, die unter kirchen- und religionsfeindlichen Regimen stehen, wie in Südamerika, wo ein bedrohlicher Mangel an Priestern herrscht, in China, wo die Priester vertrieben wurden, entstand – und das ist ein weiteres wichtiges Phänomen des Gegenwartskatholizismus – eine Laienbewegung. Die sogenannte »Katholische Aktion«, die von Pius XI. inauguriert wurde, ist bemüht »die Teilnahme der Laien am hierarchischen Apostolat der Kirche« zu ermöglichen und Laien an der Durchsetzung kirchlicher Grundsätze im Einzelleben, in der Familie und in der Gesellschaft mitwirken zu lassen. In Deutschland, vielfach in »Katholikenausschüssen« organisiert, bemüht sich die Katholische Aktion einerseits, den für den öffentlichen Einfluß der unentbehrlichen Laien eine gewisse Selbständigkeit zu geben, andererseits aber die Führung dieser Laienarbeit durch die Hierarchie zu sichern. Auf zwei Katholikentagen, in Mainz 1948 und in Bochum 1949, trat diese Laienbewegung erstmals sichtbar zutage, wobei zugleich sich eine starke Kirchenkritik zu regen begann. Diese Kirchenkritik hat sich inzwischen nicht nur unter Laien ausgebreitet und sich auf die verschiedensten Objekte der institutionellen Verfestigung des traditionellen Kirchentums gerichtet, sondern auch innerhalb des Klerus sind in dieser Hinsicht ständig wachsende modernistische Bestrebungen bemerkbar geworden, wobei unter anderem als ein viel diskutiertes Thema die Frage des Zölibats der Priester eine Rolle spielt.

Es gibt im deutschsprachigen Raum verschiedene Formen des römischen Katholizismus, nämlich einerseits eine Art Linkskatholizismus (E. Michel, W. Dirks, E. Kogon, F. Heer, A. Holl, H. Mynarek, H. Halbfas), andererseits gibt es natürlich auch entgegengesetzte Tendenzen wie jüngst den Protest des französischen Erzbischofs Lefèbvre.

Die allgemeine Tendenz des heutigen Katholizismus erstrebt nicht, wie zuvor, eine einheitliche katholische Kultur. Man zieht sich nicht mehr in ein konfessionelles Getto zurück, sondern weiß, daß die Säkularisierung nicht aufgehoben werden kann, weshalb auch seitens der Kirche versucht wird, mit allen Kräften in der pluralistischen Gesellschaft mitzuwirken. Das zweifellos epochemachende Ereignis unserer Tage ist das 2. Vatikanische Konzil (1962–1965), auf dem in erstaunlicher Freimütigkeit die beiden Grundhaltungen der auf dem Konzil miteinander disputierenden Gruppen der Traditionalisten und der Progressisten zutage traten. Wie sehr die katholische Kirche der Gegenwart bemüht ist, eine größere Offenheit gegenüber den außerchristlichen Religionen zu zeigen, dokumentieren zwei auf dem Konzil beschlossene »Erklärungen« (declaratio) einerseits über »das Verhältnis der Kirche zu den nichtchristlichen Religionen« und eine »Erklärung über Religionsfreiheit«. In beiden Erklärungen sind Prinzipien ausgesprochen, die, wenn sie wirklich in die Praxis umgesetzt werden, eine entschiedene Abkehr bedeuten würden von Einstellungen und Praktiken der Vergangenheit der Kirche. Unter der Voraussetzung, daß »die einzige wahre Religion ihre konkrete Existenzform hat in der katholischen und apostolischen Kirche« vertritt das Konzil das Recht der menschlichen Persönlichkeit auf Religionsfreiheit, die es dahin definiert, »daß alle Menschen von jedem Zwange frei sein müssen, sowohl von seiten Einzelner, wie von Gruppen in der Gesellschaft, wie von jeglicher menschlichen Gewalt«, so daß »in religiösen Dingen niemals jemand gezwungen wird, gegen sein Gewissen zu handeln, und nicht daran gehindert wird, privat und öffentlich, als Einzelner oder in Verbindung mit anderen, nach seinem Gewissen zu handeln innerhalb der gebührenden Grenzen.« »Eine Verweigerung« der freien Verwirklichung der »Religion in der Gesellschaft« wird als »Unrecht gegen die menschliche Person und gegen die Ordnung selbst, in welche die Menschen von Gott selbst hineingestellt sind«, angesehen. Daß das in dieser Erklärung ausgesprochene Prinzip der Religionsfreiheit in Gegensatz zu dem Religionsedikt des Theodosius von 380 steht, das den christlichen Glauben zur staatlichen Pflicht erklärte, wird ausdrücklich bezeugt mit den Worten: »Gewiß ist bisweilen im Leben des Volkes Gottes auf seiner Pilgerfahrt inmitten des Wechsels der menschlichen Geschichte eine Weise des Handelns vorgekommen, die dem Geiste des Evangeliums wenig entspricht, ja, entgegengesetzt war.«

Die zweite Erklärung, die sich auf das Verhältnis zu den außerchristlichen Religionen bezieht, ist insofern besonders wichtig, als hier eine »inhaltliche Toleranz« postuliert wird, wenn es da heißt: »Nichts von alledem, was in diesen Religionen wahr und heilig ist, wird von der katholischen Kirche verworfen. Überall werden von ihr jene Handlungen und Lebensweisen, jene Vorschriften und Lehren aufrichtig ernst genommen, die, wenngleich sie von dem, was sie selbst für wahr hält und lehrt, in vielem abweicht, doch nicht selten ein Strahl jener Wahrheit widerspiegeln, die alle Menschen erleuchtet.« Es wird anerkannt, daß die »Wahrnehmung jener verborgenen Macht, ja auch nicht selten die Erkenntnis einer höchsten Gottheit oder sogar eines Vaters« in den nichtchristlichen Religionen zu finden ist. Das wird sogar im einzelnen in jener Erklärung begründet, indem in kurzen treffenden Formulierungen herausgestellt wird, was als Lebensmitte dieser Religionen anzusehen ist.

Es ist schwierig, mit wenigen Worten ein Bild der Gegenwartslage im Bereiche des *Protestantismus* und seiner zahlreichen Kirchen und Sekten zu zeichnen. Auch er zeigt eine Fülle gegensätzlicher Richtungen. Zwei Persönlichkeiten haben auf die theologische Situation des Protestantismus der Gegenwart den größten Einfluß gehabt: Karl Barth und Rudolf Bultmann. Barth war der Begründer der sogenannten Dialektischen Theologie, die jahrzehntelang das theologische Denken allein bestimmte und im Kirchenkampf der Nazizeit die Seele der sogenannten Bekennenden Kirche war. Der jüngst verstorbene Marburger Theologe Rudolf Bultmann versuchte durch das, was er nicht sehr zutreffend »Entmythologisierung« nannte, die legendenhaften und mythischen Elemente in der evangelischen Überlieferung auf das eigentlich Gemeinte zurückzuführen. Es handelte sich bei Bultmann weniger um eine Beseitigung des Mythos als um dessen Interpretation mit Hilfe einer sogenannten Existentialanalyse. Aus diesen Richtungen oder auch im Gegensatz zu ihnen entstanden verschiedene Typen des protestantischen Menschen der Gegenwart, die wir in Kürze charakterisieren wollen. Einerseits gibt es ein »freies Christentum«, das von Menschen getragen wird, die eine selbständige religiöschristliche Haltung haben, die aber durch die offizielle Kirche und ihre Verkündigung nicht mehr entscheidend bestimmt werden. Bei ihnen ist der Kirchenbesuch von untergeordneter Bedeutung und wird im allgemeinen nur praktiziert, wenn der jeweilige Prediger sich über das Durchschnittsniveau erhebt und in dem, was er predigt, sich nicht mit der Wiedergabe erbaulicher Geschichten oder dogmatischer Thesen begnügt, und wenn seine Verkündigung nicht im Widerspruch zu wissenschaftlicher

Erkenntnis steht.Selbstverständlich werden von Menschen dieser religiösen Haltung die Ergebnisse historisch-kritischer Bibelforschung respektiert. Diese freien Christen bekennen sich zu dem, was nach ihrer selbständig gewonnenen Überzeugung den Lebenssinn des Christentums bildet, der sich nicht deckt mit dem, was in den überalterten kirchlich autorisierten Bekenntnissen als »Christentum« formuliert ist. Wäre nur der ein Christ, der diesen Bekenntnissen zustimmt und sie als sein eigenes Glaubensbekenntnis betrachtet, dann wären die »freien Christen« keine Christen mehr, was ihnen ja auch von seiten der Vertreter der kirchlichen Orthodoxie bescheinigt wird. Die freien Christen lehnen es aus Wahrhaftigkeitsgründen ab, die traditionellen Formen des kirchlichen Christentums und seine Lehrinhalte zu übernehmen.

Im Unterschied dazu begegnet uns heute eine Theologie »nach dem Tode Gottes«, die von der These ausgeht, daß Gott in der bisher kirchlicherseits vorgestellten Form nicht mehr annehmbar ist, daß er sich sozusagen machtlos zurückgezogen hat. Gott ist, wie Herbert Braun, der Mainzer Theologe, es ausdrückt, »das Woher meines Geborgen- und meines Verpflichtetseins«. Gott ist, so sagt derselbe Theologe, »eine bestimmte Art von Mitmenschlichkeit«. Hier vollzieht sich nun aber eine merkwürdige Wendung nach dem »Tode Gottes«; denn jeder ihrer Vertreter setzt an die Stelle Gottes Christus, der die Rolle Gottes übernimmt. In Jesu Dasein, so wird behauptet, erfährt der Mensch etwas über Gott.

Eine andere Richtung stellen die konservativen Kirchentreuen dar, die an den überlieferten Glaubensanschauungen unbeirrt festhalten, und für die der allsonntägliche Kirchgang zur selbstverständlichen Gewohnheit gehört. Diesen immer kleiner werdenden Kreis nennt die Kirche selbst die »Kerngemeinde«. Ihre Mitglieder nehmen an allen, auch außergottesdienstlichen Veranstaltungen der Kirchengemeinde teil, sind Mitglieder der zahlreichen kirchlichen Vereine und tragen so das eigentliche Gemeindeleben. Diese sogenannte Kerngemeinde ist natürlich auch keine homogene Gemeinschaft, sondern weist allerlei religiöse und theologische Schattierungen auf. Auf diesem Boden hat sich im bewußten Gegensatz zu den Neuerungsbewegungen, von denen die Rede war, eine noch radikalere konservative Richtung des Biblizismus in jüngster Zeit entwickelt, die unter der Parole »Kein anderes Evangelium« den fraglos aussichtslosen Versuch macht, alle historischen Erkenntnisse hinsichtlich des Werdens der christlich-kirchlichen Verkündigung und der Kirche und die erwiesene Relativität der biblischen Aussagen, von denen oben die Rede war, einfach auszulöschen und zu ignorieren.

Das protestantische Kirchentum der letzten hundertfünfzig Jahre weist fraglos einen durch nichts aufzuhaltenden Funktionsverlust auf. Aus diesem Grunde bemüht sich die evangelische Kirche nach dem Zweiten Weltkriege das verlorene Prestige durch Vielgeschäftigkeit im öffentlichen Leben wiederzugewinnen. Während die katholische Kirche von jeher und aus alter, in ihrem Selbstverständnis begründeter Tradition Anspruch auf Bestimmung des allgemeinen kulturellen und öffentlichen Lebens erhob, hat die evangelische Kirche erst in der Nachkriegszeit den gleichen Anspruch zu erheben von der katholischen Kirche gelernt und ist in unzählige kulturelle und soziale Funktionen eingerückt: in Rundfunkräte, in die Freiwillige Filmselbstkontrolle, in die Selbstkontrolle der Industrie, in das Bundes-Jugendkuratorium und in die Jugendwohlfahrtsausschüsse. Ob diese Vielgeschäftigkeit auf den verschiedenen säkularen Gebieten bei gleichzeitiger Aufrechterhaltung der orthodox-theologischen Vorstellungen aus der Zeit von vor fast zweitausend Jahren aussichtsreich ist, darf bezweifelt werden. So scheint denn der Protestantismus der Gegenwart sich in einer Krisensituation zu befinden, zumal auch die Kirchenaustritte sich vermehrt haben. Es ist noch nicht erkennbar, ob und wo im Gegeneinander der vielerlei Bestrebungen und Richtungen eine radikale Neuschöpfung, deren der Protestantismus fraglos bedarf, entstehen könnte.

3   TOLERANZ ALS ANERKENNUNG FREMDEN GLAUBENS

Formale und inhaltliche Toleranz
Ehe wir zu den Konsequenzen kommen, die aus unserem Vergleich von Buddha und Christus, von Buddhismus und Christentum zu ziehen sind, ist als Konsequenz aus dem, was über die religiöse Weltlage im allgemeinen und im Christentum insbesondere mitgeteilt wurde, das Postulat der Toleranz zu erörtern. Ich habe in meinem Buche »Toleranz und Wahrheit in der Religion« (1955) zwei Arten von Toleranz unterschieden, die es in der Religionswelt gibt: die formale und die inhaltliche Toleranz. Unter formaler Toleranz verstehen wir, was das Wort Toleranz seiner Herkunft nach vom lateinischen »tolerare« = »dulden« besagt. Duldung von einer Form aus, vom Staat, von der Kirche oder von einer Vereinigung aus. Was die Einheit nicht stört, kann, von seinem Inhalt abgesehen, geduldet werden. Die Grenze solcher formalen Toleranz liegt da, wo die Einheit durch abweichende Praktiken gestört wird. Dann wandelt sich formale Toleranz

in formale Intoleranz, wie es etwa im an sich formal toleranten kaiserli-
chen Rom Juden und Christen gegenüber geschah, die den Kaiserkult, das
Einheitsband unter den Völkern des Imperium Romanum, verweigerten:
Sie wurden verfolgt.

Unter inhaltlicher Toleranz verstehen wir die über diese Haltung bloßer
Duldung hinausgehende Anerkennung fremder Religion und Praxis als
auch einer Möglichkeit der Begegnung mit dem Heiligen. Goethe hat offenbar eine ganz ähnliche Einstellung gehabt, wenn er in seinen »Sprüchen in Prosa, Maximen und Reflexionen« (6. Abteilung) sagt: »Toleranz
sollte eigentlich nur eine vorübergehende Gesinnung sein, sie muß zur
Anerkennung führen. Dulden heißt beleidigen.« In den prophetischen
Religionen herrscht vorwiegend inhaltliche Intoleranz. Wir kommen später, wenn wir von den Werten des Christentums sprechen, darauf zurück.
Die Intoleranz der prophetischen Religion und der mit ihr vielfach verbundenen Organisation beruht auf dem hier erhobenen Absolutheits-
und Endgültigkeitsanspruch, der andere Religionen radikal verwirft.

In den mystischen Religionen dagegen herrscht inhaltliche Toleranz. Wir
fragen nach den Motiven der Toleranz. Das wichtigste Grundmotiv ist die
in der Mystik erfaßte Einheit in der Vielheit der Religionen. Die Mystiker
ahnten diese Einheit in der Mannigfaltigkeit der Religionen, wie z.B. Ni-
kolaus Cusanus von der »una religio in rituum varietate« sprach. Die moderne Religionswissenschaft kann heute diese Einheit beweisen; denn
diese relativ junge Wissenschaft kann zeigen, daß es ein in allen Religionen verwandtes Erlebnis des Heiligen gibt. Rudolf Otto, der Verfasser des
berühmten Buches »Das Heilige«, hat nachgewiesen, daß es allenthalben
ein verwandtes Erleben des Heiligen gibt; verwandte Medien der Gottes-
begegnung, verwandte Kultformen wie z.B. Opfer und Gebet gehen
durch die Jahrtausende während Geschichte der Menschheit bis in jene
Zeiten, aus denen die vor nicht langer Zeit entdeckten Höhlenzeichnun-
gen bereits religiöses Leben bezeugen. Verwandte soziologische Bildungen, verwandte ethische Grundsätze bilden weitere Elemente der Einheit
der Religion. So gibt es also eine breite, heute nachweisbare Basis der
Einheit bei aller Mannigfaltigkeit der Religionen, die die Voraussetzung
echter inhaltlicher Toleranz ist.

Ein zweites Moment liegt in der Vielheit der Religionen, die alle einen
Wahrheitsanspruch erheben; denn – nach allgemeiner Meinung – kann
doch nur *eine* Religion wahr sein und alle anderen müssen falsch sein.
Aber es kommt darauf an, was man unter Wahrheit in der Religion versteht. Es gibt Wahrheit als Richtigkeit und Wahrheit als Wirklichkeit. In

den Religionen ist zu Anfang zumeist von der Wahrheit als göttlicher Wirklichkeit die Rede. Wenn in den Psalmen z. B. zu Gott hin gesagt wird: »Deine Wahrheit reicht soweit die Wolken ziehen« (Ps. 36,6), so ist klar, daß hier nicht Wahrheit als richtige Aussage, sondern Wahrheit als Wirklichkeit Gottes gemeint ist. Und so ist es allenthalben z. B. im Zen-Buddhismus. Aber auch im Neuen Testament sagt Jesus von sich im Johannesevangelium: »Ich bin der Weg, die Wahrheit und das Leben« (Joh. 14,6) und »Wer aus der Wahrheit ist, der hört meine Stimme.« (Joh. 18,37) Hier ist immer von Wahrheit als göttlicher Wirklichkeit die Rede. Wo man Wahrheit so als göttliche Wirklichkeit versteht, da ist die Wahrheit der Religionen nicht die Richtigkeit ihrer Lehrsätze oder die Richtigkeit ihrer mythischen Vorstellungen über Weltentstehung und Weltschöpfung etwa, sondern in alledem ist die Wahrheit die stattgefundene Begegnung mit heiliger Wirklichkeit. Die Mythen, für die man heute wieder neues Verständnis gewinnt, nachdem man sie früher für naive dichterische Phantasiegestaltungen gehalten hatte, sind lebendige Glaubenszeugnisse einer frühen menschlichen Begegnung mit der Wirklichkeit des Heiligen, vorgestellt und ausgestaltet in der Naivität der frühen Menschheit. Daher kann man, diesen Wahrheitsbegriff vorausgesetzt, sagen, daß die Vielheit der Religionen durchaus kein Widerspruch ist zum Wahrheitsanspruch, den jede von ihnen erhebt. Die intolerante Meinung, daß nur *eine* Religion »richtig« sein, und daß alle anderen falsch und unwahr sein müssen, kann man nur haben, wenn man jenen anderen Begriff der Wahrheit im Sinne der Richtigkeit zugrunde legt, wenn man Religionen als die Lösung des Welträtsels wie die eines Rechenexempels ansieht. In diesem Falle kann nur *eine* Lösung richtig sein und alle anderen sind dann falsch. Aber so ist es eben in der Religionswelt nicht. Auf dieser Voraussetzung der Fassung des Wahrheitsbegriffs beruht daher die Möglichkeit inhaltlicher Toleranz, nach deren Motiven wir fragen. Der große indische Dichter Rabindranath Tagore hat in diesem Sinne folgende Frage gestellt, die ein Postulat enthält: »Können die verschiedenen Religionen nicht ihr verschiedenes Licht leuchten lassen für die verschiedenen Welten von Seelen, die es brauchen?«

Abbau von Aggressionen und Vorurteilen

Was sind die Konsequenzen aus diesen Erwägungen? Ich meine, Abbau der Aggressionstendenzen und Vorurteile in den bestehenden Religionen. Ich greife hier zurück, weil es ganz in der Linie meiner eigenen Gedanken liegt, auf eine Veröffentlichung von Alexander Mitscherlich, der

in seiner Schrift »Die Idee des Friedens und die menschliche Aggressivi-
tät« (1969) davon sprach, daß zwei Faktoren der Verwirklichung der Idee
des Friedens im Wege stünden: »Die leicht erweckbare Feindseligkeit der
Menschen gegen seine Artgenossen und die, wie man zu sagen pflegt, un-
ausrottbare Dummheit.« Die aggressive Urneigung des Menschen zu mil-
dern, meint Mitscherlich, sei die Aufgabe der Kultur und ich füge hinzu:
nicht nur die der Kultur, sondern auch der Religion, sofern – muß man
einschränkend sagen – die betreffende Religion selbst nicht den eingeborenen Aggressionstrieb fördert. Alle Formen der Intoleranz in der Religionsgeschichte werden fraglos von solchem angeborenen und dann religiös sanktionierten Aggressionstrieb unterstützt: Zerstörung fremder
Heiligtümer, Hinrichtung von Andersgläubigen und angeblichen Hexen,
grausame Inquisitionsmethoden – das alles entspringt einem religiös lega-
lisierten Aggressionstrieb. Ganz anders die Mystik: Sie wirkte befriedend,
wie z. B. der Buddhismus ganze Völker Ostasiens befriedete.

Das andere von Mitscherlich genannte Hindernis des Friedens ist die un-
ausrottbare Dummheit oder, wie er auch gelegentlich sagte, »die anerzo-
gene Dummheit«, nämlich die Vorurteile, zu denen man erzogen wird.
Diese Vorurteile hindern kritisches und selbständiges Denken und Handeln. Man bemüht sich zu denken und zu handeln wie alle, in Konformität
mit allen. Genau dasselbe gibt es im Bereich der Religion; denn auch und
gerade hier wuchern die Vorurteile z. B. in negativen Urteilen über andere Religionen, über Menschen anderen Glaubens usw. Hier gilt es also
Vorurteile abzubauen. Wie kann das geschehen? Dadurch, daß man die
institutionalisierte und dogmatisierte Religion auf ihre ursprüngliche, eigentliche Lebensmitte reduziert und unsachgemäße Einmaligkeits- und
Endgültigkeitsansprüche beseitigt. Abwertende Urteile über Fremdreligionen, die vom a priori bestehenden Absolutheitsanspruch der eigenen
Religion aus gefällt werden, sind durch eine intensive Kenntnisnahme
vom Wesen dieser Fremdreligionen abzubauen. Weiter werden Vorurteile abgebaut durch Anpassung von Lehre und Ethik an die Ergebnisse
moderner Wissenschaft. Es darf keinen Widerspruch zur wissenschaftlichen Wahrheit geben.

Endlich haben Religionen zur Humanität ein verschiedenes Verhältnis;
denn auch die Humanität ist eine mitmenschliche Haltung, die analoge
Voraussetzungen hat, wie die religiöse Toleranz, nämlich die Anerkennung einer gleichgearteten und gleichberechtigten Menschheit. Das aber
wurde nun keineswegs überall und zu allen Zeiten in den Religionen erkannt. Wo immer die unter den Menschen vorhandenen und unausrottba-

ren Unterschiede der Volks- und Rassenzugehörigkeit, der sozialen Schicht und des religiösen Glaubens als Begründungen höheren oder niederen Menschseins angesehen werden, da ist die Humanität sogleich in Gefahr, und die Intoleranz auch im allgemeinen ist gegeben.

4 WERTE IM BUDDHISMUS

Korrektur von Vorurteilen

Wir ziehen die Konsequenzen aus der Darstellung des Buddhismus aufgrund unseres Bemühens um ein sachgemäßes Verstehen dieser großen Weltreligion. Zunächst und vor allen Dingen sollte das Fremdheitsgefühl dem Buddhismus und der buddhistischen Welt gegenüber abgebaut werden durch Korrektur von Vorurteilen dem Buddhismus gegenüber. Vielfach, so z. B. von H. v. Glasenapp, wurde der Buddhismus als eine atheistische Religion bezeichnet. Es lag uns daran, deutlich zu machen, daß der Buddhismus eine echte Mystik ist und damit eben auch Religion, die stets mit einem Numinosen verbunden ist, und nicht Atheismus. Das ist in den beiden Grundformen des Buddhismus der Fall, im Theravada- und im Mahayana-Buddhismus. Wir fügen hier zu den oben zitierten alten buddhistischen Texten eine Stelle zum Belege an aus den Schriften Mahatma Gandhis, der ja kein Buddhist war, der aber ein tiefes Verständnis für das eigentliche Anliegen Buddhas zeigte, wenn er sagt: »Ich habe unzählige Male behaupten hören und habe es auch in Büchern, die den wahren Geist des Buddhismus bieten wollen, gelesen, daß Buddha nicht an Gott glaubte. Meiner unmaßgeblichen Meinung nach widerspricht eine solche Auffassung dem zentralen Anliegen der Lehre Buddhas. Es entstand Verwirrung über seine Ablehnung Gottes, während er in Wirklichkeit nur Dinge ablehnte, die zu seiner Zeit unter dem Namen Gottes liefen. Ohne Zweifel lehnte er die Vorstellung ab, daß ein Wesen namens Gott durch Zorn oder Groll zum Handeln bewegt werden könne, daß er sich seiner Taten gereuen ließe und daß er wie die Könige dieser Versuchungen zugänglich wäre und eine Günstlingswirtschaft betriebe. Gottes Gesetze sind ewig und unabänderlich und nicht von Gott selbst ablösbar. Das ist eine unabdingbare Bedingung seiner wahren Vollkommenheit.«

Emotionale Frömmigkeit

Im Mahayana begegneten wir der tiefen Frömmigkeit im Sinne der Hingebung an eine Heilandgottheit, zu der der historische Buddha erhoben worden ist. Als Zeugnis solcher Religiosität zitieren wir einen Text aus einem buddhistischen Gebetbuch: »In Ehrerbietung und Demut liege ich vor dir auf den Knien; Tag und Nacht hängen meine Gedanken an deinem heiligen Angesicht, ich klammere mich an deinen heiligen Namen und werfe mich zur Erde nieder vor deinem heiligen Bilde. Neige, o Pusa (Kwanyin), dein himmlisches Ohr, auf mich zu hören; in deiner göttlichen Liebe erlöse mich vom Unglück; leihe mir dein Erbarmen und deinen Schutz; laß scheinen über mich dein geistiges Licht und erleuchte das Herz mir! Taufe mich mit deinem Tau, dem süßen, daß er abwasche von mir alle Befleckung des Hasses und bösen Willens, läutere mich von aller Sünde und Bosheit und mache rein mich im Denken und Tun! Behüte mich vor allem Übel bei Tage wie bei Nacht! Sei bei mir immerdar, o Pusa, wenn ich wache und wenn ich schlafe!...Gib, daß ich zunehme in geistlicher Einsicht und Erkenntnis! Gib, daß, wenn ich die (heilige) Schrift lese, ihre Worte mir im Gedächtnis bleiben, und, daß wenn die heiligen Wahrheiten ausgelegt werden, ich Weisheit habe, sie zu verstehen!...Daß mir langes Leben zuteil werde und Glück und Friede!...Daß ich mich dankbar erweise für alles Erbarmen, das mir zuteil geworden! Daß ich mein Vertrauen setze auf Buddha, das Gesetz (die Lehre) und die Gemeinschaft der Heiligen (die Gemeinde).« Dies ist ein Gebet an die Göttin Kwanyin gerichtet, die eine Verkörperung des Bodhisattva Avalokiteshvara ist.

Kein Streit zwischen Glaube und Wissen
Ein weiterer Wert des Buddhismus liegt darin, daß er nicht, wie das Christentum vielfach in seiner Geschichte, in Konflikt geriet mit naturwissenschaftlicher Welterkenntnis. In seinem Buche »Ein Buddha für das Abendland« (1976) hat Gerhard Szczesny sich zu dieser Frage folgendermaßen geäußert: auf die Frage, welche Eigenschaften des Buddhismus ihn für eine Wirksamkeit im Westen geeignet machen, wird geantwortet: »Vor allem sein Wirklichkeitssinn. Die Botschaft des Buddha geht von Erfahrungen aus, die jeder Mensch machen kann, und sie fordert dazu auf, die Lösung des Welträtsels im Innern, in der Tiefe der Dinge, nicht irgendwo jenseits davon zu suchen. Der Buddhismus verneint nicht die Welt, wie manche immer noch glauben, er verneint nur eine Vorstellung von ihr, die das, was sich greifen und begreifen läßt, was berechenbar und nützlich ist, für das Ganze hält.« Damit ist ausgesprochen, daß der Buddhismus eine Wirklichkeit jenseits der empirischen Welt annimmt. Was indessen diese Welt betrifft, so hat der Buddhismus hier Lehren vertreten, die der modernen atomistischen Naturwissenschaft sehr nahekommen. Es

handelt sich um die oben (S. 125) dargestellte Dharma-Theorie. Von dieser Beziehung zur modernen Wissenschaft schreibt ein buddhistischer Gelehrter unserer Tage: »In den kommenden Jahren wird sich die Wissenschaft weiter dem buddhistischen Wissen annähern. Laufend werden ja Forschungen in den Bereichen Psychotherapie, Hirnstromaktivität usw. unternommen. Eines Tages wird sich die Wissenschaft so weit entwickelt haben, daß sie sich mit der höchsten Weisheit, die Buddha, der Herr, vor zweitausend Jahren enthüllt hat, deckt.«

Das unverfügbar Ewige hinter aller Mannigfaltigkeit

Worauf es im Buddhismus jeglicher Richtung letzten Endes ankommt, ist, daß als Höchstwert hinter aller Mannigfaltigkeit ein unverfügbar Ewiges steht. Wir haben oben an Hand der Texte vom Wesen des Nirvana gehandelt. Hier sei nun einem modernen Autor zu diesem Thema das Wort erteilt. Es ist wieder Gerhard Szczesny, der in dem oben zitierten Buche schreibt: »Daß hinter und in allen Vorgängen der sichtbaren und begreifbaren Welt ein Nicht-Sichtbares und Nicht-Begreifliches verborgen ist; daß jeder Mensch an diesem Nicht-Verfügbaren teilhat und daß unsere Beschränktheit und unsere Leiden sich nur in dem Maß aufheben lassen, als es uns gelingt, diesen tiefsten Grund der Welt in unserem Denken und Tun wirksam werden zu lassen.« Das ist in allgemeinster Form ausgedrückt eben der zentrale Gedanke des numinos Absoluten, der zugleich begründet, daß der Buddhismus eine echte Religion und kein Atheismus ist. Dieses Ewige wird das Nirvana genannt. Es ist nicht darstellbar und unaussagbar. Das Ziel aller Lebensbewegung ist hier also das Nichtbedingte hinter dem Bedingten zu erreichen. Wie wir oben schon ausführten, ist dieses Nirvana keine negative Größe, wie es scheinen mag. Ein Buddhist unserer Tage, Hajime Nakamura, sagt dazu: »Das Wort Nirvana vermittelt leicht einen irreführenden Eindruck. Im Gegensatz zur im Westen herrschenden Auffassung von Nirvana verwarf der Buddhismus ausdrücklich das Verlangen nach Auslöschen im Sinne von Annihilation oder Nicht-Existenz.

Buddhisten suchen nicht nach bloßem Aufhören und Erlöschen, sondern nach Ewigem und Unsterblichem. Wer Nirvana erreicht hat, wird weder vom Leben noch vom Tode bedrängt. Nirvana ist nur dem Wortbild nach ein Negativum … Es bezeichnet zunächst das Auslöschen der selbstischen Begierden und dann auch die Belohnung solcher Selbstlosigkeit, nämlich das Entrinnen aus der weltlichen Existenz. So bringt es schmerzlosen Frieden und ist fast gleichbedeutend mit Seligkeit.«

Verschiedene Wege zum Ewigen

Wie alle Mystik zeigt auch der Buddhismus zu diesem Ewigen verschiedene Wege, die sich in den verschiedenen Richtungen und Sekten des Buddhismus darstellen. Diese möglichen Wege laufen alle nebeneinander her, ohne daß in ihnen intolerante Absolutsetzung und Exklusivität Konflikte heraufbeschwört. Um es wieder mit den Worten eines modernen Autors zu sagen, zitiere ich noch einmal Gerhard Szczesny: »Die Lehre der Alten, das ›kleine Fahrzeug‹, weist den mönchischen Weg der Entsagung, des Verzichtes, der steten Ablösung von allen Bindungen. Im ›großen Fahrzeug‹ gibt es eine Schule, die auf Glauben und Vertrauen baut, auf die Erlösungskraft, die der Verehrung des barmherzigen Buddha innewohnt. Eine andere Richtung lehrt den Weg der Bewußtseinserweiterung: Wem es gelingt, das Netz der Worte und Begriffe zu zerreißen, den Geist aus den Fesseln des Rationalen und der Logik zu befreien, der begegnet der Wahrheit. Eine dritte Schule verkündet, daß die Erleuchtung erlangbar ist über unsere Sinne und unsere Sinnlichkeit. Nicht im Entsagen, sondern im Ausleben und Erleben stellt sich der Kontakt mit dem Nicht-Verfügbaren her.«

Kein Autoritätsglaube, nur die eigene Erfahrung ist wichtig

Ein positiver Wert ist weiterhin die Ablehnung jeglichen Autoritätsglaubens durch Buddha. Gegenüber den Brahmanen, die »nur ihre eigene Lehre glänzen und leuchten lassen«, mahnt der Buddha seine Jünger: »Richtet euch nicht nach Hörensagen, nicht nach einer Überlieferung, nicht nach einer bloßen Behauptung, nicht nach der Mitteilung heiliger Schriften.« Der positive Wert liegt natürlich darin, daß Buddha gegenüber dem autoritären Glaubensbefehl zur freien Selbsterkenntnis mahnt: »Nur wenn ihr selbst erkennt, daß diese oder jene Dinge schlecht und verwerflich sind, von Verständigen getadelt und, ausgeführt oder begonnen, zum Unheil und Leiden führen, so sollt ihr sie verwerfen.« Das heißt also, die eigene Erfahrung soll maßgebend sein für das, was anerkannt oder abgelehnt wird.

Ich und Selbst

Wir haben oben (S. 128) die Frage nach dem Ich, die anatta-Lehre, erörtert. Im modernen Buddhismus unserer Tage wird unterschieden zwischen dem Ich und dem Selbst. Wir zitieren Nakamura zu dieser Frage: »Im frühen Buddhismus pries man solche, die sich des Ich-Begriffs entledigt hatten. Doch bedeutet diese Art von Verneinung keineswegs Nihilismus oder

Materialismus. Der Buddha lehrt klar, was das Selbst nicht ist, aber er gibt keine Auskunft darüber, was es ist. Es ist völlig falsch anzunehmen, es gäbe nach buddhistischer Anschauung überhaupt kein Selbst. Der Buddha war kein Materialist... Die Existenz von Seelen als metaphysischer Substanzen nahm er nicht an, aber er bejahte die Existenz des Selbst als des Subjektes der menschlichen Tätigkeiten in praktischem und sittlichem Bezug... Es gibt zwei Selbst. Das eine ist das empirische Selbst im täglichen Leben, das andere das religiöse Selbst. Das erstere muß unterjocht werden: ›Wenn einer in der Schlacht tausendmal tausend Mann besiegt und ein anderer bezwingt einen, sich selbst, wahrlich er ist der größte der Sieger.‹ (Dhammapada 63) So dürfen wir schließen, daß die Realisation des Nirvana auch als Zufluchtnahme zum eigenen wahren Selbst erklärt werden kann.« Wir begegnen hier einer Unterscheidung, die eine Analogie bildet zur modernen Psychologie, die ebenfalls Ich und Es oder Ich und Selbst unterscheidet.

Werte im buddhistischen Modernismus
Wir beobachten allenthalben in den verschiedenen Bereichen des Theravada und des Mahayana eine Erneuerung und Modernisierung, weitgehend sicher aufgrund der Begegnung mit dem Westen. Wir wollen nur einige wesentliche Werte, die in diesem Modernismus zu finden sind und die man anerkennen muß, nennen.
Zunächst ist festzustellen, daß allenthalben statt der früheren Weltverneinung des alten Buddhismus eine positive *Weltgestaltung* angestrebt wird. Während der alte Buddhismus die Diesseitsaufgaben gering bewertete oder gar leugnete, wird jetzt vielfach der Diesseitsvorteil, den der Buddhismus bringt, in den Vordergrund gestellt. Hier wie in allen anderen großen Religionen der Gegenwart, wird das soziale Verpflichtungsbewußtsein der Menschen stark betont.
In seinem Buche »Die Revolte im Tempel« (1953) bemüht sich D.C. Vijayavardhana die Karma-Lehre mit dem modernen Geiste zu verbinden, indem er schreibt: »Die buddhistische Karma-Lehre, die weit davon entfernt ist, uns mit Verzweiflung zu erfüllen, gibt uns Hoffnung. Sie lehrt uns, daß es in der moralischen Welt keine Willkür gibt. Wenn uns bewußt ist, daß böse Gedanken das ›Leiden‹ nach sich ziehen, daß das, was wir sind, immer Resultat unseres Denkens ist, daß unsere Saat und Ernte sich entsprechen, und daß wir selbst die Architekten unserer Zukunft sind – dann fühlen wir uns stark und sicher.«
Im zeitgenössischen Buddhismus findet sich die Tendenz, das traditio-

nelle *Menschenbild* den Erfordernissen der Gegenwart anzupassen. Die thailändische Schrift »Philosophie eines Bauern« (1962) bemüht sich, buddhistische Ideale der Selbstlosigkeit und der Karma-Lehre auf die Praxis hin zu interpretieren. Das Ziel des Nirvana erscheint hier in seiner Auswirkung auf das praktisch gesellschaftliche Leben. Wir zitieren dazu auswahlweise einige Sätze aus der genannten Schrift: »Um die Bedeutung des ›Nicht-Selbst‹ als Kraftquelle des Glücks und erfolgreicher Unternehmungen zu betonen, beschrieb Buddha das Nirvana, jenes höchste Stadium geistigen buddhistischen Strebens, als Zustand völliger Selbstlosigkeit. Da es also frei von Selbstsucht ist, ist es ungeboren und ohne Verursacher, ohne Verlangen nach einem Selbst – ein Stadium vollkommener Selbstlosigkeit... Es fließt von Liebe (metta), Sympathie (karuna), Freude an den Erfolgen anderer ohne Neid (mudita) und Gleichmut über... Wenn man die Natur des Nirvana so betrachtet, ist es keine Form der Passivität und des Müßigganges, wie manche Menschen zu denken scheinen. Es ist eine vitale und außerordentlich treibende Kraft, gute Arbeit um des Lohnes dieser Arbeit willen zu tun – für den Nutzen der Gemeinschaft und nicht für das eigene Selbst. Kurz: Dasjenige, was vollkommen selbstlos ist, stellt die treibende Kraft dar, mit der man diejenige Energie erzeugt, die den Erfolg hervorbringt.«

Der Buddhismus vertritt seit den Tagen Buddhas und des Kaisers Ashoka die *Parole des Friedens* aufgrund des uranfänglichen Postulats des Ahimsa (Nichttöten). Heinz Bechert zitiert in seinem Werk »Buddhismus, Staat und Gesellschaft« (1966) folgende Ausführungen von G. P. Malalasekera »The Path of Progress«: »Das Prinzip des Nichtverletzens (Ahimsa), das zu den fundamentalen Lehren Buddhas gehörte, enthält alles Erforderliche, um eine Charta der Menschenrechte in dieser modernen Zeit aufzustellen... Sei es Diebstahl durch Kolonialismus, sei es Diebstahl durch Landbesitzer, die ungerechte Steuern auferlegen, oder der Diebstahl, der einem Menschen das Recht nimmt, frei zu wählen, weil er Angst hat, alle diese Dinge sind Rechtsverletzung, sagte Buddha... Wir befinden uns vermutlich am Anfang einer neuen Friedenszeit unter den Menschen, und es wurden Voraussagen in einigen buddhistischen Ländern getroffen, daß in dieser Zeit eine neue Epoche beginnen würde.«

Auch der *Zen-Buddhismus,* von dem oben (S. 198) die Rede war, enthält gegenwartsnahe Werte. Lassen wir uns diese Werte sichtbar machen durch Worte von D. T. Suzuki aus seinem Werk »Die große Befreiung« (1972): »Zen behauptet Buddhismus zu sein, aber alle buddhistischen Lehren sind für das Zen wertloses Papier... Trotzdem möge man nicht glauben, daß Zen Nihilismus sei. Aller Nihilismus ist Selbstzerstörung, endet jedenfalls dort. Negativismus ist als Methode gesund, aber die höchste Wahrheit ist Bejahung...

Ist Zen Religion? Es ist keine Religion im üblichen Sinne. Denn Zen hat keinen Gott zum Anbeten, hat keinen zeremoniellen Ritus, keine Zukunft im Jenseits, der die Toten überantwortet sind, und schließlich hat Zen auch keine Seele, deren Heil von irgendeinem anderen bedacht werden müßte, und mit deren Unsterblichkeit andere Leute sich abzugeben hätten. Zen ist frei von allen solchen dogmatischen und »religiösen« Lasten.

Wenn ich sage, es gäbe im Zen keinen Gott, so mag sich der fromme Leser dadurch verletzt fühlen, es bedeutet aber keineswegs, daß Zen die Existenz Gottes leugnet. Weder Leugnung noch Bejahung geht das Zen etwas an. Wenn etwas geleugnet wird, so schließt die Leugnung selbst etwas ein, was nicht geleugnet wird. Dasselbe läßt sich auch von der Bejahung sagen. Das ist logisch unvermeidlich. Zen strebt an, sich über die Logik zu erheben. Zen strebt danach, eine höhere Art von Gültigkeit zu finden, der gegenüber es Gegenbehauptungen nicht gibt. So ist Gott im Zen weder geleugnet noch behauptet, es gibt eben im Zen keinen Gott im jüdischen oder christlichen Sinn...

All die Bilder verschiedener Buddhas und Bodhisattvas und anderer Wesen, denen man in Zen-Tempeln begegnet, sind ebenso viele Stücke Holz oder Stein oder Metall. Sie bedeuten soviel wie Kamelien, Azaleen oder Steinlaternen in meinem Garten. Verrichte deine Andacht vor der Kamelie, die heute in voller Blüte steht, und verehre sie, wenn du willst, würde Zen sagen. Darin liegt ebensoviel Religion, als wenn du dich mit Weihwasser besprengst oder am heiligen Abendmahl teilnimmst. All solches fromme Tun, das von den meisten sogenannten religiös gesinnten Menschen als verdienstvoll oder heiligend angesehen wird, ist in den Augen des Zen Künstelei... Zen strebt die Übung des Geistes selbst an, auf daß er Meister werde seiner selbst, dann der Einsicht in sein eigenes Wesen. Diese Einsicht in die wahre Natur des eigenen Geistes oder der eigenen Seele ist der Grundgegenstand des Zen-Buddhismus. ...Die Übung im Zen besteht darin, das geistige Auge zu öffnen und Einblick zu gewinnen in den wahren Grund des Seins.

Nach der Grundidee des Zen sollen wir mit den innersten Kräften unseres Wesens in Fühlung kommen, und zwar auf dem kürzestmöglichen Wege, ohne Rückgriff auf irgend etwas Äußeres oder Zusätzliches. Daher verwirft Zen alles, was auch nur eine entfernte Ähnlichkeit mit einer äußeren

Autorität aufweist. Zen hegt unbedingtes Zutrauen zum innersten Wesen
des Menschen. Alle Autorität im Zen kommt von innen.«

5   WERTE IM EIGENTLICHEN CHRISTENTUM

Wir ziehen persönlich die Konsequenzen aus der oben gegebenen, auf
wissenschaftlichen Grundlagen ruhenden Darstellung des Christentums,
indem wir die von uns als entscheidend angesehenen Werte eigentlichen
Christentums hervorheben, ehe wir dann in einem letzten Abschnitt Konsequenzen aus dem Vergleich der beiden Religionen und ihrer Stifter ziehen.

Befreiung von orthodoxem Bekenntniszwang

Zunächst gilt es, sich zu befreien von allen christologischen Theorien und
unglaubwürdigen Dogmen. Jahrzehntelang währte innerhalb der evangelischen Theologie und Kirche die exklusive Herrschaft der Neu-Orthodoxie, deren Begründer der Schweizer Theologe Karl Barth ist. Dadurch
wurde nicht nur jede Art freiheitlichen Christentums mit seinen berech-
tigten Anliegen verdrängt und verdeckt, es wurde auch der freie Blick in
die Welt der Religionen durch ein starres und absolut gesetztes Gehäuse
dogmatischer und institutioneller Art verbaut. Mit der Behauptung, daß
Christus die »Krisis aller Religion« sei, wurden nicht nur alle außerchristlichen Religionen verdammt, sondern es wurde »Religion« überhaupt als
rein menschliche Anstrengung, sich eine Himmelswelt zu erdichten, für
frucht- und wertlos erklärt. »Religion ist Unglaube«, sagte Karl Barth.
Das Christentum, so wie es diese theologische Moderichtung verstand, sei
keine Religion und gehöre daher auch nicht in die Religionsgeschichte.
Auf diese Weise kapselte man sich in verhängnisvoller Weise ab gegenüber den wirklichen Bewegungen des Geistes in unserer Welt und gegenüber dem Walten göttlichen Geistes in der Geschichte der großen Religionen der Welt. Man errichtete ein enges und lichtloses Gebäude, in dem
ein autoritätsgläubiger Dogmatismus lebt und von allen Bewohnern verlangt wird. Es ist erschütternd zu sehen, daß die Vertreter dieser Art ver-
engten Christentums und einer starr und herrschsüchtig gewordenen Kirche gar nicht merken, daß sie in eine trostlose Vereinsamung und Isolierung hineingeraten sind. In dem 1958 erschienenen Buch von Walter v.
Löwenich »Glaube, Kirche, Theologie« findet sich folgender Satz: »Täuschen wir uns nicht, die Probleme der Aufklärung sind...weder überwun-

den noch vergangen. Eine Kirche, die sich ihnen nicht stellt, hat auf die Dauer keine Vollmacht zur Verkündigung. Es wäre verhängnisvoll, wenn sie sich durch die Krise der ›Moderne‹ zu falscher Sicherheit verleiten ließe. Sie soll vor allem nicht aus gewissen geistigen Ermüdungserscheinungen unserer Zeit, die fälschlich zu einem ›Wandel der geistigen Situation‹ aufgebauscht werden, für sich Kapital schlagen wollen. Es wird kein Segen darauf ruhen, wenn man aus der weltanschaulichen Not eine christliche Tugend macht. Man kann nicht ungestraft den Nihilismus in den Rang einer natürlichen Theologie erheben.« Hansjörg Jungheinrich fügt diesem Zitat in der Zeitschrift »Freies Christentum« (1959) sehr treffend folgende Worte hinzu: »Dieser letztere Satz ist wohl eine besonders vernichtende Kritik des Barthianismus, der zu Ehren der angeblich alleinigen Gottesoffenbarung in Christus alle sonstige Religion und Offenbarung ablehnt und dabei nicht merkt, daß er seinen eigenen Ast mit absägt!« Das ist genau das, was wir hier zum Ausdruck bringen wollten.

Es wäre hoffnungslos, wenn dies das letzte Wort über unsere engere religiöse Welt wäre. Das ist jedoch nicht der Fall; denn auch in dieser Welt ist etwas geschehen, was einen Wandel herbeizuführen verspricht. Ich denke dabei an die Wirkung, die Rudolf Bultmann, mit seiner Forderung der »Entmythologisierung« des Christentums bereits gehabt hat. Es ist unverkennbar, daß hier ein tiefer Einbruch in die bisher fest geschlossene Front der Neu-Orthodoxie gelungen ist. Man mag es nun auch verwunderlich finden, daß ausgerechnet dieses Postulat und seine nicht einmal zutreffende Formulierung, da es sich ja um eine Interpretation des Mythos und nicht um seine Beseitigung handeln soll, eine so tiefgreifende Bewegung ausgelöst hat. Es ist jedenfalls klar, daß hier der zum Verstummen gebrachte Geist schöpferischer Kritik gegenüber den Offenbarungsurkunden wieder erwacht ist. Die moderne »Religionswissenschaft des Verstehens« hat freilich schon längst die Frage nach dem in den religiösen Traditionen, Mythen und Dogmen »Gemeinten« gestellt und sich um eine Interpretation von diesem Gemeinten aus bemüht. Was bei Bultmann neu ist, die existentiale Analyse, ist bekanntlich stark umstritten. Aber wie dem auch sein mag, es handelt sich um eine Einstellung, die in intellektueller Redlichkeit und Freiheit auf die überzeitliche Wahrheit gerichtet ist. Die Tatsache aber, daß das Postulat der Entmythologisierung, dessen eigentliches Anliegen auch das eines freiheitlichen, auf wissenschaftlich gesicherten Grundlagen ruhenden Christentums sein muß, bei zahlreichen Theologen und vielen Gemeindegliedern ein so lebhaftes Echo fand, zeigt, daß die in offiziellen Verlautbarungen der Kirche dekretierte Einheit eines neu-orthodoxen Glaubensstandpunktes in Wahrheit nicht besteht. Die Gemeinden sind ja in dieser Hinsicht im Gegensatz zur Gemeinde-Idee des Evangeliums weitgehend entmündigt worden zugunsten eines kirchlichen Totalitarismus. Zusammenfassend dürfen wir sagen, daß die eigene religiöse Welt, also Christentum und Kirche, nicht nur eines freiheitlichen Christentums bedürfen, sondern daß sich auch an manchen Stellen Tendenzen zeigen, die den Grundanschauungen eines solchen Christentums freier Geister entsprechen.

Konservative und aggressive Tendenzen im Christentum

Ehe wir von den Werten sprechen, die in einem freiheitlichen Christentum vorhanden sind, machen wir hier auf Grundtendenzen aufmerksam, die einen konservativen oder aggressiven Charakter haben; denn die Geschichte des Christentums ist von einer Urspannung erfüllt, nämlich von dem Gegensatz von konservativen und aggressiven Tendenzen, wobei zu bemerken ist, daß nicht selten die konservative Tendenz in aggressiver Weise in Erscheinung tritt. Die aggressiven Tendenzen ihrerseits erscheinen zumeist als progressive Aktionen gegenüber dem Konservativismus. Die Fronten wechseln, aber die Spannung bleibt.

Im Urchristentum begegnet uns bereits diese Spannung im Verhältnis Jesu zu den Pharisäern und Schriftgelehrten, wovon oben (S. 78) die Rede war. Diese suchten die Tradition gesetzlich orientierter Frömmigkeit zu wahren gegenüber einem Abfallprediger, wie es Jesus in ihren Augen war. In der sich aus den christlichen Gemeinden, sicher nicht mit Jesu Absicht, bildenden Kirche flossen drei Erbströme zusammen: die israelitische Kirchentradition (die spätjüdische Religionsgemeinschaft hatte soziologisch die Struktur einer »Kirche«), das Erbe aus den hellenistischen Mysterienreligionen und das römische Rechtsdenken. Zudem ist zu bedenken, daß unter hellenistisch-griechischem Einfluß der zentrale Begriff der Wahrheit sich wandelte, der damit eine ideologische Voraussetzung wurde für die Kirchwerdung der christlichen Gemeinden: Während nämlich im Alten und Neuen Testament Wahrheit göttliche Wirklichkeit bedeutet, z. B. Ps. 36,6, wurde jetzt Wahrheit zu rationaler Erkenntniswahrheit, die man lehren und lernen kann. In den späten Pastoralbriefen an Timotheus und Titus ist vielfach die Rede von der »heilsamen Lehre« (z. B. 1. Tim. 1,10; 2. Tim. 4,3; Tit. 1,9; 2,1). Ferner tritt in allmählichem Prozeß an die Stelle des Geistes und seiner Gaben (1. Kor. 12) die Verleihung geistlicher Qualitäten und Befugnisse durch die institutionell verliehene Weihe für ein kirchliches Amt. Die Heilsanstalt ist seit Beginn des 2. Jahrhunderts vor-

handen, deren Heiligkeit in der Institution selber liegt. Martin Dibelius
sprach von der »heiligen Sichtbarkeit«, die in der institutionellen Kirche
gegeben ist. Auch die Tugenden, die kirchlicherseits bereits zu Konstan-
tins Zeiten verlangt wurden, sind von konservativem Charakter und alt-
römischen Ursprungs: Willfährigkeit und Geduld bei den Untertanen,
Gerechtigkeit und Selbstbescheidung bei den Großen.

Dieser allmählich sich vollendende Riesenbau der mittelalterlichen Kirche war und ist bestimmt durch die Grundtendenz der Bewahrung des an
und für sich heiligen Gebäudes im weitesten Sinne. Alles religiöse und
kulturelle Leben der Zeit wurde von der mittelalterlichen Kirche zusam-
mengeschlossen zu einer »Einheitskultur«. Über dieser Einheit wachte
die Inquisition. Unter ihre Jurisdiktion fielen auch die sogenannten Hexen, die außer den Ketzern blutig verfolgt wurden. Hier finden wir Konservativismus mit aggressiver Inhumanität im Bunde, obwohl Jesu Verkündigung die universelle Menschen- und Nächstenliebe zur Grundhaltung des Lebens seiner Jünger machen wollte. Diese von Jesus selbst für
absolut verbindlich auch dem Feinde gegenüber erklärten Werte wurden
von dieser mittelalterlichen Kirche bedenkenlos beiseite geschoben, weil
die als bindende Pflicht empfundene oder erklärte Bewahrung der Einheit
der Kirche die Unterdrückung aller für die homogene Einheit gefährlichen Individualismen verlangte, wobei auch die grausamsten Gewaltmit-
tel, wie die kirchlicherseits ausdrücklich erlaubte Folter, nicht als Widerspruch zur Religion der Liebe Jesu empfunden wurde.

Nun war die gewaltsame Aggression der Kirche zur Verteidigung der Überlieferung in Lehre und Kult nicht progressiven, sondern konservativen
Charakters und sie war die Antwort auf progressive Aggressionen, die
sich auf das entartete konservative Kirchentum richteten und von Buß-
predigern wie Savonarola und den Reformsekten, wie den Albigensern
und Waldensern, ausgingen, die darum auch die bevorzugten Objekte der
Inquisition wurden. Diese Bewegung, die keineswegs gewalttätigen Charakter hatte, sondern eine progressive geistig-religiöse Aktivität beinhaltete, mündete in den Protest des Protestantismus, der sich gegen die Bevormundung des Einzelnen durch die Priesterkirche, sowie gegen die Unterdrückung der Glaubensunmittelbarkeit richtete und für den freien
Glauben eintrat, von dem alles Leben und jegliche Berufsarbeit in gleicher Weise geheiligt wird.

Diese protestantische Bewegung wurde zunächst von kleinen Kreisen
persönlich Entschiedener getragen, die in schöpferischer Aggression gegen die veräußerlichende Statik des totalitären Kirchengebäudes sich

richtete. Aber auch diese primäre Dynamik prophetischen Charakters bedurfte zwangsläufig und zur Bewältigung der einströmenden Massen der Organisation. So wurde aus der protestantischen Reformsekte eine evangelische Kirche mit denselben konservativen Tendenzen, wie sie der zuvor bekämpften katholischen Kirche eigen waren, sie wurde zum Gehäuse, das gegen den lebendigen und belebenden Hauch des Geistes schützte und abschirmte. Für die Bewahrung der einheitlichen »reinen Lehre« wurden zwischen christlichen Konfessionen sogar blutige Kriege geführt.

Dieser in der Geschichte vorhandene Gegensatz zwischen konservativen und aggressiven bzw. progressiven Tendenzen, der offenbar zum Wesen einer organisierten Religion gehört, zeigt sich nun auch eindeutig wieder in der Gegenwart, vornehmlich im Katholizismus, in dem ein lebhaftes Ringen dieser Tendenzen bemerkbar ist. Im Gegenwartskatholizismus hat fraglos das 2. Vatikanische Konzil (1962–1965) eine neue Epoche eingeleitet, die gekennzeichnet ist durch die geforderte und gewährte größere Selbständigkeit der Bischöfe und Laien Rom gegenüber. Auch hat die Auseinandersetzung und freie Diskussion über kirchliche Traditionen wie das Zölibat der Priester, die Mischehenfrage, die Modernisierung des Kultes sowie über den Ökumenismus in voller Stärke in weiten Kreisen des Klerus und der Laien eingesetzt. Die Beschäftigung mit dem Atheismus, mit den »Nichtgläubigen«, wie man rücksichtsvollerweise statt »Ungläubige« sagt, und mit den nichtchristlichen Religionen in Deklarationen des Konzils hat auch begonnen (s. oben S. 237). Dem Einzelnen aber wird nachdrücklich und in ausgesprochenem Gegensatz zur Vergangenheit das Recht auf persönliche religiöse Freiheit zugestanden. Diese dem Totalitarismus der Kirche und ihrem Konservativismus progressiv entgegenwirkenden Tendenzen, die ein weltweites Echo gerade auch in katholischen Kreisen gefunden haben[1], suchte nun andererseits der 1978 verstorbene Papst Paul VI. weitgehend zu hemmen, indem er Priester und Laien zum alten Gehorsam gegenüber seiner Autorität und der der Kirche sowie der der Tradition in beschwörenden Aufrufen zurückzuführen suchte. Andererseits erleben wir, daß ein neuer Gegensatz zwischen Progressismus und Konservatismus in unseren Tagen entstanden ist; denn

---

[1] Vieles von dem, was in dem von mir vor 40 Jahren herausgegebenen Buch »Der Katholizismus. Sein stirb und werde! Von katholischen Theologen und Laien« (1937), das auf den Index der verbotenen Bücher gesetzt wurde, gefordert wurde, ist heute verwirklicht.

für den Erzbischof Lefèbvre erscheinen die Ergebnisse des 2. Vatikanischen Konzils und der Papst Paul VI. in unerträglicher Weise progressiv zu sein, so daß der Erzbischof in aufsässiger Weise für die Bewahrung des kirchlichen Erbes und gegen die vom Konzil beschlossenen Formen und Anschauungen innerhalb der Kirche höchst aggressiv vorzugehen bemüht ist.

Im Protestantismus finden wir die hier besprochene Spannung in der Gegensätzlichkeit verschiedener theologischer Fronten. Kürzlich wandte sich in ganzseitigen Zeitungsinseraten eine aggressive und konservative Bekenntnisbewegung »Kein anderes Evangelium« gegen »Irrlehrer«, unter denen wohl in erster Linie die Vertreter der von Rudolf Bultmann inaugurierten Entmythologisierungstheologie verstanden werden. Verschiedene charakteristische Thesen aus dem genannten Inserat seien hier kurz hervorgehoben.

Zunächst wird, wie schon immer von orthodoxer Seite, gegen den »historischen Kritizismus« polemisiert, der »die biblische Überlieferung in ein Trümmerfeld« verwandelt habe. Die Rückkehr zu den Quellen, die doch ein protestantisches Grundprinzip ist, und die gewissenhafterweise nicht bei der naiven Überlieferung stehen bleibt, sondern diese Quellen auf ihre Entstehung und auf ihren Aussagewert hin untersucht – auch das gehört zur Rückkehr zu den biblischen Quellen –, wird hier also abgelehnt in dem Augenblick, in dem das Bild dieser Quellen durch die Analyse der Wissenschaft von dem der Tradition abweicht. Keine Theologie darf indessen im Gegensatz zu einwandfreien Ergebnissen der Wissenschaft stehen um der Wahrhaftigkeit willen. Wohl aber gilt es auf der Basis der Textanalyse sich zu bemühen um die Erfassung dessen, was in den biblischen Berichten, auch in denen mythischer Art, gemeint ist. Die wissenschaftliche Textanalyse zeigt nur, wo das entscheidend und zeitlos Gemeinte nicht liegen kann. Die Sinneserfassung muß mit anderen Organen als denen der kritischen Vernunft erfolgen.

»Woher sollen Prediger Klarheit und gültige Maßstäbe für ihren Glauben und ihre Aufgabe gewinnen?« heißt es weiterhin in jenem Inserat. Gemeint ist hier wohl rationale Klarheit, um die es im Evangelium gerade nicht geht. »Maßstäbe für den Glauben« – nach ihnen zu verlangen, ist typisch orthodox; denn es wird gefragt nach der »richtigen« Lehre, die mit der Überlieferung übereinstimmt. Aber ist das neutestamentlicher Glaube? Offenbar nicht.

Die Bekenntnisbewegung, die sich übrigens nach einer sekundären Schöpfung der Kirche, dem »Bekenntnis« nennt, das doch unter vielerlei geistes- und religionsgeschichtlichen Einflüssen zustande gekommen ist, bittet, dem »Evangelium von Jesus Christus zu vertrauen«. Das also ist, wie oft festgestellt wurde, aus dem Evangelium Jesu geworden: ein Evangelium *von* Jesus Christus, das indessen keineswegs eindeutig ist. Der Wahrheitsbegriff, der zugrunde liegt, wenn in dem Aufruf vom »Unterscheidungsvermögen zwischen wahrer und falscher Verkündigung« gesprochen wird, ist Wahrheit als rationale Richtigkeit, nicht aber, wie in Altem und Neuem Testament zumeist, Wahrheit als göttliche Wirklichkeit. Um richtige Lehre geht es bei Jesus selbst jedenfalls nicht, wohl aber oft bei Paulus und der späteren Kirche.

Dann wird typischerweise gefragt: »Warum wird den Irrlehrern nicht die Möglichkeit genommen, ihren zersetzenden Einfluß geltend zu machen?« Der Ausdruck »Irrlehrer« erinnert an die Zeit der Inquisition. Auch Jesus war in seiner Kirche ein Irrlehrer und Abfallprediger, der ebenfalls in den Augen von Pharisäern und Schriftgelehrten, den Hütern der Tradition, »zersetzenden Einfluß« ausübte, wie denn die Pharisäer sagten: »Siehe, alle Welt läuft ihm nach!« (Joh. 12,19) Ihm wurde die Einflußmöglichkeit durch den Ketzerprozeß und die Hinrichtung genommen. »Irrlehrer« in Kirche und Religionsgeschichte sind zumeist schöpferische Geister, die zum Unheil der Kirchenorganisation zum Schweigen gebracht wurden. Propheten und Reformatoren wurden von konservativen religiösen Organisationen stets als »zersetzend« angesehen und, wie es Jesus seinen Jüngern als ihr künftiges Schicksal vorausgesagt hatte, verfolgt: »Also haben sie verfolgt die Propheten, die vor euch gewesen sind.« (Matth. 5,12) Diese ewige Dialektik sollte konservativ-orthodoxe Protestanten, aber auch katholische Kirchenfromme zur Selbstkritik, d.h. zur richtigen Erkenntnis auch ihrer Situation führen.

Schließlich ist von »falscher Toleranz« die Rede in jenem Inserat, die um der Wahrheit und der Liebe willen verboten sei. Was wahre Toleranz ist, und ob es sie überhaupt gibt, wird nicht gefragt. Wir haben es hier jedenfalls mit dem zu tun, was ich »inhaltliche Intoleranz« nenne, die überall der Orthodoxie eigen ist, und die den religiösen Unfrieden aufrechterhält. Es macht den Freunden des überlieferten Bekenntnisses keine Schwierigkeit, Liebe und Intoleranz zu verbinden.

Wir sprachen oben bereits von der Entmythologisierungstheologie, die ihrerseits aggressiv gegen den oben in seiner extremsten und jüngsten Form dargestellten und kritisierten Konservativismus sich wendet. Vor kurzem hat sich nun ein evangelischer Theologe gegen beide Richtungen gewandt, gegen die massiv-konservative Theologie, die das Christentum in seiner überlieferten, geschichtsbedingten Glaubensaussage bewahren will, und die Fremdreligionen als mit dem Christentum prinzipiell unvergleichbar hinstellt, und gegen die Entmythologisierungstheologie, die nach der Ansicht des Verfassers dem Mythos seinem Wesen nach nicht gerecht werde. Ulrich Mann hat in einem umfangreichen Werke »Theogonische Tage« (1970) den großangelegten Versuch gemacht, in Jahrtausende umspannender Schau unter Einbeziehung der außer- und vorchristlichen Religionen die Epochen des wachsenden Gottesbewußtseins als »theogonische Tage« darzustellen.

Orthodoxie und freier Glaube im Christentum

Um die Werte zu erkennen, die das Christentum, frei von christologischen und dogmatischen Vorstellungen, zu bieten hat, ist eine weitere Spannung zu untersuchen, nämlich zwischen Orthodoxie und freiheitlichem Glauben. Bereits Jesu Leben und Wirken ist von dieser Spannung erfüllt. Jesus wuchs auf innerhalb des statischen Kirchentums der spätjüdischen Hierarchie. Mit den Vertretern der Orthodoxie hat Jesus sich fortdauernd während seines öffentlichen Wirkens auseinandergesetzt. In grundsätzlicher Weise geschah das in der Rede Matthäus 23, ob sie nun eine wirkliche Rede war oder eine Zusammenstellung von Äußerungen Jesu. Hier finden sich die typischen Denk- und Organisationsformen der Orthodoxie, gegen die sich Jesus aus freier religiöser Selbstverantwortung wendet. Mit der für die religiöse Grundhaltung Jesu charakteristischen persönlichen Entscheidung aus eigener Gottverbundenheit, die wir für den zentralen Grundwert des ursprünglichen Christentums halten, sprengte Jesus die Einheit der Organisation und überschritt mit selbstgewisser Autorität (»Ich aber sage euch…« Matth. 5,22.28.34.39.44) die geheiligte Tradition z.B. hinsichtlich der Sabbath-Heiligung, der Reinheitsvorschriften, der Fastenbestimmungen usw. Auch deutete Jesus die Idee des »Nächsten« nicht im Sinne der Tradition als Volksgenossen, sondern in einem weit umfassenderen und humaneren Sinne als den Menschen, der in konkreter Notsituation der bedingungslosen Liebe bedarf, wie das Gleichnis vom barmherzigen Samaritaner (Luk. 10,30 ff.) zeigt.

Noch einschneidender war Jesu Autoritätsanspruch gegenüber der in der jüdischen Kirche als abgeschlossen betrachteten biblischen Offenbarung. Nach jüdisch-orthodoxer Auffassung konnte es außer den von der Tradition anerkannten Propheten keinen weiteren Propheten mehr geben. Der Wille Gottes war nach der Ansicht der Orthodoxie aus dem Gesetz zu ersehen; denn hier war er erschöpfend offenbart. Jesus aber wollte, daß

seine Jünger aus der durch diese Jüngerschaft begründeten unmittelbaren
Gottverbundenheit die wechselnden und vom Gesetz nicht kasuistisch er-
faßbaren Situationen in freier Entscheidung auch gegen das Gesetz meistern sollen.

Unorthodox und wertvoll war auch Jesu Stellungnahme zu Menschen aus
einer anderen Glaubenswelt. Im Gespräch mit der Samaritanerin (Joh. 4)
über den »richtigen« (orthos) Ort der Gottesverehrung stellt Jesus sich
auf einen Standpunkt jenseits aller kultischen Verbindlichkeiten und
Traditionen: »Gott ist Geist, und die ihn anbeten, müssen ihn im Geist
und in der Wahrheit anbeten.« Auch daß Jesus mit den von der »Kirche«
offiziell Geächteten, den »Zöllnern und Sündern«, unbedenklich ver-
kehrte, brachte ihn in Gegensatz zur Orthodoxie seiner Religionsgemeinschaft. (Luk. 15,2)

Auch und vor allem sah Jesus die Situation des Menschen vor Gott anders
als die jüdische Orthodoxie, die überzeugt war, daß der Mensch den Geboten des Gesetzes entsprechen und ein »Gerechter« werden könne aus
eigener Kraft. Nach Jesu Überzeugung bedarf es einer neuen Existenz,
einer »Wiedergeburt« aus göttlichem Geiste bzw. einer »neuen Gerechtigkeit« (Matth. 5,20), die nicht aus menschlichem Vollkommenheits-
streben, sondern aus gnädigem Erbarmen Gottes selbst entsteht. So
führte und forderte Jesus ein Leben aus Vertrauen zu dem sorgenden Vatergott ohne ängstliche religiöse Skrupulosität und enge Gesetzlichkeit,
ein Leben in Dankbarkeit und Freude; denn es war ja eine »frohe Botschaft« (euangelion, Matth. 4,23), die er brachte und der gemäß er lebte.
Der freie Glaube der Jünger Jesu war nicht gebunden an ein autoritativ
und exklusiv aufgestelltes Glaubensgesetz, an einen Katechismus, wie es
später in der sich nach Jesu Tode allmählich bildenden institutionellen
Kirche wurde. Liest man die Evangelien unbefangen, dann gewinnt man
den Eindruck, daß Jesus einen Weg des Lebens zeigen wollte, aber nicht
ein System von Lehrsätzen, dem man zustimmen müsse; denn die Zustimmung zu solchen Lehrsätzen ändert nichts am Wesen menschlicher
Existenz. Das religiöse Asien hat das immer gewußt und darum bei aller
Mannigfaltigkeit religiöser Standpunkte nie in dogmatischen Lehrver-
schiedenheiten Anlaß zu gewaltsamen Auseinandersetzungen und zu in-
toleranter Verfolgung gesehen.

Aus der freien Gemeinschaft derer, die aus eigener Wahl Jesus nachfolg-
ten, wurde eine Kirche. Bereits in den sogenannten Pastoralbriefen an
Timotheus und Titus beginnt die Kirchwerdung und damit die Verengung
des Lebensraumes und die Abgrenzung gegen »Ketzer«. Titus 3,10 steht

das Wort: »Einen ketzerischen Menschen (hairetikon anthropon) meide.« Das ist ganz eindeutig nicht im Sinne Jesu, der den Begriff des Häre-
tikers nicht kennt. Wir können die Entwicklung, die nun einsetzt, hier
nicht im einzelnen schildern. Es genügt festzustellen, daß in wachsendem
Maße an die Stelle freier Berufung durch den Geist das Amt tritt, ein System von Weihen und Kultpflichten, die Bevorrechtung des Priestertums
und die Entrechtung der Laien, ein kompliziertes Denkgebäude, kurz,
eine geschlossene Organisation, in der das Rechtsdenken eine dominierende Stellung einnimmt. Die mittelalterliche Inquisition sorgte dafür,
daß diese Einheit gewahrt wurde und nicht durch Menschen freien Glaubens, wie z. B. von Albigensern und Waldensern, gestört wurde. Die Ket-
zergeschichte ist aufs Ganze gesehen die Geschichte der freien Geister in
der Welt des Christentums.

Gegen dieses autoritäre und exklusive Glaubensgehäuse erhob sich der
Protest freien Glaubens in der Reformation. Protestantismus bedeutete
den Rückgriff auf das Eigentliche und Ursprüngliche im Christentum unter Beseitigung von vielem Neuhinzugekommenen wie z. B. von Werk-
frömmigkeit, Kult- und Kirchenverpflichtungen, Heiligenkult usw. Lu-
thers Werk war inhaltlich natürlich noch behaftet mit vielen zeitgeschichtlich bedingten Elementen der orthodoxen Kirchenlehre, aber die religiöse
Grundhaltung war die eines von der Kirchenautorität freien, an Gottes
Wort als dynamisch-pneumatische Wirklichkeit, nicht aber an den Buch-
staben gebundenen Glaubens.

Auch die evangelische Wahlgemeinde wurde wieder zu einer Kirchenorganisation. Der Wandel von der lebendigen Dynamik reformatorischer
Frömmigkeit zur Statik einer Massenkirche ist bereits in der nachluthe-
rischen Orthodoxie vollzogen.

Nach zwei Seiten hin wollen wir versuchen, die Grundhaltung eines freiheitlichen Christentums und seiner Werte darzustellen über das hinaus,
was oben bereits über Jesus selbst und sein Verhältnis zur jüdischen Orthodoxie gesagt wurde (S. 77). Näheres in meinem Buche »Soziologie der
großen Religionen« (1966).

Kritik neu-orthodoxer Anschauungen

Wir erörtern zunächst eine Reihe von Anschauungen, die für die Neu-Orthodoxie charakteristisch sind, und gegen die ein freiheitliches Christentum sich kritisch wendet. Danach fassen wir in Kürze zusammen, worin
wir Grundwesen und Grundwerte eines freien Christentums sehen als
Konsequenz aus unserer Darstellung des Christentums.

Wir ergänzen hier, was oben (S. 226) bereits über den religiösen Pluralismus gesagt wurde. Die in der Welt bestehende *Vielheit der Religionen* ist für die christliche Orthodoxie ein Ärgernis und wird von ihr als ein Zustand angesehen, der zugunsten des Christentums zu überwinden ist. Diese Einstellung ist begreiflich, wenn man der Überzeugung ist, daß das Christentum die einzige Offenbarung Gottes und somit auch die absolut gültige Wahrheit ist. Wir können aufgrund der in diesem Buche dargestellten Erkenntnisse diese Ansicht nicht teilen. Die Religionsgeschichte und die Resultate der modernen Vergleichenden Religionswissenschaft sprechen gegen jeden Absolutheitsanspruch einer Universalreligion. Die Religionen der Welt sind zwar verschieden nicht nur in ihrer Lebensmitte, sondern auch in ihrer religiösen Tiefe und Lebensfülle; aber in ihnen allen liegt eine Begegnung mit heiliger Wirklichkeit vor, worin ihre Wahrheit besteht. In diesem Sinne sind alle Religionen, die eine Begegnung mit dem Heiligen vermitteln, wahr. Im Zen-Buddhismus Japans verwendet man ein Bild zur Veranschaulichung dieses Sachverhaltes: Es gibt nur *einen* »Mond der Wahrheit«, aber er spiegelt sich in vielen irdischen Gewässern, die von ungleicher Reinheit und Tiefe sind. Noch in der schmutzigen Pfütze der Dorfstraße spiegelt sich derselbe *eine* Mond. Der Text endet mit den Worten: »Und alle Monde im Wasser sind eins in dem einen Mond am Himmel.« Von zwei Seiten läßt sich die Vielheit und die Verschiedenheit der Religionen verstehen. Zunächst von der Seite der Gottheit, die sich in vielfacher Form offenbart. Die Möglichkeit solch mannigfaltiger Offenbarung ist sogar im Neuen Testament bezeugt, wenn es im Hebräerbrief 1,1 heißt: »Nachdem Gott vormals vielfach und vielartig zu den Vätern geredet hatte durch die Propheten, hat er aufs Ende dieser Tage zu uns geredet durch den Sohn.« Wenngleich in diesem Textwort das vielfache und vielartige Reden Gottes wohl auf die israelitische Religionsgeschichte beschränkt gedacht ist, so wird man doch aufgrund der Erkenntnisse der allgemeinen Religionsgeschichte das Wort auf die gesamte vor- und außerchristliche Religionswelt ausdehnen dürfen. Die Religionen der Welt sind die mannigfachen Formen des Redens Gottes zu den Menschen; denn in ihnen wird die Begegnung der Menschen mit der Wirklichkeit des Heiligen bezeugt, wie immer sie geschehen mag. Aber auch von der Seite des Menschen aus ist die Vielheit der Religionen nicht nur verständlich, sondern geradezu notwendig: Die Menschen sind in ihrer religiösen Anlage und Vernehmungsfähigkeit durchaus verschieden. Sie vermögen stets nur begrenzte Blicke in die Welt des Heiligen zu richten. Man kann daher der Vielheit der Religionen gegenüber nicht die Begriffe »wahr« und »falsch« anwenden. Verschiedene Lösungen derselben Rechenaufgabe schließen sich aus, nur eine kann richtig sein. So liegt es aber in der Religionswelt nicht. Es gibt verschiedene Offenbarungsformen der Gottheit, Aspekte, unter denen Menschen Gott erfahren und vorstellen. Im Sinne der schon angeführten Worte von Rabindranath Tagore ist es gar nicht wünschenswert, daß eine Religion zur einzigen Religion der Welt würde, wie es prophetische Universalreligionen wünschen. Der orthodoxe *Absolutheitsanspruch* des Christentums wird zumeist auf die Einmaligkeit der Auferstehung Christi gegründet. Auch diese Behauptung ist religionsgeschichtlich anfechtbar; denn Auferstehungserscheinungen bzw. Erscheinung Verstorbener sind uns vielfältig in der Religionsgeschichte z. B. im Hinduismus bezeugt. Aber auch in den antiken Auferstehungsreligionen im Umkreis des frühen Christentums war dieser Glaube lebendig. Was aber gibt uns das Recht, jenen Auferstehungsberichten zu mißtrauen und nur die christlichen Berichte von der Auferstehung Christi für wahr zu halten? Dabei lassen wir hier ganz außer Betracht, daß schon in der Urgemeinde verschiedene Vorstellungen von der Auferstehung vorhanden waren. Paulus z. B., der doch der früheste literarische Zeuge ist, spricht nicht vom leeren Grab und bezeichnet (1. Kor. 15,44) das Subjekt der Auferstehung als »geistlichen Leib« (soma pneumatikon) im Unterschiede vom natürlichen Leib (soma psychikon), der in die Erde »gesät« wird. Aber eben der natürliche, körperliche Leib ist es doch gewesen, der nach dem Bericht der Evangelien aus dem Grabe Christi am Ostertage verschwunden war, und im Nicänischen Glaubensbekenntnis ist auch ausdrücklich von der »Auferstehung des Leibes« die Rede.

Auch wenn man das Wort des johanneischen Jesus (Joh. 14,6) »Niemand kommt zum Vater, denn durch mich« zum Beweis der *Exklusivität des Heilsgewinns* im Christentum anführt, muß man zweierlei bedenken: Niemand wird bestreiten, daß die alttestamentlichen Frommen auch ohne Jesus zu Gott gekommen sind; Jesu besondere Verkündigung war die Offenbarung des Vatergottes. Durch ihn also kamen und kommen Menschen, die in seiner Nachfolge leben, zu Gott als zu dem Sünder suchenden Vatergott. Eine Exklusivität des Heilsgewinns braucht also auch hier nicht ausgesagt zu sein, zumal Jesus selbst offenbar gar nicht der Meinung war, daß nicht auch aus »Morgen und Abend« (Matth. 8,11) Menschen in das Reich Gottes kommen werden, die ihn selbst nie gesehen und gehört haben. Jesus hat die Zugehörigkeit zu seiner Jüngerschaft nicht an ein formuliertes und exklusiv verbindliches Glaubensbekenntnis gebunden, wie es die spätere Kirche tat und noch immer tut. Er sprach in dieser Hinsicht von einer ganz anderen Voraussetzung, nämlich von kindlichem Vertrauen: »Wer das Reich Gottes nicht annimmt wie ein Kind, der wird nicht hineinkommen.« (Luk. 18,17)

Unter den seitens der Orthodoxie mit besonderer Leidenschaft abgelehnten Religionsformen steht die *Mystik* an erster Stelle. Diese Ablehnung geschieht mit der Begründung, daß einerseits die Transzendenz Gottes die von der Mystik betonte Immanenz Gottes ausschlösse, und daß andererseits die Mystik, wie übrigens auch alle anderen nichtchristlichen Religionen, ein unfrommes und aussichtsloses Bemühen des Menschen sei, von sich aus zu Gott emporzusteigen. Beide Argumente verkennen das Wesen der Mystik wie auch das des ursprünglichen Christentums und dessen Verhältnis zu den nichtchristlichen Universalreligionen. Was zunächst die Transzendenz und seine Gegensätzlichkeit zur Mystik betrifft, so wird völlig vergessen, daß auch im Neuen Testament Aussagen zu finden sind, die denen der Mystik gleichen und mit Entschiedenheit die Immanenz Gottes bezeugen. Ich erinnere nur an das sogenannte »hohepriesterliche Gebet« Jesu, in dem sich folgende Worte finden: »Und ich habe ihnen gegeben die Herrlichkeit, die du mir gegeben hast, daß sie eins seien, gleichwie wir eins sind, ich in ihnen und du in mir.« (Joh. 17,22) Aber auch Paulus spricht vielfach von der Immanenz Christi oder des Geistes Gottes in den Gläubigen z. B. Römerbrief 8,10: »So aber Christus in euch ist...« und im nächsten Vers heißt es: »So nun der Geist des, der Jesus von den Toten auferweckt hat, in euch wohnt...« Kurz, Transzendenz und Immanenz schließen sich keineswegs aus; sie sind vielmehr verschiedene aber zusammengehörende Aspekte. Es ist auch keineswegs so, daß die Mystik reine Selbsterlösung bedeutet. Sowohl die Mystik als auch die großen Erlösungsreligionen kennen die Gnade Gottes. Man kann also die Religionswelt nicht nach dem primitiven Schema einteilen: im Christentum Fremderlösung durch Gnade – außerhalb des Christentums Selbsterlösung aus eigener Kraft. Die Religionsgeschichte spricht dagegen.

Auch die von Karl Barth und seinen Anhängern so gern ausgesprochene Behauptung, »Christus ist die Krisis aller Religionen« steht im Widerspruch zu den Tatbeständen der Religionsgeschichte, die keineswegs mit dem Erscheinen Christi zu Ende war, sondern in großer Lebendigkeit weiterging und weitergeht. Abgesehen davon, daß die großen alten Universalreligionen auch nach Christus vielfache Erneuerung erfuhren und noch erfahren, entstand sogar noch eine neue Universalreligion nach Christus, der Islam, der das Christentum vielfach aus alten Besitzgebieten

z. B. in Nordafrika vertrieb. Heute treiben die asiatischen Religionen sehr eifrig und oft auch sehr erfolgreich in Europa und Amerika Mission. Diese geschichtlichen Tatsachen passen nicht in das naive Schema vom Heil, das erstmals und universal und exklusiv im Christentum angebrochen sei und alles andere religiöse Leben fortan aufhebe.

Zentralwerte freiheitlichen Christentums

Dieser kritischen Abwehr heute besonders zentraler Positionen christlicher Neu-Orthodoxie stellen wir in Kürze die *Grundanschauungen und Hauptwerte eines freiheitlichen Christentums* gegenüber. War Christus »Gottes Sohn« oder nicht? Das ist in allen Auseinandersetzungen zwischen Orthodoxie und freiem Glauben die entscheidende Frage. Wir beantworten sie bejahend, jedoch in dem Sinne, den eine geschichtliche Betrachtung dieser Aussage nahelegt. Wir haben oben bereits (S. 67) kurz über die Bezeichnung »Sohn Gottes« gesprochen und fügen hier weitere Argumente hinzu. Im Alten Testament begegnet uns die Bezeichnung »Sohn Gottes« mehrfach als Würdeprädikat des von Jahve erwählten Idealkönigs David. Im 2. Buch Samuelis 7,14 wird hinsichtlich seiner Nachkommenschaft von Jahve gesagt: »Ich will ihr Vater und sie sollen mir Sohn sein.« Dieses Verhältnis zwischen Jahve und David, dem Gesalbten Jahves, klingt in verschiedenen Stellen der Psalmen nach: Psalm 2, 6 f. enthält eine Warnung an die Völker vor einer vergeblichen Empörung gegen den Gesalbten Jahves, der zu jenen sagt: »Habe doch ich meinen König eingesetzt auf dem Zion, meinem heiligen Berge!« und der Psalm fährt fort: »Laßt mich Kunde geben von einem Beschluß: Jahve sprach zu mir: Du bist mein Sohn; ich habe dich heute gezeugt!« Im 89. Psalm wird an die David und seinem Haus gegebenen Verheißungen erinnert: »Damals redetest du im Gesicht zu deinem Frommen und sprachst: ›Ich habe... David, meinen Knecht, gefunden, mit meinem heiligen Öl ihn gesalbt... Er wird mich rufen: Mein Vater bist du, mein Gott und Fels meines Heils! Ja, zum Erstgeborenen will ich ihn machen.‹ « Was kann hier anderes gemeint sein, als ein im Bilde des Sohnes ausgesprochenes besonderes Verhältnis einer von Gott durch Erwählung geschaffenen Gottzugehörigkeit? Es ist daher die aus dieser Begriffstradition sich ganz natürlich anbietende Würdebezeichnung, die entweder Jesus selbst, was nicht sicher ist, auf sich oder die Jünger auf ihn anwandten, zumal Jesus als Messias (griech. Christos = der »Gesalbte«) aus dem Geschlechte Davids stammen sollte (Joh. 7,42) und sowohl nach dem Zeugnis der Evangelien (Matth. 1,1; 9,27 und sonst) wie auch nach der Meinung des Paulus (Röm.

1,3) auch stammte. So trat Jesus also ohne weiteres in diese Tradition davidisch-messianischer Gottessohnschaft ein. Diesem Sinn der Gottessohnschaft als verliehener Würde entspricht auch die Weissagung an Maria (Luk. 1,32): »Er wird groß sein und ein Sohn des Höchsten *genannt* werden, und Gott der Herr wird ihm geben den Thron seines Vaters David...«, eine Weissagung politischer Messianität, die sich nicht erfüllt hat.

Daß das Bild eines Sohnesverhältnisses zu Gott auch abgesehen von demjenigen Jesu im Neuen Testament für Menschen, die Gott zugehören, verwendet wird, stützt auch von dieser Seite her die hier vorgetragene und von uns als ursprünglich angesehene Bedeutung der »Gottessohnschaft« Jesu: In der Bergpredigt (Matth. 5,9) sagt Jesus dem griechischen Text zufolge: »Selig die Friedfertigen, denn sie werden *Söhne Gottes* heißen.« Lukas 20,36 sagt Jesus von denen, die zur Auferstehung der Toten gelangt sind, sie seien »Söhne Gottes«. Im gleichen Sinne hat auch Paulus (Röm. 8,14) gesagt: »Welche der Geist Gottes treibt, die sind Söhne Gottes.«

Die aus dem Alten Testament übernommene Bezeichnung »Sohn Gottes« wird im Heidenchristentum fraglos die wichtigste Prädizierung Jesu, die dann in der kirchlichen Lehrbildung geradezu beherrschende Bedeutung bis heute gewann. Aber auf dem Boden der hellenistischen Umwelt, in der die Idee, daß Menschen von Gottheiten abstammen, weit verbreitet war, wurde die Gottessohnschaft physisch verstanden. Da nun auch die Vorstellung, daß der heilige Geist in menschlichen Frauen die Empfängnis hervorragender Persönlichkeiten bewirken könne, in jener Zeit und Welt außerhalb des Christen- und Judentums verbreitet war, stellte sich das Heidenchristentum die Gottessohnschaft Jesu in der Weise vor, daß Maria ohne Zutun eines menschlichen Vaters vom Heiligen Geist empfangen habe. (Luk. 1,35; Matth. 1,20) Wir dürfen aufgrund wissenschaftlicher Erkenntnis sagen, daß die Quellenlage im Neuen Testament uns zeigt, daß weder Jesus selbst etwas von einer physischen Gottessohnschaft wußte noch auch die älteste Gemeinde in Palästina; denn hier verstand man entsprechend der im Alten Testament vorliegenden Tradition, von der oben die Rede war, die Gottessohnschaft als Bezeichnung eines Gottesverhältnisses, das nicht physisch auf Zeugung beruhte, sondern von Gott selbst durch Adoption gestiftet wurde. Das älteste Zeugnis dafür findet sich Römerbrief 1,3, wo von Jesus gesagt wird: »Der gekommen ist aus Davids Samen nach dem Fleisch, gesetzt zum Sohne Gottes mit Macht.« Danach also wird Jesus zum Sohne Gottes eingesetzt. In den synoptischen Evangelien herrscht eindeutig die Vorstellung, daß Jesus durch

Adoption zu einem Sohne erklärt wird in der Taufe. (Matth. 3,17; Mark. 1,10 f.) Bei Lukas ist es ganz klar, daß hier die in Psalm 2,7 für David gebrauchte Formel »Du bist mein Sohn, ich habe dich heute gezeugt« Lukas 3,22 wiederholt wird. Das also ist für ein geschichtliches Verständnis eindeutig der ursprüngliche Sinn der seither in der Orthodoxie zu einem Kriterium »richtigen« (griech. orthos) Christenglaubens gewordenen Würdebezeichnung »Sohn Gottes«. Der Wandel von dieser ursprünglichen Idee zu jener Interpretation physischer Zeugung, die im Glaubensbekenntnis und im Dogma fixiert ist, läßt sich also in aller Klarheit geschichtlich nachweisen. Damit ist aber zugleich deutlich, daß für uns, die wir auf der Suche nach den ewigen Werten des Christentums sind, nicht die spätere dogmatische, auf hellenistischem Boden entstandene Auffassung verbindlich sein kann. Wollen wir also wissen, was Jesus selbst von sich, und seine nächsten Jünger von ihm dachten, dann ist von dieser ursprünglichen Vorstellung auszugehen, und sofern wir uns der Bezeichnung »Sohn Gottes« bedienen wollen, so ist sie auch im ursprünglichen Sinne zu verwenden.

Wir haben uns hier darauf beschränkt, die geschichtliche Entwicklung nur dieser einen, allerdings sehr zentralen Würdebezeichnung Jesu darzustellen. Es gibt nun aber im Neuen Testament eine ganze Fülle solcher Prädikate, die zum Teil aus dem Alten Testament (wie Messias, Menschensohn u. a.) zum Teil aus der hellenistischen Welt (wie Jungfrauensohn, Logos, Herr, Gott u. a.) stammen. Dem geschichtlichen Ursprung der genannten Christusprädikate können wir hier nicht nachgehen.

Dieser Jesus von Nazareth, in dem nach Kollosserbrief 2,9 »die ganze Fülle der Gottheit leiblich« wohnte, verkündete einerseits die Nähe des Reiches Gottes und damit Gottes selbst und zeigte an zahlreichen Beispielen, wie die Existenz des Menschen geartet sein müsse angesichts dieser Gottesnähe. Martin Dibelius hat in seinem Buche »Jesus« (1939) diese neue Existenz vor Gott eindrucksvoll beschrieben.

Der andere Pol der Verkündigung Jesu ist, wie wir oben sahen, die Botschaft von dem liebenden, die Sünder, d. h. die Menschen in der Gottesferne (gleich dem verlorenen Sohn aus Luk. 15) suchenden Vatergott. Jesus selbst ist durch Wort und Wesen für seine Jüngergemeinde die Offenbarung der Liebe Gottes zu den Menschen, die diese in der Nächstenliebe an ihre Mitmenschen weitergeben sollen. Das Christentum wird so zu der in der Religionsgeschichte in dieser Form einmaligen Religion der Gottes- und Nächstenliebe. Der johanneische Christus drückt diese Grundidee des Christentums in folgenden Worten aus: »Ein neues Gebot gebe ich euch, daß ihr einander liebet, so wie ich euch geliebt habe, so daß auch ihr einander liebet. Daran wird jedermann erkennen, daß ihr meine Jünger seid, wenn ihr Liebe unter euch habt.« (Joh. 13,34 f.) Die Verbindung von Gottes- und Nächstenliebe wird im 1. Johannesbrief (4,16) in folgender Weise ausgesprochen: »Und wir haben erkannt und geglaubt die Liebe, die Gott zu uns hat. Gott ist Liebe, und wer in der Liebe bleibt, der bleibt in Gott und Gott in ihm.«

Ein so geartetes Christentum der »Freiheit der Kinder Gottes« (Röm. 8,21) besitzt eine weltweite Schau göttlichen Wirkens und Redens in der Geschichte der Religionen dieser Erde. Die notwendige Konsequenz ist inhaltliche Toleranz, d. h. kein bloßes Dulden oder gar Erdulden fremder Religion und Praxis, sondern die Anerkennung fremder Religionen als echter Möglichkeit der Begegnung mit dem Heiligen. Wer, wie der Verfasser, vor Shinto-Schreinen und in Buddha-Tempeln in Japan stand, der wird, sofern er nicht voreingenommenen Sinnes kam, dieselbe Ehrfurcht vor dem Heiligen dort erleben, wie in der eigenen, anders gearteten Religionswelt. Das Recht zur Mission wird man jeder Religion zubilligen, sofern sie nicht von fanatischem, absolutistischem oder gar gewaltsamem Bekehrungseifer bestimmt ist, sondern als bloßes Angebot der eigenen religiösen Möglichkeiten erscheint. Freiheitliches Christentum ist daher keine Religion düsterer, weltentsagender Askese, auch steht sein Denken nicht im Widerspruch zu dem sich immer mehr vertiefenden religionsgeschichtlichen und sonstigen wissenschaftlichen Welterkennen. Freiheitliches Christentum ist ein Leben aus dankbarem und freudigem Vertrauen zu dem Vatergott, der seine Vertraubarkeit in Leben und Verkündigung Jesu offenbarte.

Kirche als Institution geht, wie die geschichtliche Forschung zeigt, sicher nicht auf Jesu Stiftung zurück. Sie war eine organisatorische Notwendigkeit, aber sie darf nicht zu einem totalitären und autoritären System, zu einem beengenden und vom lebendigen Leben isolierenden Gehäuse werden. Sie darf nur der Rahmen sein für Gemeinden, die nicht aus Tradition und aus den Zufälligkeiten der Geburt ihren Bestand haben, sondern aus freier und persönlicher Entscheidung. Deshalb muß diese Kirche Raum haben für alle Möglichkeiten religiösen Lebens, die aus der Lebensmitte des Christentums entspringen. Beengender Zwang, auch der Bekenntniszwang ist wider den Geist des Evangeliums: »Wo der Geist des Herrn ist, da ist Freiheit.« (2. Kor. 3,17)

Nur ein freiheitliches Christentum, wie wir es in seinen Grundwerten zu zeichnen versuchten, kann Verständnis haben für fremde Religionen;

denn es erhebt keinen Ausschließlichkeitsanspruch und seine Vertreter vermögen sich freizumachen von den ererbten Vorurteilen und Anschauungen, die ein Verstehen fremder Religionen verhindern. In geradezu seherischer Weise hat Rudolf Otto schon vor mehr als einem halben Jahrhundert die Situation vorausgesagt, die, wie es den Anschein hat, heute eingetreten ist. In seinem Buche »Vishnu Narayana« (1923) schrieb er: »Ein Riesenringen bereitet sich vor . . . Das wird der höchste und feierlichste Moment in der Geschichte der Menschheit werden, wenn nicht mehr politische Systeme, nicht wirtschaftliche Gruppen, nicht soziale Interessen, wenn die Religionen der Menschheit gegeneinander aufstehen werden, und wenn nach den Vor- und Scheingefechten um die mythologischen und dogmatischen Krusten und Hüllen, um die historischen Zufälligkeiten und gegenseitigen Unzulänglichkeiten, zuletzt einmal der Kampf den hohen Stil erreichen wird, wo endlich Geist auf Geist, Ideal auf Ideal, Erlebnis auf Erlebnis trifft, wo jeder ohne Hülle sagen muß, was er Tiefstes, was er Echtes hat und ob er etwas hat.«

Säkularisierung und Vermassung der Welt schreiten rapide fort. Was schon Sören Kierkegaard meinte, daß die sogenannte christliche Welt keine existentiell christliche sei, so daß das Christentum in sie neu eingeführt werden müsse, ist heute evident. Der Einzelne geht verloren. Aber das Christentum ist primär Sache der Einzelnen, nur von den Einzelnen kann eine echte Christianisierung der Welt ausgehen. Der religiös bewußte und selbständig urteilende Einzelne aber, der sich aus der Masse, auch aus der Masse des zu Massendemonstrationen antretenden »Kirchenvolkes«, heraushebt und lebendige Gemeinschaft sucht, ist heute nicht orthodox. Ihm kann nur ein freiheitliches Christentum zugänglich und gemäß sein.

Mag auch traditionelles Christentum und seine Pflege als Lebensordnung bestimmten Schichten Halt und gesichertes Gehäuse sein und bleiben – bewegende Kräfte und religiöse Elitebildung können nur von kleinen Kreisen ausgehen. Deshalb ist eine der Verschiedenheit der Menschen entsprechende Schichtung des religiösen Lebensraumes nötig, nicht aber eine orthodoxe, kirchenregimentlich überwachte Zwangseinheit auf der Basis massiver Bekenntnisformeln, mit deren Anerkennung, wie die Praxis zeigt, sich sehr wohl innere Leblosigkeit und fanatische Intoleranz verbinden kann. Menschen eines freiheitlichen Christentums müssen den Mut zur Minorität aufbringen, die sie notwendig immer sind und bleiben werden. Mag auch der Wunsch bestehen, es möchten alle Menschen zu einem solchen freiheitlichen Glauben erwachen, zu verwirklichen ist dieser

Wunsch unter den Menschen, wie sie nun einmal sind, nicht. Käme es jedoch dazu, daß aus der Minderheit freier Christen zahlenmäßig eine Majorität würde, dann begänne die Gefahr der Dogmatisierung und der Institutionalisierung von neuem. Die Geschichte der Urgemeinden der großen Religionen beweist das unbezweifelbar.

Wir sind der Meinung, daß in der Welt von heute und im Konzert der großen Religionen die Werte, die ein freiheitliches Christentum in seiner Verkündigung anzubieten hat, nicht verstummen dürfen. Das erkennen auch die führenden Persönlichkeiten der nichtchristlichen Religionen an. Im Hinduismus z. B. wurde Mahatma Gandhi entscheidend von der Bergpredigt Jesu beeinflußt, so daß er nicht zögerte, ihn, wie die anderen Religionsstifter, in den Hinduismus aufzunehmen, wenn er sagte: »Im Hinduismus ist Platz genug für Jesus ebenso wie für Mohammed, Zoroaster und Moses. Für mich sind die verschiedenen Religionen schöne Blumen aus demselben Garten.«

Eine Orthodoxie hat in Asien keinerlei Aussicht, verstanden und angenommen zu werden. Der geringe Missionserfolg unter außerchristlichen Universalreligionen beweist das. In Japan z. B. bekennt sich etwa 1 % der Bevölkerung nach jahrhundertelanger Missionsarbeit zum Christentum, aber mit Entschiedenheit gegen jeden Absolutheitsanspruch und die daraus entspringende fanatische Bekehrungsarbeit, die die Missionare, oft unter Herabsetzung der einheimischen Religionen, zu verwirklichen suchen.

Vor allem sollte die christliche Verkündigung sich von einer in den asiatischen Hochreligionen nie üblich gewesenen Überbetonung der Lehre ab- und der zentralen Bedeutung des Lebens zuwenden. Thomas Ohm, verstorbener Angehöriger des Benediktinerordens und Professor für Missions- und Religionswissenschaft in Münster, schrieb in einer vorzüglich informierenden Schrift »Asiens Kritik am abendländischen Christentum« (1948), man werfe seitens frommer Asiaten dem Christentum vor, die Lehre und ihre Korrektheit über das Leben gestellt zu haben. Von manchen Asiaten wird darauf hingewiesen, daß im sogenannten christlichen Abendland sowohl eine Art pseudowissenschaftlicher Atheismus, wie auch imperialistische und totalitäre Staatssysteme entstehen konnten, die in jüngster Zeit zwei blutige Weltkriege entfesselten. Alle diese Erscheinungen haben in der nichtchristlichen religiösen Welt die Glaubwürdigkeit nicht der Botschaft, aber der Botschafter der Religion der Liebe stark erschüttert. Auch die großen Religionen Asiens kennen theologische Diskussionen und die Verschiedenheit religiöser Lehrmeinungen; aber da man das verbindende religiöse Leben für wichtiger hält, nimmt man abweichende religiöse Anschauungen, die im Abendlande und innerhalb des Christentums selbst zu unüberbrückbaren Gegensätzen und Spannungen und sogar zu Kriegen führten, nie zum Anlaß, sich gegenseitig zu verfolgen und zu befehden.

Es ist eine erstaunliche und bedauerliche Tatsache, daß die offizielle evangelische Kirche nicht merkt, daß sie sich in einem Getto befindet; denn das geistig-religiöse Leben der Zeit verläuft weiterhin außerhalb der Kirchenmauern.

Jesus rang um Gott in der Wüste, wie es Prophetenart ist; aber er wußte auch um den sorgenden Vater, der die Blumen schmückt und die Vögel unter dem Himmel ernährt. In der Religion Jesu sind Extreme zu einer lebensvollen Einheit verbunden: die erhabene Ferne des geheimnisvollen Gottes und seine vertraubare Nähe, die Befreiung von der Herrschaft der Welt und das gottverbundene Leben in der Welt, die Gott in all ihrer Schönheit schuf; Überwindung vorgefundenen Unheils der Gottesferne und doch keine Entpersönlichung sondern Menschwerdung, neue Geburt aus dem Geiste Gottes, der in der Nachfolge Jesu geschenkt wird.

6 Konsequenzen aus dem Vergleich

Nachdem wir aufgrund unserer Untersuchung von Buddhismus und Christentum und der Erscheinung Buddhas und Christi jeweils für beide Religionsbereiche Grundwerte erörtert und dargestellt haben, die sich als Konsequenzen aus der Betrachtung ergeben, sollen nun aus dem Vergleich selbst Konsequenzen gezogen werden für das religiöse Leben des modernen Menschen in seiner heutigen Situation.

Ohne auf Einzelheiten einzugehen, stellen wir fest, daß diese Situation wesentlich die einer Wohlstandsgesellschaft ist mit einer materialistischen Wertordnung. Fraglos sind die Menschen dieser Welt übersättigt mit vergänglichen Gütern und leben vielfach ein Leben ohne Ziel, eben weil sie ein Leben ohne höhere und höchste Werte praktizieren. Wir meinen deshalb, daß es die Aufgabe auch einer Untersuchung, wie wir sie hier angestellt haben, ist, Werte im Leben und für das Leben erkennbar zu machen, Werte, die eine Befriedigung in sich selbst haben und unvergänglich sind, wie es in der Bergpredigt (Matth. 6,19 f.) heißt: »Ihr sollt euch nicht Schätze sammeln auf Erden, da sie die Motten und der Rost fressen, und da die Diebe nachgraben und stehlen. Sammelt euch aber Schätze im

Himmel, da sie weder Motten noch Rost fressen, und da die Diebe nicht nachgraben noch stehlen.« Wir wollen die Konsequenzen, die wir aus dem Vergleich zu ziehen gedenken, in zwei Abschnitte gliedern: einerseits in Konsequenzen aus dem Bilde der Meister und andererseits in Konsequenzen aus den Lehren der Meister.

Konsequenzen aus dem Vergleich der Bilder beider Meister
Aus der vergleichenden Betrachtung des Bildes beider Meister gewinnen wir die Erkenntnis von der vorbildlichen Bedeutung beider Stifterpersönlichkeiten. Sowohl Buddha wie Jesus erhielten ihre Legitimation nicht durch eine Tradition und auch nicht durch eine institutionelle Beamtung, sondern durch ihre Würde und immanente Autorität. Beide hatten mit Widerständen zu tun: Buddha wurde von den Brahmanen nach seiner Vollmacht gefragt, da ihm in ihren Augen die Legitimation zu fehlen schien. Auch in der Geschichte von den fünf Mönchen wird von Ablehnung berichtet, die dann in Verehrung umschlägt. Hohepriester und Älteste des Volkes Israel sprachen zu Jesus, als er in den Tempel kam: »Aus was für Vollmacht (exousia) tust du das, und wer hat dir die Vollmacht gegeben?« (Matth. 21,23) Buddha wie Jesus setzen sich ihren Gegnern gegenüber durch ihre Ausstrahlung durch. Von dem tiefen Eindruck, den beide Meister auf ihre Jünger gemacht haben, zeugen die Texte. Von Buddha heißt es: »Dies ist die erste in der Welt entstehende Person, die da entsteht zum Heil vieler Menschen, zum Glück vieler Menschen, aus Mitleid mit der Welt, zum Wohl, zum Heil, zum Glück der Götter und Menschen.« Und von Jesus sagt das Wort des Johannesevangeliums (1,14): »Und wir sahen seine Herrlichkeit.« Auch die zahlreichen Legenden bezeugen diesen tiefen Eindruck, der über die Jahrtausende hin wirkt. Hier wird sichtbar, daß es Lebenswerte gibt, die in den Meistern verwirklicht wurden, die gegenüber dem ebenso rasch entstehenden wie vergehenden Ruhm des Tages von bleibend wirkender Kraft sind. Buddha und Christus sollte man als wirkende Leitbilder in sein Leben hineinnehmen. Beide Meister wandten sich aufgrund ihrer ihnen innewohnenden Autorität gegen institutionelle Macht.

Das Erlebnis des Numinosen, das von beiden Stifterpersönlichkeiten ausging, drückte sich aus in der beiderseits vorhandenen Idee der Inkarnation, die ihre Erscheinung in den Jüngern hervorrief. Wir hörten, daß im Mahayana-Buddhismus der historische Buddha angesehen wurde als eine Manifestation des Urbuddha und von Jesus heißt es (Joh. 1,14): »Das Wort ward Fleisch und wohnte unter uns.« Wir haben oben auf die Unterschiede aufmerksam gemacht. Während in Asien das Erlebnis der Inkarnation, also der Glaube an eine Menschwerdung göttlicher Personen, häufig bezeugt ist, bildet nach christlicher Auffassung die Menschwerdung Gottes in Jesus die Ausnahme. Das hängt mit den Strukturformen der beiden Religionen zusammen, der mystischen und der prophetischen. Aber beiderseits stehen wir vor dem Phänomen, daß in menschlichen Persönlichkeiten von Menschen mit einem Sinn für das Heilige Manifestationen des Ewigen gesehen wurden und werden, wie denn beiderseits die Ikonographie sowohl Buddha wie auch Jesus mit einem Heiligenschein, einer Gloriole abzubilden pflegt.

Geschichtlichkeit und Übergeschichtlichkeit werden beiderseits in bezug auf Buddha und Christus gleichzeitig bezeugt. In dogmatischer Formulierung heißt es von Jesus »wahrer Mensch und wahrer Gott« und von Buddha wird z. B. in dem großen Bauwerk Borobudur auf Java oder in den Jataka-Erzählungen vielgestaltiges irdisch-menschliches Dasein berichtet. Dann aber sagen schon die Hinayana-Texte »Weil er in der ganzen Welt die ganze Welt erkannt hat, so wie sie ist, ist er von der ganzen Welt völlig befreit, der Unvergleichliche in allen Welten... Der höchste Friede ist ihm eigen, der das mit Flecken nicht behaftete Nirvana erreicht hat... Er, der Erlöste, ist der Erste unter den Erlösung Bringenden; der Hinübergelangte ist unter denen, die den Strom kreuzten, der Vorzüglichste.« Doch deutlicher wird die Übergeschichtlichkeit der Buddha-Wirklichkeit im Mahayana ausgedrückt, wo die Buddha-Gestalten und die Bodhisattvas nach der Tri-kaya-Lehre den Zusammenhang des historischen Buddha mit der numinosen Überwelt zum Ausdruck bringen. Danach hat, wie oben dargestellt wurde, der historische Buddha wesenhaften Anteil an der übergeschichtlichen Wirklichkeit des absoluten Buddha, des Urbuddha.

Der Vergleich beider Meister zeigt, daß in beiden Persönlichkeiten eine wie immer vorgestellte ewige Wirklichkeit sich für Jünger auftut. Daraus sollte als Haltung hervorgehen, wie es in Ostasien, aber auch in Indien tatsächlich praktiziert wird, eine Überwindung des Entweder-Oder-Denkens durch ein Sowohl-als-auch-Denken. Wir haben oben (S. 117) von dem Vergleich berichtet, den Paul Tillich hinsichtlich der beiderseitigen Vorstellungen vom Reich Gottes und dem Nirvana durchgeführt hat. Er kam zu der Erkenntnis, daß beide Sichtweisen des Ewigen sich nicht ausschließen, sondern daß beide verschiedene Aspekte sind, die nebeneinander möglich sind, weil sie beide aus echter Erfahrung des Heiligen stammen. Das ist es, was aus dem Vergleich sich ergeben sollte. Die christliche Orthodoxie vertritt natürlich den Standpunkt des Entweder-Oder aufgrund des von ihr erhobenen Absolutheitsanspruches der Einmaligkeit und der Unvergleichlichkeit der christlichen Verkündigung. Wir sind demgegenüber vielmehr der Meinung, daß der Absolutheitsanspruch, dem wir in der Welt der Religionen vielmals begegnen, aus dem Erlebnis der intensiven persönlichen Gebundenheit im eigenen Religionsbereich entspringt, daß aber dieser Absolutheitsanspruch keine objektive Erkenntniswahrheit darstellt, sondern ein Erlebnisurteil ist. Das Erlebnis persönlicher Ge- und Verbundenheit mit der eigenen Religionswelt ist durchaus legitim, nur muß das Absolutheitsbewußtsein auf die persönliche Beziehung zur numinosen Wirklichkeit beschränkt bleiben, was indessen die Anerkennung fremder religiöser Möglichkeiten im Sine inhaltlicher Toleranz nicht ausschließt.

Wir sprachen oben (S. 89) vom Meisterwort und seiner Dynamis. Wir ziehen daraus hier die Konsequenz, daß in der Welt menschlichen Geistes jene anscheinend so flüchtigen Bildungen des Wortes gleichwohl Dynamis, ewige Wirkkraft in sich tragen können, die sie befähigt über die Jahrtausende hin zu wirken und Menschen den Weg in eine ewige Welt zu öffnen. Beide Meister haben das vollbracht. Im Neuen Testament (Joh. 6,63) heißt es: »Die Worte, die ich rede, sind Geist und sind Leben.« Unter den Abschiedsworten des historischen Buddha findet sich das Wort an Ananda: »Ananda, es könnte euch vielleicht der Gedanke kommen: ›Der Lehrer, der uns das Wort verkündete, ist dahingegangen, wir können uns nun auf keinen Lehrer mehr berufen.‹ So dürft ihr die Sache nicht ansehen, Ananda. Die Lehre und die Regel, die ich euch gepredigt und vorgezeichnet habe, die sind euer Lehrer nach meinem Ende.«

Konsequenzen aus dem Vergleich der Lehren der Meister

Wir beobachteten im Bereich des Buddhismus beide Möglichkeiten, göttliche Existenz vorzustellen: das schweigende, impersonale Numinose einerseits und den persönlichen, redenden Gott. Im traditionellen prophetischen Christentum begegnet uns nur der persönliche, redende Gott. Wir dürfen aber darauf hinweisen, daß in der christlichen Mystik beide Weisen der Gottesvorstellung vorkommen. Meister Eckhart macht deutlich einen Unterschied zwischen Gottheit (deitas) und Gott (deus). Die Gottheit ist nach Eckhart das »esse absolutum«, das numinose Eine, von dem Eckhart sagt: »Gott ist dasselbe Eine, das ich bin.« Die neutrale und impersonale Gottheit steht über dem trinitarischen Gott: »Nie hat die Gottheit dies oder das gewirkt, sondern Gott erst schafft alle Dinge. Wo Gott Schöpfer ist, in dem ist er mannigfaltig und erkennt alle Mannigfaltigkeit. Wo er aber *Eines* ist, da ist er alles Wirkens frei und ledig, erkennt aber in solchem Einssein auch weiter nichts, als was er überwirklich in sich selber ist.« Wie in der Lehre des indischen Mystikers Shankara (um 800 n. Chr.) aus dem neutralen Brahman der persönliche Gott Ishvara hervorgeht zugleich mit dem Atman, der Seele, so auch bei Eckhart. Nur mit und an der Seele und an der Kreatur ist Gott Person: »Erst als ich ausfloß (aus dem ewigem Grunde der Gottheit), da sprachen alle Kreaturen Gott aus.« Von der Seite des Menschen aus gesehen stellt sich dieser Gegensatz von Gottheit und Gott in folgender Weise dar: Eckhart spricht von dem »Fünklein der Seele, an das Zeit und Raum nicht rühren«. Dieser Funke in der Seele sucht vorzudringen in die Tiefe der Gottheit: »Er begnügt sich nicht mit Vater, Sohn und Heiligem Geist, nicht mit den drei Personen, sofern jede in ihrem Eigensein besteht. Ich sage fürwahr, daß dieses Licht (der Funke) sich auch nicht begnügt mit der befruchtenden Eingebärung göttlicher Natur. Ja, ich behaupte noch mehr und es klingt noch wunderlicher: Es begnügt sich auch nicht mit dem einheitlichen stillstehenden göttlichen Sein, das weder gibt noch annimmt. Sondern: Es will wissen, woher das Sein kommt, es will in... die stille Einöde, in die nie ein Unterschied hineinlugt, weder Vater noch Sohn noch Heiliger Geist. In diesem Innersten, das niemandes Heim ist, da begnügt sich das Licht... Denn dieser Grund ist eine einheitliche Stille, die in sich unbeweglich ist; und doch werden von dieser Unbeweglichkeit alle Teile bewegt, empfangen Leben alle, die übersinnlich leben, eingezogen in sich selbst.«

Die eigentümliche Verbindung der Idee des neutralen Einen und des personalen Gottes finden wir auch bei Jakob Böhme: »Wenn ich betrachte was Gott ist, so sage ich: Er ist das Eine gegenüber der Natur, wie ein ewiges Nichts. Er hat weder Grund, Anfang noch Stätte und besitzt nichts als nur sich selber. Er ist der Wille des Urgrundes, er ist in sich selber nur Eines.« Hier schlägt also das göttliche impersonale Eine um in den persönlichen Willen Gottes. Wir stellen also fest, daß auch im Christentum mystischer Prägung die Verbindung von impersonaler Gottheit und persönlichem Gott wie im Bereich der Mahayana-Mystik möglich ist.

Wir kommen noch einmal auf den im Neuen Testament redenden Gott zurück. Er hat schon im Alten Testament durch die Propheten zu den Menschen geredet und er wandte sich in Jesu Wirksamkeit wiederum redend an die Menschen.

Wenngleich das schweigende absolute Ruhesein im Buddhismus sich nicht mit Worten den Menschen mitteilt, wird gleichwohl in den Texten

z. B. im Dhammapadam von der höchsten Seligkeit des Eingehens in das ruhende Sein gesprochen: »Wer in sich trägt die höchste Seligkeit, was soll dem selbst des Himmels Herrlichkeit?« Aber wortmäßige Offenbarung gibt es auch im Mahayana-Buddhismus wie im Christentum. Auch hier kann man sagen, daß beides nebeneinander bestehen kann: das absolute schweigende Ruhesein und der redende Gott. Radhakrishnan hat die Vereinbarkeit der impersonalen Gottheit mit dem personalen Gott in folgenden Sätzen einleuchtend erklärt: »Die überpersönliche und die persönliche Auffassung des Wirklichen (= Gott) stellen den absoluten und den relativen Weg dar, die *eine* Wirklichkeit auszudrücken. Wenn wir den Nachdruck auf das Wesen der Wirklichkeit legen, reden wir von dem absoluten Brahman (also von der neutralen Gottheit in Eckharts Ausdrucksweise); wenn wir ihr Verhältnis zu uns betonen wollen, vom persönlichen Bhagavan (dem erhabenen, persönlichen Gott).« Das erinnert uns daran, daß auch Martin Luther von der geheimnisvoll hintergründigen Gottheit und hinsichtlich des göttlichen Heilswillens von dem »deus pro nobis«, dem »Gott für uns« sprach.

Wir kommen zu einer weiteren Konsequenz. Der *Inhalt* der Verkündigung Jesu ist im Apostolischen Glaubensbekenntnis nicht enthalten. Es wird nur gesagt, daß Jesus geboren sei, daß er gelitten habe, gekreuzigt, gestorben, begraben und auferstanden sei. Das sind die äußeren Stationen seines Lebens. Worauf es aber entscheidend ankommt, ist die Gottes- und Nächstenliebe, die Jesus verkündet und geübt hat. Die Nachfolge entsprechend dieser Quintessenz der Lehre Christi ist allen Gläubigen aller Religionen möglich und hat auch in allen großen Religionen Zustimmung gefunden. Wie die ethischen Grundsätze Jesu von allen großen Religionen anerkannt sind, so lassen sich auch Prinzipien der Sittlichkeit im Bereich des Buddhismus christlicherseits anerkennen. Wir wählen einige Texte aus dem Dhammapadam, der reifsten Ausprägung buddhistischer Lebensauffassung:

»Das Wort allein, wie wenig kann es sagen,
Ist es von heiliger Gesinnung nicht getragen.
Erhebe deinen Geist gleich wie auf einen Thron,
Und blicke göttlich frei auf Niedertracht und Hohn.
Tritt nieder alle Leidenschaft und sei zu stolz zum Hassen,
Laß dich vom Trug der Erde nicht blenden und nicht fassen.
Zum Wesen dringe durch, das alle Dinge hält,
Und ewig dann geborgen ruhst du im Kern der Welt.«

Über die Welteinstellung handelt folgender Vers:

> »Wenn die Biene Honig sammelt, bleibt der Blume Duft und Pracht.
> So kann auch die Welt besitzen, wer sie sich nicht zu eigen macht.«

Von der Seligkeit der friedvollen Buddha-Gemeinschaft sprechen folgende Verse:

> »O wie so glücklich leben wir
> Ganz ohne Haß, wo Haß doch rings umher.
> Wir hassen einzig dies Gehässigsein
> In einer Welt, die so liebeleer.
>
> O wie so glücklich leben wir,
> Heil uns, daß wir die Kraft gefunden.
> Wie siecht die Welt verblendet hin,
> Wir aber stehn in fröhlichem Gesunden.
>
> O wie so glücklich leben wir,
> Wir atmen frei von diesem nimmersatten Raffen,
> Und wenn die Gier der Welt sich selber frißt,
> Wir haben nichts damit zu schaffen.
>
> O wie so glücklich leben wir,
> Ganz arm und ohne jedes Gut;
> Und doch strömt göttlich' Heiterkeit
> Beseligend durch unser Blut.«

Von der heiteren Ruhe des Jüngers Buddhas handelt folgender Text:
»Der Mönch, der in der Lehre des Buddha heitere Ruhe gefunden hat, wird voll Freude zur ruhigen Stätte des Nirvana gelangen, zur Wonne des Aufhörens aller Daseinserscheinungen.«
Unter dem Einfluß des Buddhismus ist in jüngerer Zeit eine neue Entdekkung der Meditation als Frömmigkeitsübung auch im Bereich des Christentums entstanden. Ernst Benz schreibt darüber: »Gerade die Psychologie des Unbewußten nahm staunend zur Kenntnis, daß die östlichen Religionen, vor allem der Buddhismus, eine Kultur der Meditation und einer methodischen Prägung des Geistes auf einem Gebiet entfaltet haben, das den europäischen Denkern bis jetzt weitgehend verschlossen ge-

blieben war. So kam es zu einem neuen Versuch, die Methode östlicher Meditation im Rahmen der europäischen Psychologie und Psychiatrie therapeutisch zu verwenden.«

Wir kommen zum Ende und können das Verhältnis von Buddha und Christus, dem wir diese Untersuchung widmeten, nicht besser zum Ausdruck bringen, als es Hans Waldenfels in seinem jüngst erschienenen Buche »Absolutes Nichts« (1976) getan hat. Er schreibt: »Seit der Erleuchtung des Buddha ist für den Buddhismus die Erleuchtung das Maß aller Dinge. Der Buddhist ist ein Mensch, der zur Selbstverwirklichung in seinem Leben strebt und dabei weiß, daß er sie nicht ohne radikale Loslösung gewinnen kann. Die wahre Erleuchtung aber ruft ihn zurück in ein Engagement des Mitleidens und der Barmherzigkeit.
Seit dem Kreuzestode Christi ist für den Christen die Liebe das maßlose Maß seines Verhaltens. Der Christ ist ein Mensch, der zur Selbstverwirklichung strebt, indem er sich in radikalem Einsatz durch die andern verzehrt. Die wahre Liebe weiß sich getrieben von der Erleuchtung durch den Geist Christi.
Erleuchtung, die Liebe ausstrahlt, und Liebe, die erleuchtet ist und ergreifend, bedingen einander. Hier aber fragt es sich: Begegnen sich in der neuen Kommunikation der Tiefe, wo in Armut, Tod und absolutem Nichts erst das wahre Selbst aufersteht, nicht doch das Lächeln des erleuchteten Buddha und das leidgeprüfte Antlitz des gekreuzigten Jesus?«

Anhang

QUELLENNACHWEIS

Die in diesem Buch zitierten buddhistischen Texte sind folgenden *Textsammlungen* entnommen:

H. v. Glasenapp, Gedanken von Buddha, 1942
H. v. Glasenapp, Der Weg zur Erleuchtung, 1956
H. Haas, Amida Buddha unsere Zuflucht, 1910
F. Heiler, Die buddhistische Versenkung, 2. Aufl. 1922
G. Mensching, Buddhistische Geisteswelt, 1955
G. Mensching, Leben und Legende der Religionsstifter, 1955
H. Oldenberg, Die Reden des Buddha, 1942
K. Seidenstücker, Buddhistischer Weltspiegel I, 1920
D. T. Suzuki, Die große Befreiung, 1939
E. Waldschmidt, Die Legende vom Leben des Buddha, 1929
M. Winternitz, Der ältere Buddhismus. Religionsgeschichtliches Lesebuch, hrsg. von A. Bertholet, Heft XI 1929
M. Winternitz, Der Mahayana-Buddhismus. Religionsgeschichtl. Lesebuch, Heft XV 1930

Ergänzende Literatur zum Buddhismus:
H. Bechert, Buddhismus, Staat und Gesellschaft I, 1966
E. Benz, Buddhas Wiederkehr und die Zukunft Asiens, 1964
H. Dumoulin, Zen, Geschichte und Gestalt, 1959
H. Dumoulin (Hrsg.), Der Buddhismus der Gegenwart, 1970
H. v. Glasenapp, Der Buddhismus in Indien und im Fernen Osten, 1936
H. Oldenberg, Buddha, 13. Aufl. 1959

Ergänzende Literatur zum Christentum:

R. Bultmann, Jesus, 1951

R. Bultmann, Das Urchristentum im Rahmen der antiken Religionen, 2. Aufl. 1954

W. Bousset, Kyrios Christos, 4. Aufl. 1935

H. Conzelmann, Jesus Christus. In: Die Religion in Geschichte und Gegenwart, 3. Aufl., III. Bd., Sp. 619–653, 1959

M. Dibelius, Jesus, 1949

W. Grundmann, Die Geschichte Jesu Christi, 1957

R. Hernegger, Macht ohne Auftrag. Die Entstehung der Staats- und · Volkskirche, 1963

J. Schneider, Die Frage nach dem historischen Jesus in neutestamentlicher Forschung der Gegenwart, 1958

E. Stauffer, Jesus, 1957

Ergänzende Literatur zum Religionsvergleich:

G. Mensching, Der offene Tempel. Die Weltreligionen im Gespräch untereinander, 1974

G. Mensching, Soziologie der großen Religionen, 1966

G. Rosenkranz, Das Christentum angesichts der Weltreligionen, 1961

G. Rosenkranz, Der Weg des Buddha, 1960

M. Schlunk, Die Weltreligionen und das Christentum. Eine Auseinandersetzung vom Christentum aus, 10. Aufl. 1953

H. W. Schomerus, Buddha und Christus. Ein Vergleich zweier großer Weltreligionen, 1931

D. T. Suzuki, Der westliche und der östliche Weg. Essays über christliche und buddhistische Mystik, 1971

H. Waldenfels, Absolutes Nichts. Zur Grundlegung des Dialogs zwischen Buddhismus und Christentum, 1976